Quelle histoire !

Françoise Degois

Quelle histoire !

Ségolène Royal et
François Hollande

PLON
www.plon.fr

© Plon, un département d'Édi8, 2014
12, avenue d'Italie
75013 Paris
Tél. : 01 44 16 09 00
Fax : 01 44 16 09 01
www.plon.fr

ISBN : 978-2-259-22804-6

Pour toi qui aimes la paix
et me la fais aimer un peu plus chaque jour.

De François à François en passant par Ségolène

10 mai 1981
Château-Chinon, hôtel du Vieux Morvan, 18 h 30

Il fait gris. La journée s'étire longuement dans ce petit hôtel du Vieux Morvan où il a pris ses quartiers depuis son arrivée dans la Nièvre, en 1946. Les amis, la famille, quelques journalistes attendent avec lui le résultat du second tour de la présidentielle.

Un coup de fil. Ça ne peut plus s'inverser. Il est élu. François Mitterrand devient le 21ᵉ président de la République française. Il se tourne vers Danielle son épouse et lui dit : « Quelle histoire ! »

Préambule

Mon nom ne vous dira rien puisque je n'existe pas. Mon métier consiste justement à ne pas exister.

À marcher deux pas derrière, ou trois pas devant. Pour ouvrir un parcours ou fermer une marche. Jamais sur la photo ou bien par pur hasard. Toujours à portée de main, de voix, d'ordres, de contrordres, d'humeur de chien ou rigolarde. Toujours à portée de la foudre, des changements climatiques. Le soleil et le vent. Je suis une collaboratrice. J'aimerais plutôt dire, avec un recul amusé, que je suis une aliénée. Comme nous tous, de cette mutuelle aliénation qui nous enchaîne, eux et nous, dans un tourbillon effréné, cette danse de mort et d'amour.

Combien d'exil aux barbaresques pour un faux pas, un mot de trop, ou de pas assez ?

Combien de silences ?

« Je suis débranché », m'expliquait un jour, l'air douloureux, l'un des conseillers d'un grand ministre, celui-là même avec lequel, la veille au soir, il prenait encore l'apéritif en commentant les dernières déclarations du patron de la BCE. Les meilleurs alliés le soir, l'indifférence au petit matin. Un AVC affectif.

Un petit vaisseau qui craque dans le labyrinthe mental du ministre. Sans savoir pourquoi ni comment. Ami le soir. Exilé au matin, à la grâce du prince. Ils seront nombreux à se reconnaître dans ces mots. Ceux qui ont porté à bout de bras parfois, poussé, traîné, tenu par la main leur champion, leur championne, et qui ont été « débranchés » en un instant. Sans comprendre. Sans explication. Parfois par SMS. Parfois même par personne interposée. Injuste, forcément.

Silence. Et puis l'on se recroise comme si de rien n'était.

Parfois certains choisissent la fuite. Mais souvent, ils restent et s'accrochent. Ils serrent les dents et attendent que le vent tourne. Que la grande roulette des grâces et des disgrâces s'arrête à nouveau sur leur case. À la porte de leur bureau dont ils sortent, l'air affairé de ceux qui sont en mission, produisent, prodiguent : notes, conseils. Oh, un air, mais ne pas s'y tromper, juste un air car la porte du bureau refermée, il ne se passe rien. Les mails balayés, et balayés encore. Rien. Toujours rien. Pas de commande. Pas de texto. Aurais-je raté un appel ? Non. Pas d'appel raté. Ils sont débranchés, bannis du sanctuaire… LE bureau de LA personnalité. Cernés de silence. Celui où ils sont, eux, les autres, autour de lui ou d'elle. Ils… Les favoris, les aimés du jour, les choyés de la semaine, les amours durables du mois. Ils sont là, écoutent, répondent. Des phrases courtes, précises, pour ne pas se mettre en danger. Ne pas contredire trop fort. Ne pas flatter trop lourdement. Observer ce que l'autre dira. L'autre, celui du bureau du fond du couloir, vous savez, le bureau qui ne paie pas de mine ? Personne n'en voulait quand nous sommes arrivés. Et pourtant, il est là, celui du fond du couloir. Qui semble savoir des choses que personne ne sait. Qu'est-ce qui nous a échappé ? Ce regard, ce sourire ? Quelle est cette complicité qui semble s'installer entre eux deux ? Ne pas laisser courir, grandir, croître et embellir cette complicité. Attention danger.

Ah, non ! Fausse alerte ! Il se tourne de nouveau vers les habituels, les solides, les influents. Il s'est pris pour quoi et pour qui, le freluquet du fond du couloir ?!

Parfois, un compliment fuse, s'arrête et s'absorbe, mais surtout sans arrogance apparente. Surtout pas ! Mais avec une gourmandise intérieure à mesurer le point que l'on vient de marquer. De l'espace, millimétrique, que l'on vient de conquérir.

Oui, eux, ils sont là, dans LE bureau. Comme un sanctuaire païen. Inviolable. Et la porte se referme sur le bureau de ceux qui ne sont pas dans LE bureau et ont donc pour seul et unique objectif, obsessionnel, d'y revenir au plus vite. La Table ronde n'exercerait pas un attrait plus puissant. Le temps du purgatoire peut s'étirer mais la patience équivaut à la vie. Car il n'y a pas de meurtre dans ce monde clos. Il n'y a que des punitions, plus ou moins longues. Plus ou moins sévères.

Qui manipule qui ? Qui utilise qui ? Quelle faute pensons-nous devoir payer, et quel avenir glorieux se love dans les creux inavoués de ce sacerdoce, pour accepter, subir, chaque jour, du lever au coucher du soleil, la mécanique ondulatoire de ces animaux magiques, insupportables et si attachants ?

Les aimons-nous ? Même pas sûr. Les admirons-nous ? Oui, c'est évident. Pour ce courage de se démasquer, de se présenter à l'approbation ou pas des citoyens. Pour leur culture ? Non, assez rare dans ce milieu. Pour leur sens des situations, leur filouterie, leur art oratoire ? Oui. Pour l'adrénaline de la fonction ? Certainement.

Apprenons-nous d'eux ? Oui, à endurer, à résister, à surmonter, à se maîtriser. À calculer. À parler ou ne pas parler. À réagir vite, bien et droit, à l'inverse de la courbure et des torsions de leur pensée.

Je suis une collaboratrice, mais d'un genre particulier : une conseillère spéciale. Ce mot qui a des relents d'Ancien Régime. Conseillère auprès, c'est encore plus ridicule.

Un jour, Elle me lança : « Savez-vous ce que c'est qu'une conseillère spéciale ? »

Regard interloqué, réponse à côté :

« Non, madame.

— Eh bien c'est quelqu'un qui sait tout faire mais en mieux. »

Tout faire : écrire un discours au pied d'une estrade, monter et démonter des meetings, des réunions publiques, des colloques, faire et défaire. Écrire des notes sur tout. Et le reste. Préparer des voyages à l'étranger. Veiller au grain. À la ménagerie. Négocier des circonscriptions. Garder les places de devant lors des grands rassemblements militants. Changer les étiquettes. Trouver des stylos. Préparer une émission. Secouer les journalistes. Pousser la porte du sanctuaire pour faire signer des piles de parapheurs en attente. Essuyer tous les grains, escalader des Everest de mauvaise foi. Recevoir parfois des louanges. Souvent des coups de pied. Assumer les échecs comme ses propres échecs, et accepter que les victoires ne soient jamais les siennes.

Mais je pourrais être une autre. De tous ces autres qui restent dans l'ombre, se massent à la lisière du rond de lumière, ces conseillers de cabinet – quel nom mystérieux, porteur de l'illusion du pouvoir, un cabinet. Tous ces autres qui se consument, se sacrifient, s'exaltent ou se désolent dans leurs petits et grands bureaux de la République. Et regardent danser la Cour. Dansent parfois avec elle. Vivent chaque jour de chaque mois de chaque année avec un seul mantra : Elle ou Lui. À toute heure du jour et de la nuit. Avoir réponse à tout sans avoir le droit de parler sauf si l'on vous y invite. Être prête à tout. Tout le temps. Pour tout. Avec des joies, immenses, vertigineuses. Joies de petites troupes. Amitié soudée, entrelacée dans les difficultés qui vous groupent en formation de tortue romaine. Fraternité pétillante quand le triomphe est au bout du discours. Ces soirs-là, tout le monde s'aime. S'embrasse. S'embrase. Les yeux brillent. Les joues en feu. Les chansons. Il ou Elle chante aussi avec la troupe. Les louanges pleuvent comme des pétales de roses jetés d'un balcon italien. Tout est doux, vivant comme le bouchon d'un prosecco bien frais qui saute dans les rires de la tablée.

Les chagrins aussi se partagent, se vivent ensemble. Droit dans les yeux embués. Les défaites, les humiliations, les ratés. Il n'y en a pas tant que cela dans une vie politique. Ces moments d'effondrement où l'avenir s'arrête à ce taxi qui attend, et qui vous ramène chez vous après une nuit trop longue à faire et refaire ce qui n'a pas marché. Passer en revue ce qu'il aurait fallu faire. Admirer le maintien, le sang-froid, la chaleur aussi de la patronne ou du patron qui dans ces moments-là sait trouver des mots, des gestes. De ces attentions qui ne viennent jamais par grand beau temps. Comme si le malheur seul pouvait briser la gangue.

Qu'est-ce qui nous relie à eux ? La troupe qui regarde dans la même direction. Danse au même rythme, parfois psychédélique, parfois déhanchée-solitaire.

J'ai choisi volontairement d'arrêter de danser. Non par lassitude mais par fin de cursus. J'ai obtenu mon master de bagarre, mon diplôme de survie, mon doctorat de courage. Ma boucle est bouclée. Car leur boucle est bouclée… Enfin, presque.

Elle l'a été ce mercredi 2 avril, lorsque Ségolène Royal a été nommée ministre dans le gouvernement de Manuel Valls.

Sept ans de malheurs prennent fin ce jour-là. 2007-2014. Ce qui avait séparé François Hollande et Ségolène Royal, la politique, les réunit à nouveau ce jour-là.

Étrange image de ce premier Conseil des ministres. Lui face à Elle. Souriants, distanciés mais complices, à l'évidence.

Tant et tant de dépassement mutuel de soi dans cet instant, qui tient à la fois de l'aboutissement et du nouveau départ. Quelle histoire ! Une histoire sans fin que je vais tenter de vous raconter.

ACTE I
(1978-2004)

Commencement

Elle

Je ne sais plus très bien quand tout cela a commencé.

Je me souviens d'un après-midi pluvieux dans cette campagne où le travail de mon père nous avait exilés, moi, ma mère et mes sept frères et sœurs.

Une campagne rude, inhospitalière, où le gris succède au froid qui succède à la pluie.

Un paysage de chagrin qui s'insinue dans les visages, les courbes, les pas de ceux que je croisais pour aller chercher le lait chez Jean-Baptiste. Un paysan débonnaire, gardien de vaches maigrelettes aux pis élastiques. Vieux garçon. Marié à sa ferme… et à sa sœur, Josette. Toujours à rire et à casser des noix avec les deux chicots qui lui restent. Pipi debout au fond de la cour. En soulevant juste ce qu'il faut sa jupe éternellement noire et tachées de stries blanches. La sueur, la crasse, avec laquelle elle cohabite très bien. Tellement d'odeurs qu'il n'y en a plus. Des ongles noirs qui terminent des doigts déformés par l'arthrose. Mais cette gentillesse quand je viens chercher le lait pour la famille : « Alors ma petite, ça va ? » Un élan du cœur qui se perd dans ma réponse un peu butée, toujours la même : « Ça va, madame Josette »… Suivie invariablement du : « Viens, je vais te donner quelque chose. » Et je m'agrippe à sa main sale, nous sortons de la cuisine. Direction le poulailler. La main me lâche, fouille la paille et revient avec le trésor : trois œufs frais. « À la coque, tu m'en diras des nouvelles. Allez, file. » Un « file » suivi d'une petite tape amicale sur la tête.

Dans tout ce morose, je me souviens de ces visages amis. Il en faut, du tempérament, pour rester joyeux et souriant. Comme si les forêts de bois noirs sculptaient de leur écorce rugueuse le visage des habitants de ce pays.

Quelle tristesse ! Quel désarroi m'étreint parfois le cœur ! Lorsque je cours me réfugier à l'étage en silence, quand les punitions pleuvent en bas. Pour un oui, pour un non. Une mauvaise note, un retard pour le dîner, des mains mal lavées, un regard un peu trop appuyé, trop insolent. Mon père n'élève pas. Il dresse.

Moi, personne ne me dresse. Ah ! bien sûr, je ne le dis pas comme cela. C'est trop dangereux. Je me tais, je garde tout ce que je pense pour moi. Je m'échappe lorsque la voix gronde, je m'échappe. Je rêve au-delà du clocher, au-delà de cette grande bâtisse froide où s'entasse tant bien que mal une famille française. Paysans, instituteurs, militaires. Une famille bien comme il faut. Je m'échappe. Je rêve du pensionnat, de dortoirs chauffés, de mes professeurs que j'aime déjà. De la ville, même une petite ville. Même une minuscule ville. Un lieu où je pourrai échapper au regard, à la voix, à l'emprise. Un endroit de liberté. Sans cette dureté sourde qui menace. Menace et menace encore. Je me faufile, je disparais, je me mure, je me terre. J'ai adopté un système de survie. De camouflage. Je possède l'art du camouflage, de la disparition. Des coins, et des cachettes introuvables.

Aujourd'hui encore, je sais disparaître, filer à l'anglaise. Être ici alors que je suis ailleurs, et encore ailleurs, là où tout le monde croit que je suis, eh bien je n'y suis pas. J'efface mes traces, je brouille les pistes. Je suis ivre de ma liberté. Je préfère mourir que me rendre. Je préfère attaquer que subir. Je voudrais que soit écrit sur mon épitaphe : « Jamais elle ne rendit les armes. »

Avec tout ça, je ne me souviens plus quand tout a commencé. D'abord, y a-t-il un commencement ? Puisqu'il n'y a pas de fin. Mon rêve est sans fin. Rêver pour ne pas mourir, rêver pour être libre. Rêver pour changer le monde. Rêver pour entrapercevoir le bonheur.

J'ai connu tous les honneurs, toutes les disgrâces. Mais je suis celle qui ne rompt jamais. J'ai escaladé autant de montagnes que j'en ai descendues. Toujours plus hautes, les montagnes. Toujours plus profondes, les vallées. Finalement, je me retrouve toujours à mon point de départ avec mon horizon : le clocher, la ville d'à côté, la liberté, la ligne des nuages qui recule lorsqu'on se rapproche.

Je suis une femme politique de premier plan. Mais, comme me le disent souvent mes amis, je suis une héroïne. Je ne sais pas si ce terme me plaît. Une héroïne, ça finit mal. Souvent.

Je ne veux pas finir mal car je ne veux pas finir. Tout simplement.

De toute façon, je suis entourée de gens qui ne me comprennent pas. Un seul me comprend. Lui. J'y reviendrai bientôt.

Mais, contrairement à la légende, tout a commencé avant lui. Tout s'est forgé avant lui. Ce courage que personne ne me conteste.

Ce goût de la liberté, de la transgression qui affole les compteurs, les rédactions, les ambassades.

Cette pulsion de vie qui me permet de voir ce que les autres ne voient pas. D'anticiper ce que les autres n'anticipent pas. De percevoir ce que les autres ne perçoivent pas.

J'ai longtemps cru que cela suffirait à les convaincre que j'étais digne d'appartenir à leur famille, à leur clan. Mais ça n'a jamais suffi. Je ne fais toujours pas partie de la famille.

On m'admire, on me redoute, on me craint, on m'adule, on me hait. Mais jamais je n'ai réussi à être admise, simplement. J'en garde au fond du cœur un profond sentiment d'injustice, de colère aussi qui s'atténue avec l'âge. Mais revient me mordre à intervalles réguliers.

Nous vieillissons mais nous ne grandissons jamais.

Je suis toujours cette petite fille, trimbalée du sud au nord, de la chaleur humide des îles au froid sec de la campagne vosgienne.

Ici et ailleurs. Courageuse et téméraire. Autoritaire et brutale dans ce monde d'hommes qui ne pardonne rien. Tout cela a commencé avec moi. Et se poursuivra avec les autres car, dans toutes mes montagnes, mes creux, mes vallées, mes méandres et mes boucles, j'ai ouvert le chemin. Bien au-delà du clocher.

*

* *

Lui

Longtemps j'ai signé mes cartes de vœux du nom Sisyphe, ce héros qui osa défier les dieux et fut condamné à remonter inlassablement sur le mont Tartare un rocher qui dévalait invariablement la pente avant le sommet.

Certains s'en étonnèrent. D'autres le comprirent aisément. Car je suis bien un Sisyphe, mais un Sisyphe heureux.

Que voulez vous, à la fin ?! Oui, j'ai le goût du bonheur. Transmis par ma mère. Je suis le fils préféré. Le petit gentil joyeux et drôle, bon élève et attentionné. Respectueux et tendre. Tout rond, sans arête, sans aspérité. Ma mère. L'amour. Dans tout. Les caresses, les encouragements. Les tartes pour le goûter. Mon gâteau au chocolat pour mon anniversaire. Maman qui m'a fait le plus beau cadeau : la confiance en moi. Je n'ai jamais eu peur du monde car, derrière les nuages les plus noirs, se dessine toujours le sourire de ma mère. Je n'ai rien à dire de mon père. J'ai horreur de son autoritarisme. Horreur de la manière dont il l'exerce.

Je ne suis pas mon frère et parfois je le regrette. Ou plutôt je m'en veux. Plus je réussis, plus il échoue. Ma vie s'envole, la sienne sombre. Mon frère pourtant est un génie. Un artiste de talent. Je suis aussi un artiste à ma façon. Mais d'un autre genre. Bête à concours, chef de meute, de clan. Commentateur passionné de la vie. Appelé aux plus hautes fonctions. Quelle drôle d'expression, « les plus hautes fonctions ». Je ne sais pas ce que je préfère : « Plus » ? « Hautes » ? « Plus », je crois. J'aime ce mot. Le plus. Le plus drôle. Le plus brillant. Le plus malin. Le plus roué. Tous ces plus que j'ai accrochés au revers de mes costumes mal coupés pendant des années pour oublier les « moins ». Car je ne m'aime pas. En réalité, je ne m'aime pas. Trop petit. Trop rond. Trop jovial. Je me rêvais en Heathcliff. J'ai atterri en culbuto. Non je ne m'aime pas et je m'aime trop. Les deux faces d'une même pièce. Tout le monde s'y trompe, tout le monde se prend au piège de ce malentendu. Combien sont-ils à ressortir de mon bureau persuadés d'avoir vu un homme heureux, content de lui, installé enfin sur son séant, dans ce lieu dont j'ai toujours rêvé ? Je suis satisfait, plein, entier, fini, derrière mon grand bureau. Je reçois en audience. Comme j'ai toujours reçu en audience. Les confidences de mes camarades de lycée, du foot, et puis plus tard, dans cette grande école dont je suis sorti. Et puis dans ma permanence, mon bureau parisien. Tout le temps en audience. À écouter. À conseiller. À jouir aussi du désarroi de mes adversaires, ceux qui m'ont toujours pris pour un idiot, un mou, un Français moyen. J'ai moi-même théorisé cela, « normal », le bel adjectif que voilà. Normal, je ne le suis pas. Je me fiche pas mal de ce que les autres pensent de moi pourvu qu'ils ne discernent jamais ce que moi je pense.

Mon for intérieur est inaccessible. J'ai avalé la clé de ce coffre depuis longtemps. Quelques rares êtres humains ont eu accès à cette chambre forte, mes enfants que j'adore, que j'admire et qui réveillent en moi ma réserve de tendresse et d'attention. Leur mère, rencontrée il y a si longtemps. Admirée. Aimée avec dévotion. Passion. Qui connaît mes entrelacs. Le fil entremêlé de ma pensée. Elle seule sait se déplacer dans mon labyrinthe et trouver à tout coup la sortie. Je suis ce que je n'ai pas l'air d'être. Je ne me ressemble pas.

Je me regarde regarder, écouter, trancher. Faire un bon mot. Toujours le mot pour rire, même dans les pires situations. Mais c'est un leurre. Une contre-mesure. Car je me maîtrise. Mon totem : la maîtrise. Des émotions. Je ne me perds jamais dans des introspections inutiles et j'avance selon le chemin et vers le but fixé. Plus tâcheron que génial, plus pragmatique que créatif. Qu'importe le flacon pourvu qu'on ait l'ivresse. Je trace mon sillon. Je suis mon sillon comme un paysan entêté. Sans dévier. Au départ du champ avec pour horizon la fin du champ. J'avance, j'ai poussé avec des gestes réguliers ma charrue. Parfois je me suis arrêté pour contempler l'horizon, passer un mouchoir humide dans mon cou en sueur. Boire. Réfléchir, chercher la meilleure trajectoire. Repérer la pierre dangereuse, la contourner et repartir. Garder le rythme. Comme l'eau qui coule.

J'avance à pas de loup. Avec prudence et circonspection. Je n'aime pas les héros morts.

*

* *

Les apprentis

« À nous deux, Paris ! »
Eugène de Rastignac, *La Comédie humaine*,
Honoré de Balzac

Vous ne m'en voudrez pas si je m'attarde peu sur cette promotion Voltaire et leur fameuse rencontre à l'ENA en 1978.

Tout ou presque a déjà été dit, écrit sur cette histoire d'amour entre la jeune provinciale un peu timide et le jeune homme brillant et décomplexé.

La manière dont il l'a séduite par son humour, la dérobant aux autres garçons de la promotion, notamment le beau Dominique de Villepin, qui reconnut avoir flirté avec la jolie Ségolène. « Flirté, seulement ? Ah ! il est gonflé », dit-elle en s'esclaffant lorsqu'elle entend la confession trente ans après... Légende ? Qui sait.

Vous ne m'en voudrez pas non plus si je vous évite la longue litanie sur la dureté de l'éducation donnée par le lieutenant-colonel Royal et son désir d'émancipation. Pas plus que vous ne m'en voudrez, je l'espère, de ne pas m'attarder sur ce jeune François, fils de dentiste un peu réactionnaire de Rouen, chef de bande et meneur de revue quand il s'agit de faire le spectacle pour ses camarades.

Non, je suis certaine que vous ne m'en tiendrez pas rigueur si je ne m'attarde pas sur ce stage à Chanteloup-les-Vignes, où les deux jeunes amoureux semblent avoir pris réellement la mesure de leur lien. Ni sur ce premier week-end chez l'ami Michel Sapin, dit « Sapinus », un week-end où l'on tue le cochon à Argenton-sur-Creuse. Plus drôle en revanche, l'entêtement de l'un et de l'autre, aujourd'hui encore à diverger sur un détail. Michel Sapin affirme qu'elle se réfugia dans la cuisine, apeurée qu'elle était par le cri dudit cochon mourant.

Elle raconte une autre version de l'affaire : « Mais je n'ai jamais eu peur d'un cochon ! On les tuait aussi chez moi. » Il ne s'agirait pas de laisser dire qu'elle a pu, un jour, avoir peur d'un vulgaire petit porc.

Alors ne nous attardons pas sur tout cela car vous connaissez la belle histoire de ces deux étudiants jeunes et ambitieux qui tombent amoureux et décident de fonder une famille. Au fond, c'est peut-être aussi la vôtre, cette histoire ? Une histoire somme toute banale de ces premiers pas que l'on fait dans la vie, ces premiers trains que l'on prend. Sauter dans le train quand il passe. Voilà ce que lui a appris Jacques Attali. Attendre patiemment que le train entre en gare. Voilà ce qu'il a appris tout seul.

Il attend. Elle saute.

Je ne sais d'ailleurs pas si quelqu'un se souviendrait de cette jeune fille filiforme, traits fins et jupe longue, qui glissait dans les couloirs, tête baissée, semblant toujours plongée dans ses pensées.

« Ne pas déranger », pouvait-on lire sur son front. Aujourd'hui encore, on lit très bien ces mots sur son front. « La porte est fermée », semble-t-elle nous dire. Porte close qui déconcerte.

« Elle m'en veut ? », vint me demander, un jour, un élu penaud. Je révisais une dernière fois le dossier. Il prit place à mes côtés, dans cet avion qui volait vers l'Afrique. Il venait de passer cinq heures de vol à quelques fauteuils d'elle. Il tenta à plusieurs reprises d'engager la conversation pour évoquer quelques sujets. Le nez plongé dans ses feuilles, elle ne répondait pas. Et comme il insistait un peu trop, avant l'atterrissage à Ouagadougou, elle releva enfin la tête et lui répondit froidement : « Impossible, j'ai des coups de fil à passer. » La réponse était si incroyable, si aberrante, à 8 000 mètres d'altitude, qu'il en resta littéralement sidéré et… vexé. Irrémédiablement. L'art de se faire des amis.

Déjà, à l'ENA, on ne dérangeait pas Ségolène Royal dans sa pensée.

Non, personne ne l'aurait remarquée si, un jour, elle n'était pas devenue la première femme à accéder à la finale de l'élection présidentielle en France. Tout devient alors merveilleux. À commencer par cette promotion Voltaire.

Pas plus que vous n'auriez remarqué, malgré sa présence virevoltante, ce jeune homme aux cheveux encore là, et cet air malicieux... Il serait devenu haut fonctionnaire, inspecteur des finances ? Professeur d'économie ? Vous l'auriez peut-être croisé un jour, ou peut-être pas. Mais il est devenu président de la République. Successeur de François Mitterrand.

Et cette promotion de l'ENA en devint donc quasiment mythique. Cette rencontre décortiquée, relatée, embellie même, par le souci de trouver la trace, le signe avant-coureur, l'évidence de cet appétit de pouvoir qui les aurait déjà guidés.

De signe, il n'y en a pas. Pas plus que de trace. Car, à dire vrai, à cette époque, ni elle ni lui ne savent clairement ce qu'ils vont faire de leur vie. Elle aurait voulu être architecte ou géographe. Lui faire de la politique, c'est certain, mais président de la République ? Non, soyons sérieux et avouons-nous qu'ils n'y pensent pas. Ils flirtent, ils aiment, ils vont au cinéma, s'invitent chacun leur tour dans leur appartement respectif pour travailler ensemble leurs cours. Ah ! bien sûr, ils laissent dire, laissent courir la légende dorée d'une prédestination, mais lorsque chacun l'évoque avec honnêteté, ils savent, Lui et Elle, qu'ils n'y pensaient pas encore. Qu'ils étaient deux jeunes gens, simplement heureux d'être amoureux et de commencer une vie.

Mais ils avaient déjà une certitude, celle de se convenir. Et ils se conviennent vraiment, s'imbriquent parfaitement, jusqu'à ne former qu'une seule pièce, un seul cerveau avec deux hémisphères qui travaillent ensemble et séparément.

Personne ne sait mieux gérer au monde les dilemmes, les injonctions paradoxales de cette jeune femme complexe, intelligente mais qui a encore du mal à canaliser son énergie, sa pensée, ses intuitions. Personne à part François Hollande. Qui possède l'art et la manière de calmer l'angoisse existentielle. Par un bon mot, il dédramatise toutes les situations, une simplicité qui la rassure. Elle aussi le rassure. Lui donne confiance en lui. L'admire sans mesure. Le dit et le montre. Lorsque François arrive, elle se tait. Et si l'un des convives à table parle un peu trop fort avec son voisin, elle le fusille du regard : « Chut ! Écoutez François ! »

Elle, si pudique dans ses sentiments, si avare de démonstrations d'affection qui signent forcément une forme de faiblesse, indigne d'un chef, elle montre tout avec François.

Ségolène Royal assume pleinement la construction de ce piédestal sur lequel elle installe François Hollande, dès leur rencontre et pour de longues années.

Lorsqu'elle rencontre François Hollande, Ségolène Royal découvre un univers masculin qu'elle ne connaissait pas. Élégant, joyeux, respectueux. Aussi profondément meurtri qu'elle par l'autoritarisme paternel mais qui en a fait une force, un contre-exemple sur lequel il construit déjà sa future méthode politique. Ne jamais rien obtenir par la force. Toujours tenter de l'obtenir par la raison. Et si ce que l'on prend pour un manque de courage du François Hollande d'aujourd'hui n'était, au tréfonds, que ce refus viscéral de l'autoritarisme, du poing sur la table et des exécutions pour l'exemple ? Il n'a pas besoin de s'inventer des ennemis pour le simple plaisir de les combattre. Il croit à la raison, au consensus et à l'entente cordiale.

À sa différence, à elle, qui ne croit qu'au rapport de force et le pratique sur tout sujet. « C'est moi qui dois gagner. » Gagner sur quoi ? Sur qui ? Gagner, c'est tout. D'abord sur elle. Dure à la douleur. Avare en compliments car personne ne lui en a jamais fait. Passer l'obstacle de sa timidité d'abord. Et ensuite avancer sur son propre chemin, sans se retourner. Qui m'aime me suive. Et si vous ne m'aimez pas, tant pis pour vous. Droit devant sans se retourner, sans états d'âme apparents. Sans consensus. Si un arbre barre la route, on l'enjambe. S'il est trop haut, on le tronçonne. Mais je passe.

Lui contourne. S'écorche moins les genoux mais va moins vite. Moins loin. Toujours en retard d'un pas sur elle. Qu'il finit chaque fois par rattraper car l'épuisement la jette toujours à un moment ou à un autre sur le bord du chemin. Pour se reposer. Prendre des forces. Et voilà qu'il la double de nouveau.

Étrange ballet que ce duo qui rarement marche au même pas. Mais qui se retrouve toujours dans cette complicité énigmatique dont personne ne sait où elle commence ni où elle finit. Cette polka endiablée débute dans les couloirs de cette école de l'élite à laquelle ils ne pensent même pas appartenir un jour. Mais ils peuvent, en revanche, commencer à imaginer une famille. La famille. La grande affaire de sa vie. Elle veut des enfants. Elle en veut six. Elle rêve d'une tribu joyeuse, vivante, qui s'aime et s'entraide. Elle veut un noyau stable, solide, où chacun peut évoluer à son gré, son rythme, en douceur. À la plume d'ange, et pas à la cravache.

À quoi rêvent Ségolène Royal et François Hollande en cette année 1978 ? Eh bien à être heureux, tout simplement, comme vous et moi, et à construire une vie confortable avec des amis jamais très loin mais jamais trop près non plus. Une bande de copains à la périphérie.

D'ailleurs, les copains, ils l'aiment bien, cette jeune fille aux traits délicats, qui parle peu. Certains la surnomment « la geisha », tant son attitude réservée, dans leurs rencontres amicales, tranche avec le brouhaha de la troupe. Ils sont tous persuadés que François a enfin trouvé la partenaire qui va accompagner son ascension dont ils ne doutent pas. Le chef, c'est lui !... L'histoire vous fait parfois de ces pieds de nez !

*

* *

Hasard et circonstances, ils croisent la route de Jacques Attali qui leur fait croiser la route de François Mitterrand. Elle se préparait à devenir juge dans un tribunal administratif. Les voilà conseillère et chargé de mission à l'Élysée.

*

* *

Elle

Ce que j'aime le plus chez François Mitterrand ? Je crois que c'est d'abord le silence qui se fait autour de lui. Ce silence que personne n'ose rompre. Il est le silence. J'aime le silence. J'aime la distance et la solitude. Et son visage quand il vous a invité à vous asseoir et qu'il s'attarde à son bureau pour relire une note. Attendre en silence et ne pas bouger. C'est mon père. Oui, c'est ça. Je peux le dire comme ça, je crois. Je n'aurais jamais osé, sans lui. Il fait toujours confiance à la jeunesse. Et mon nom qui le fait rire et l'intrigue. L'autre jour, il a dit à un conseiller qui me l'a répété : « Ségolène Royal ? – Eh oui, c'est comme ça qu'elle se nomme. » J'apprends, j'apprends. Je travaille dur. On est attaqués. Il en a l'habitude. Il répète toujours : « En face, ceux qui possèdent veulent toujours posséder plus. » Il a raison. En fait, j'aimerais bien faire de la politique. Tout le monde en fait, alors pourquoi pas moi ? François s'est déjà lancé depuis longtemps. J'aimerais bien être élue. Je suis certaine que je ferais une bonne élue. Ça doit quand même pas être si sorcier, non ?

*
* *

Je vous fais grâce de ces années anonymes. Travail de cabinet classique. Des notes, et puis des notes et encore des notes jusqu'à la première élection. Je les ai vues et vous les avez vues, ces photos de ce jeune couple, élus députés ensemble en 1988. Ils posent devant l'Assemblée nationale avec leur gros cartable, lui porte ses grosses lunettes. Il a pris du poids, elle a fleuri ses robes. Mais je suis certaine que vous n'y avez pas plus prêté attention que cela, à l'époque, moi non plus d'ailleurs. Nous nous sommes dit : « Ah tiens, ils sont sympathiques, ils ont une bonne tête », et nous avons tourné la page du magazine, non ? Vous, je ne sais pas, mais moi oui.

Gentil petit couple qui tente d'exister par tous les moyens. Où l'on découvre l'appétit médiatique de ces enfants de la télé. Une relation jalouse. Obsessionnelle. L'obsession d'être beau ou laid dans le miroir du Monde, de Paris Match, *ou de France Inter. L'obsession de la dépêche AFP. Des relations aussi qu'ils veulent exclusives avec les journalistes. Déjà, le jeune Claude Sérillon dîne à la maison. Mais on séduit aussi les importants, ceux qui comptent et influencent.*

Journée heureuse pour un écho positif dans Le Parisien. *Journée gâchée pour une phrase négative dans* Le Monde. *L'obsession des titres, des rumeurs, aussi. L'air de ne pas y toucher. De ne pas y attacher d'importance. Et pourtant, grands amateurs de petits bruits.*

Bien sûr, ils s'en défendent. Mais c'est pour mieux en jouer. Mieux utiliser ces minuscules petits signaux qui leur parlent plus que dix notes politiques ou techniques.

Ils séduisent cette presse, car ils sont séduisants. Surtout lui, d'ailleurs. Un régal de bonhomme. Fin. Réponse à tout. Et si drôle, avec ça…

*

* *

« Ton humour te perdra »

> « Je voulais mettre les rieurs de mon côté, ou, du moins, me mettre de leur côté. »
> *La Chute*, Albert Camus

L'anecdote est célèbre. Nous sommes en 1999. Le parti socialiste réunit son conseil national, le parlement du parti, à l'Assemblée nationale.

À la tribune, François Hollande, premier secrétaire du parti socialiste, vante l'action du gouvernement Jospin. Justement, Lionel Jospin arrive. La salle applaudit.

Le Premier ministre s'installe au premier rang et s'excuse d'avoir dérangé l'orateur qui répond du tac au tac : « Bienvenue, Lionel. Nous évoquions ton bilan mais nous n'en étions pas encore au droit d'inventaire. »

Remarque cinglante qui déclenche les rires… sauf celui du Premier ministre. Le lendemain, à l'occasion d'un rendez vous avec François Hollande, il lui glisse, sentencieux : « François, ton humour te perdra. »

Il est vrai qu'en la matière Lionel Jospin a peu d'humour, surtout sur lui-même…

Ah ! l'humour de François Hollande. Hilarant, mordant, tendre… On pardonne beaucoup à un homme qui a un tel humour. Certains ne manquent pas d'esprit, de sens de la repartie, mais peu de personnes possèdent un tel humour.

Il peut le moduler comme un chanteur module sa voix.

Car l'humour de François Hollande dit tout, montre tout, renseigne sur tout à celui qui sait écouter. Une arme pour soulever les foules, séduire un interlocuteur, briser les résistances des interminables réunions du bureau national. Un remède pour apaiser les chagrins, les passions, les colères qui s'enflamment. Une carapace pour éloigner les voyeurs, les curieux, les intrusifs. Sa plus belle arme. Qui parfois l'a desservi, l'enfermant dans le rôle de « monsieur petites blagues », surnom attribué par Laurent Fabius le rapetissant au rôle de joyeux luron animateur de fin de banquet ou de simple observateur malin, incapable de finir une phrase sans en lancer une bonne.

Vue de l'esprit qui sait écouter, car l'humour de François Hollande dit tout ce qu'il ne veut pas dire, fait jaillir tout ce qu'il voudrait taire. Mais il sait aussi utiliser cet humour de façon très positive. Vous y étiez peut-être, à ce lancement de la campagne présidentielle de Lionel Jospin en décembre 2001 à la porte de Versailles. Ce soir-là, il donna l'un de ses plus beaux récitals. D'une férocité anti-Chirac extrême. Mimant sur scène le président sortant. Survolté, servi par une salle qui, par vagues, était secouée de fous rires inextinguibles. Une performance qui s'acheva par une très longue *standing ovation.* Derrière le formidable numéro d'acteur, il y avait cette formidable énergie du rire, de l'optimisme pour pousser les voiles du navire socialiste vers la présidentielle. Un talent formidable qui malheureusement ne suffit pas à Lionel Jospin.

Humour qu'il subit lui aussi, tour à tour traité de « Guimauve le Conquérant », d'opposant en caoutchouc, de « fraise des bois », de « Flamby », de « mimolette ». Cruauté des opposants qui, malgré leurs efforts, ne sont jamais parvenus à concurrencer sa verve.

Un humour comme une seconde peau dont son entourage lui a conseillé de se défaire dans sa tentative de reconquête. Perdre son humour, le mettre en berne, s'obliger à ne plus rire de tout au petit déjeuner avec les journalistes.

« Plus de croissant, plus de blague », lançait-il comme un enfant puni… jusqu'à ce qu'il ait suffisamment creusé l'écart avec ses différents concurrents socialistes pour s'adonner de nouveau à sa drogue préférée.

Ainsi on le revit sourire, épingler les candidats de droite sans étiquette « comme les bagages sans étiquettes », dénoncer le président zig-zag, se laisser aller à la gaudriole, lorsque, dans un sujet du 20 heures, une dame lui reproche d'avoir trop maigri et qu'il répond : « Non, non, je n'ai pas maigri de partout, rassurez vous. » Quelques jours plus tard, en visite alors que Martine Aubry l'a attaqué sur la gauche molle, une ouvrière lui serre la main et lui dit : « Elle n'est pas molle, votre main », réponse du tac au tac de François Hollande : « Ni la main ni le reste. »

Hollande grivois… Vexé probablement dans sa virilité par la métaphore de la gauche molle, Hollande rétorque sur un registre qu'on lui connaît peu. Rire à l'extérieur, colère à l'intérieur.

L'humour qui masque le tempérament d'un optimiste forcené refusant le tragique de l'histoire.

*
* *

Mais, à ce stade de notre conversation, l'histoire commence à peine. Pardon d'avoir anticipé. Pour l'heure, le jeune couple s'aime, fait des enfants et grimpe minutieusement un à un les barreaux de l'échelle.

*
* *

Une vie presque ordinaire

> « C'est [...] comme ça qu'on sait qu'on est vivant : on se trompe. Peut-être que le mieux serait de renoncer à avoir tort ou raison sur autrui et continuer rien que pour la balade. »
> *Pastorale américaine*, Philip Roth

Elle adore les bateaux. La vitesse, la griserie. Elle a passé son permis sur la Seine, il y a fort longtemps. Quand elle était jeune, elle conduisait des motos. Un vrai garçon manqué sous ses airs féminins. Une femme de pouvoir, à la tête d'un ministère ou d'un hors-bord.

« On va faire du bateau, maman ? » Les enfants adorent. Alors, les parents embarquent tout le monde dans la petite Renault familiale, celle des vacances de Mougins, ils enlèvent les aiguilles des grands pins qui recouvrent le capot, et en route vers le port d'Antibes où est amarré le petit bateau. Fuselage de requin, casquette de base-ball. Lunettes noires. Maman prend les commandes. On jette l'ancre au large et on se jette à l'eau. Bonheur simple. Vie simple. Maman loup de mer.

La mer. Vitale. Ces vacances en famille. À Mougins, petite bicoque charmante. Des citronniers dans le grand jardin. Des coings et de la lavande. Parfois elle fait même des confitures. Une piscine minuscule mais il fait bon s'attabler, si le vent ne souffle pas trop, au bord de ce point d'eau. Faire griller des côtes d'agneau, déguster un rosé bien frais. Mougins le paradis. Une bonbonnière confortable.

La mer au loin.

La mer ailleurs. Les vacances en couple. L'hiver, la joie d'aller se baigner à La Réunion. Avec les Bartolone parfois. Ou Pierre Moscovici, l'éternel célibataire. Les enfants font du parapente. Les parents bronzent. Elle explore les fonds sous-marins avec son masque. Enfant de Dakar, des Antilles et de l'eau. Le bleu profond, plus bleu que le bleu de l'indigo des Cyclades. Paros.

Les vacances avec les Rippert et les Jouyet. Du temps de leurs premières vies. De ce temps où personne ne s'était séparé. Le bateau. Les enfants couleur pain d'épice.

C'est elle qui s'occupe de tout. Réserve les vols, les hôtels, les villas. Elle organise entre deux séances à l'Assemblée et un déplacement ministériel. Prendre du temps pour les enfants. Réserver impérativement le jour de la fête de l'école. Caméscope à l'épaule, elle filme les petits spectacles. Félicite. La reine des enfants.

Il laisse faire. Rassuré. Heureux dans ce cocon autonome. Père tendre. Rigolo.

Lui n'a pas cet instinct sauvage. Plus à l'aise au volant de son scooter, sur le bitume que dans les longues marches qu'elle parvient tout de même à lui imposer. En été, sur les hauteurs de Mougins, « Allons un peu marcher », et, s'il vient rarement à Melle, dans cette circonscription rurale, son petit fief qu'elle s'est taillé elle aussi à la force de son labour, les enfants prennent souvent le train pour le week-end. S'amusent dans le grand jardin de cette maison qui lui appartient. Son seul bien en propre. Sa maison. Simple et campagnarde. Une grande cuisine au rez-de-chaussée. Toujours envahie par les militants, les élus, les amis. Une maison avec une immense table. Toujours du vin au frais, de la charcuterie pour grignoter. Et le jardin, immense avec des arbres fruitiers, des roses et des lilas.

À l'étage, un univers moelleux. Une cheminée. Des canapés dans lesquels il fait bon se vautrer les jours d'automne. Et à l'étage au-dessus, les chambres. Qui ont longtemps été les chambres des enfants. Les garçons jouent au foot. Les filles se promènent, passent des après-midi chez l'antiquaire ou chez Françoise. La famille, Françoise. Celle qui a accueilli la jeune Ségolène Royal, arrivée peu avant l'heure limite pour déposer sa candidature à la législative en 1988.

Pensez donc, envoyée directement par l'Élysée ! Sur recommandation du président François Mitterrand en personne. Elle doit être bien fière, celle-là ! Pas du tout. Elle ne l'est pas, la jeune conseillère de 34 ans. Elle se sent tout de suite chez elle, dans cette campagne, car toutes les campagnes de France se ressemblent, et si elle a grandi avec la mer dans le sang, elle aime tout autant la glaise. On s'arrime les pieds dans la glaise. Et on s'envole au-dessus des océans. La belle maison blanche de Françoise accueillera la jolie Ségolène. Déjà maman. Ces petits, ils sont si bien élevés, toujours polis et à leur place. Melle familial. Melle des petits déjeuners du samedi au soleil avant d'aller faire les fous avec les autres enfants.

Ah, les vacances ! Il se tient coi cinq jours et puis… Et puis, impossible de rester en place sur une plage, à lire.

Il ne se pose jamais. Il n'aime pas ça. A beaucoup de mal à rester seul avec un livre. Sans parler. Elle aime le silence, la réflexion, la méditation, même. Lui préfère les mots, les échanges, le regard rivé, même au cœur de l'été, sur les dépêches AFP. Elle aussi. Mais elle les lit en fin de journée. S'accorde de longues réflexions en regardant la mer. En marchant sur les sentiers côtiers.

Lui s'accroche à son portable, pas par goût de la fuite ou par manque d'introspection. Non, il rassemble ses idées dans le mouvement, c'est son fonctionnement, son intelligence. Au grand dam de ceux qui l'entourent. Téléphonant jusqu'au bout… Jusqu'au moment où l'avion arrive en bout de piste et s'envole. Il ne sait pas perdre une minute. Sa compagne au téléphone, ou ses enfants, lorsqu'il rentre de province et qu'il sera en retard. « Chérie, il y a de la pizza dans le frigo… Sinon tu prends la Carte bleue et tu commandes… tu vois avec Thomas ? D'accord… je viendrai t'embrasser… Je rentre t… » Fin de la conversation. Le petit bimoteur est déjà dans les airs : « Bon, un jour on aura un avion d'où on peut téléphoner », conclut-il en riant dans ces cas-là.

À elle les grands espaces, à lui la maison… Casanier. Rechignant à voyager sauf pour les vacances, avec femme et enfants. Séjours obligatoires, mais rien ne lui plaît tant que de rester à la maison. Et même jouer quelques accords à la guitare, autour de la piscine, avec les copains. Un côté *flower power*… Une ambiance de film à la Claude Sautet. Pas d'ostentation, pas d'amour immodéré de l'argent. Aucun culte pour l'argent chez ces deux-là. Un rapport sain, une méfiance même pour tout ce qui brille trop. « Ce clinquant, c'est insupportable », répète-t-elle souvent. Ils ne sont ni riches ni modestes. Ils s'en désintéressent, au fond, pourvu que l'intendance suive. Elle est capable de générosités extrêmes. « Venez, on part tous faire du bateau. Et on mange sur le bateau. » Elle embarque les fruits, les fromages, les crevettes fraîches achetées le matin même, les tranches de rôti froid. Allez, la roulotte des mers peut voguer. Allez, venez, venez tous. Lui n'a pas ce sens de la tribu. Il l'a toujours laissée faire. Englober. Gérer. Projeter. Organiser. Elle le rassure, cette femme d'instinct, cette femme potomitan qui met du sel, du poivre et des piments dans une vie de défi et de mouvement perpétuel.

*
* *

L'ascension régulière de nos deux héros se poursuit. Regardons-les grimper un à un les barreaux. Se faire la courte échelle. Ah, elle monte un peu plus vite. Il la regarde et la pousse.

*
* *

Cornélien

« On ne chemine jamais qu'entraîné
par la force de son naturel. »
Nicolas MACHIAVEL

Paris, 2 avril 1992.

Ça y est, elle est ministre de l'Environnement. Une jeune ministre, de cette génération et de ces visages qui se doivent de revitaliser la fin crépusculaire du septennat Mitterrand. Une femme pour faire aussi oublier une autre femme : Édith Cresson, pulvérisée à Matignon en moins d'un an.

Ça y est, elle est ministre. Oui, ils s'en réjouissent ensemble. Non, il n'en éprouve pas de jalousie. Mais oui, ils sont furieux. Car il a fallu choisir. Elle ou Lui ? Tirer à la courte paille ? Non, bien sûr. Elle est femme sur un sujet de femmes comme lui dira un jour DSK en se moquant de « Ségolène et ses sujets de filles ». La politique, c'est du sérieux, du sonnant, du trébuchant, de l'acier et des hauts-fourneaux vous comprenez ? De l'industrie, de l'économie, de la diplomatie de haut vol, forcément, du régalien. L'écologie, vous savez..., c'est de la société. Donc un sujet de fille.

Oui. Furieux, ils le sont lorsque le Premier ministre, Pierre Bérégovoy, raccroche. Après lui avoir expliqué, à elle, que la nomination d'un couple dans un gouvernement, les Français ne la comprendraient pas.

Eux ne comprennent pas qu'on ne puisse pas comprendre. Ils se vivent déjà comme deux personnalités autonomes, libres. Chacun va son chemin même si ces chemins se rencontrent le soir dans un joli appartement qui s'est agrandi, pour bifurquer à nouveau au petit matin. Chacun sa route. Unis dans leurs différences. Modernes.

C'est ainsi qu'ils se vivent. C'est ainsi qu'ils vivent. Mais il faut bien choisir. Ce sera donc Elle. Enceinte. Peut-être faut-il voir dans la convocation des journalistes quelques heures après son accouchement, en juillet 1992, de sa dernière fille, Flora, peut-être faut-il voir la réponse directe à ce coup de fil lors de sa nomination. Sa manière à elle de dire : « Regardez ce qui est moderne, une ministre qui accouche et travaille à la maternité. » Regardez-moi, et regardez-nous, notre famille.

Elle ébrèche pour la première fois la vitre qui sépare vie privée et vie publique. Elle s'en moque.

Son ventre rond, elle l'a exhibé avec fierté. Sur un petit bateau qui l'emmène sur l'île de Porquerolles, à l'été 1992, elle vient d'ordonner la destruction immédiate d'une maison construite sans permis.

Ventre très rond dans l'avion qui l'emmène au sommet de la terre à Rio. On lui a déconseillé ce voyage, trop proche de son accouchement. Elle refuse. On le fait donc équiper de matériel médical, et elle file vers ce sommet et ces sujets qui la passionnent et dont elle pressent qu'ils sont les sujets d'avenir.

Elle fonce. Fait feu de tout bois. S'empare de la question des déchets, des territoires, des paysages : loi sur la lutte antibruit, loi sur les déchets, loi sur la reconquête des paysages. Ségolène légifère. François la regarde. Elle est réélue en 1993, en améliorant même son score. Un exploit dans cet effondrement historique. Seuls 52 députés socialistes en réchappent. François Hollande tombe de l'échelle. Simple conseiller municipal d'opposition.

*
* *

Lui

« Rien n'est plus lent que la véritable naissance d'un homme. »
Mémoires d'Hadrien, Marguerite YOURCENAR

Tulle, un jour de septembre 1993.

Ma mère m'a appelé. Elle s'inquiète pour moi. M'encourage comme toujours. Simple adjoint au maire de Tulle. J'ai tout perdu. Tant d'années de travail pour en arriver là… Je l'ai délaissée, ma circonscription. C'est la grande leçon. Ils m'ont puni et ils ont eu raison. Il ne faut pas quitter sa terre. Trop papillonner à Paris. Je n'ai rien vu, mais, petit à petit, tout s'est délité. Je pensais vraiment, je croyais vraiment que je m'en sortirai mais non, ça n'a pas suffi. Le moindre petit écart ne pardonne pas. Je me suis relâché. Bon. Maintenant il faut réfléchir. Que faire ? La Cour des comptes ? Oui, c'est une solution. Mais abandonner ? Après tant d'efforts ? Je ne sais pas. Je ne vois plus très bien ce qu'il faut faire. Oui, j'aime le droit, les comptes publics, mais j'aime la politique. J'aime les campagnes. Oui, je suis battu. Mais demain ? Bon, bien faire ce qu'on a à faire chaque jour. Attendre et faire le dos rond. Je ne peux pas arrêter comme ça. Ça n'est pas moi.

*

* *

Non, ça n'est pas lui. Et d'ailleurs il n'abandonne pas, notre Sisyphe. Il reprend son rocher ou plutôt son sillon. Patiemment. En attendant les éclaircies. Le voilà reparti entre Paris et la Corrèze. Un petit détour par le cabinet de son ami l'avocat Jean-Pierre Mignard. Où il s'ennuie. Elle l'entoure. Organise des dîners. « Prenez soin de François. » Pendant qu'elle poursuit sa route à elle, députée des Deux-Sèvres. Oh, bien sûr, elle connaît aussi un échec, cuisant, à la municipale de Niort. Mais se relève et repart. L'accompagne, et l'encourage à remonter à bord. C'est chose faite, en 1997, à l'issue d'une dissolution miraculeuse qui appelle Lionel Jospin à Matignon. Le voilà à nouveau député et premier secrétaire du parti socialiste, par la grâce de l'onction jospiniste.

Même séparés six jours sur sept, pas une réunion, pas un meeting, pas une intervention télé de l'un ou de l'autre sans que l'un appelle l'autre pour savoir comment ça s'est passé. Pour raconter sa journée. Quelques minutes au téléphone ou par SMS… « Que serait notre vie sans les SMS ? », me dit-elle un jour. Ils en consomment des milliers. Restent en permanence connectés l'un à l'autre, ces deux êtres, qui ne souffrent aucune intrusion, malgré leur goût maladif pour la liberté.

Des efforts et des efforts et encore un petit effort. Jusqu'au jour où…

*
* *

21 avril 2002, échec et mat

Ils sont attablés dans un café, près de l'atelier, le siège de campagne de Lionel Jospin. Pour se tenir chaud, décortiquer les dernières semaines écoulées, se demander ce qui est arrivé.

Les mines sont froissées, lugubres. Ils grignotent. Ne se cachent même pas pour parler alors que des journalistes sont assis aux tables d'à côté.

Elle, Ségolène Royal, lui, François Hollande, et l'ami Julien Dray. Les militants passent, sonnés… La presse abasourdie. Lionel Jospin vient d'être éliminé du second tour de la présidentielle. Deuxième information : il se retire de la vie politique.

Une déclaration accueillie par un cri. Des conseillers sont en larmes. Ils ne savaient pas. Alors que Hollande et Royal savaient depuis 18 h 30.

Jusqu'au bout, Ségolène Royal aura enjoint les troupes de se battre. « Allez-y, on s'y met à 10 ! On appelle les copains aux Antilles. Les bureaux ne sont pas encore fermés. On fait voter. On peut y arriver.

— Laisse, Ségolène, c'est inutile. »

Mais elle ne les écoute pas. S'installe à un bureau et appelle. Appelle. Appelle. Sous le regard amusé de Danielle Mitterrand, qui ce soir adopte un air sévère. Elle observe cette campagne depuis des mois. A bien perçu le corset rationnel du candidat Jospin, tout en sentiment intérieur. Tout en colère et envie d'en découdre. Il en a oublié le sens même d'une campagne. La chair, la pulsation du pays, les émotions… Ah, ce vilain mot qui lui fait horreur ! Des mois à passer à côté de ceux qu'il croise pourtant chaque jour dans des déplacements improbables, montés scientifiquement par une équipe de communicants persuadés d'avoir raison. La raison. Une campagne gouvernée par la raison. Le bilan est élogieux. Le pragmatisme non contestable. Mais, mais. Ah, on ne se marre pas à l'atelier ! En pénétrant dans ce local pourtant très beau, l'ancien show-room de Jean Paul Gaultier, tout respire l'ennui. Le trop calme. Le carré. Le cadré. Rien ne dépasse. Pas une ruche. Plutôt le siège d'une grande banque.

L'entre-soi de ceux qui savent et entendent bien le faire savoir à un pays devenu pourtant sourd. Campagne aseptisée d'un candidat sanctuaire. Qui serre peu de mains. Sourit de moins en moins. S'agace de l'étau de son agenda. Des mensonges de son adversaire. Comme si l'on gagnait une présidentielle en étant bien élevé, la raie sur le côté et les chaussures toujours cirées. Il faut savoir être excessif, passionné, démesuré, même, pour gagner. Mal élevé pour savoir taper là où ça fait très mal. La mesure de Lionel Jospin et son intégrité intellectuelle ne suffisent pas.

Ce soir-là, alors que le candidat battu est enfermé dans son bureau, François Hollande éprouve pour la première fois de sa vie un vertige devant le gouffre qui s'ouvre. Julien Dray théorise la défaite. Danielle Mitterrand pince les lèvres. Et Ségolène Royal téléphone.

François Hollande se décide enfin à entrer dans le bureau de Lionel Jospin. Qui maîtrise son émotion, son chagrin et son humiliation. Depuis des jours et des jours, le premier secrétaire du PS a alerté le quartier général. Et l'équipe de campagne. Sans effet. Un jour, alors qu'il fait le tour de sa circonscription de Tulle, il découvre des affiches avec la photo du candidat socialiste sans son nom. Pire, les affiches sont tirées dans le sens de la largeur, et la plupart des panneaux électoraux dans les campagnes ne sont pas assez larges, justement. Il décroche son téléphone, demande à parler à Pierre Moscovici qui le renvoie vers Stéphane Fouks, l'homme d'Euro RSCG. Et, sous le regard médusé de son attaché parlementaire corrézien, hurle, exige de voir figurer le nom du candidat. Et se heurte à un mur. Le mur de « Tu n'y comprends rien, mon pauvre ami ».

Le mur de l'arrogance et de la certitude qu'on va battre « l'autre », puisque c'est ainsi que Lionel Jospin désigne Jacques Chirac. L'autre. Une rage qui a grandi au fil des humiliations encaissées durant cette cohabitation de cinq ans.

Il en a joué, Jacques Chirac, de ce tempérament entier qui ne supporte aucune vexation. Il en a joué psychologiquement en séduisant les ministres de Lionel Jospin qui l'accompagnent en déplacement officiel. Pierre Moscovici se souvient des fous rires avec le président de la République lors d'un déplacement en Europe du Nord. Des bonnes adresses aussi qu'il donne pour aller dîner. De sa façon gourmande, gargantuesque, d'aborder la vie. Un jour, Pierre Moscovici se risque et dit à Lionel Jospin : « Il est quand même sympa. » Colère jospiniste et interdiction de prononcer cet adjectif sur l'adversaire. Il en joue aussi physiquement, lorsqu'il met la main sur l'épaule de son Premier ministre qu'il dépasse d'une courte tête. Lorsqu'il arrive bronzé, la mine lumineuse, en Conseil des ministres. Mais derrière cette sape psychologique, il y a la sape politique et les attaques de Jacques Chirac sur la sécurité qui préfigurent la fin de campagne et la pathétique affaire – mise en scène papy Voise, ce vieil homme au visage tuméfié qui symbolise à lui seul une gauche supposément laxiste sur le plan de la sécurité.

Une inimitié, pour ne pas dire une haine, qui aveugle le socialiste et son équipe. Qui l'isole autour d'une poignée de communicants, brutalisant la presse, nettoyant les images à tel point que plus personne ne peut aborder le candidat, même pas ses plus proches amis. Bertrand Delanoë se souvient d'avoir pu lui parler seulement quelques minutes, dans un trajet en voiture entre l'atelier et la place de la République. Un trajet qu'il n'a jamais terminé. Excédé par les interrogations et les conseils de son ami, il le prie de descendre après quelques dizaines de mètres. Même Bertrand Delanoë ne passe plus. François Hollande, lui, essaie, essaie encore. Même s'il ne veut pas imaginer la chute au premier tour, il comprend que le second sera difficile. Il obtient gain de cause, dix jours avant le premier tour, et sera chargé, en secret, de gérer l'entre-deux-tours. Trop tard, le 21 avril, à 20 heures, Lionel Jospin chute à 200 000 voix près.

Ce soir-là, Julien Dray démontre à François Hollande que son temps est venu. Ségolène Royal aussi.

« François, c'est à toi de faire mouvement. Il faut aller vite. »

Lionel Jospin en retrait de la vie politique, c'est bien lui, François Hollande, qui va porter la campagne des législatives et la parole de l'opposition.

Il ne doit pas trembler, ça n'est pas dans sa nature. Mais il doit garder le PS uni et surtout s'imposer face aux éléphants, d'abord sonnés mais qui voient s'ouvrir le champ des possibles pour la suivante, 2007.

François Hollande ne tremblera pas. Dès le 6 mai, il est sur la route pour les législatives. Dans un petit avion qui l'amène à Metz, il pense tout haut : « Surtout, nous devons rester unis et ne pas perdre trop de plumes dans ces législatives. Surmonter le choc, le deuil. » Et dans ces moments de crise, rien ne surpasse François Hollande. Maniant l'humour et la raison, le sens du devoir et une forme de légèreté dont les militants, K.-O. debout, ont un besoin vital.

« Il faut se battre, il ne faut pas renoncer », lance-t-il à une salle qui se réveille, et repart au combat. Pour tous ceux qui ont suivi François Hollande dans cette période de désastre, il ne fait aucun doute que l'homme blagueur est en réalité mû par une ambition extrême. Officiellement il n'en a pas. Sauf celle d'être réélu en Corrèze. Il est vrai que la tâche n'est pas aisée. Malgré son ancrage, Jacques Chirac lui envoie son épouse Bernadette et le nouveau Premier ministre, Jean-Pierre Raffarin. Qui vient sans prévenir. François Hollande ne se démonte pas et l'accueille à l'entrée du centre culturel où il participe à un meeting. Tout est dit dans ce culot, un culot royaliste dont il sait aussi faire preuve mais dont il use peu.

Ce soir du 21 avril, le chagrin n'est pas non plus absent de la discussion entre copains. Si Ségolène Royal et Julien Dray sont moins attachés au Premier ministre humilié, ça n'est pas le cas de François Hollande. Nul ne sait ce qui le lie à cet homme pudique, austère et sévère auquel il doit son ascension, lorsqu'il lui confie les rênes du parti en 1997, après son accession à Matignon.

Est-ce dû à leurs racines communes, racines de parpaillots, si l'on en croit la légende officielle des racines hollandaises ? Peut-être. En tout cas, la rigueur intellectuelle de Lionel Jospin impressionne sincèrement François Hollande, ce qui est rare, comme un mentor impressionnerait son élève.

Dans ce bistrot du coin de la rue, soirée de deuil pour l'un mais de nouveau départ pour les trois compères : Royal, Dray, Hollande.

Arrêtons-nous un instant sur Julien Dray. Le petit frère turbulent. Le plus cultivé des trois. Une colonne vertébrale trotskiste, tendance romantique. On a tout écrit sur lui, son goût des montres de luxe, ses colères soupe au lait. Ses fâcheries-bouderies suivies de réconciliations bruyantes. Sa manipulation permanente des événements, des amis, des journalistes.

Mais on oublie trop souvent que Julien Dray est un véritable théoricien de la politique. Un maître de la stratégie. Un personnage multiple, fulgurant dans ses pensées, ses analyses et sa créativité. On peut gloser sur tous ceux qui revendiquent le retour de la question de la sécurité dans le logiciel socialiste. Mais c'est bien Ségolène Royal, républicaine sévère, pétrie de morale catholique, et Julien Dray qui ont, les premiers, théorisé et porté ces valeurs, délaissées par les socialistes.

Et puis, Julien Dray est le premier à avoir envisagé Ségolène Royal. Un soir de 1994, le temps dure longtemps, longtemps sur les bancs de l'Assemblée. Séance de nuit. Il siège avec Claude Bartolone, autre rescapé de la lame de 93. Ils parlent. De tout, de rien. Depuis quelque temps, les deux hommes se sont rapprochés. L'opposition à 52 députés socialistes, que voulez-vous, cela crée des liens ! Il leur arrive de jouer ensemble au poker. Ce soir-là, le rapporteur s'échine. Claude Bartolone et Julien Dray s'ennuient fermement et évoquent l'échéance présidentielle de 1995. Qui ? Tout le monde pense à Jacques Delors.

« Mais si ça n'est pas lui, qui alors ? », s'interroge le député de Seine-Saint-Denis.

Julien Dray réfléchit : « Moi j'ai une idée. Audacieuse mais qui pourrait être un vrai coup de tonnerre. Une vraie révolution.

— Qui ? Allez, dis-moi !

— Ségolène. »

Interloqué, Claude Bartolone : « Mais tu n'y penses pas sérieusement ? »

Et Julien Dray insiste : « Une femme, jeune, belle. Avec des idées bien arrêtées. Et un culot de commissaire. Rien ne lui fait peur. De toute façon, on ne gagnera pas 1995. Mais on pourrait la présenter. »

L'histoire, ce soir-là, en reste là.

Ce que l'on sait moins, ou que l'on a oublié, c'est l'élan Ségolène Royal elle-même. Lorsque Jacques Delors renonce, le 11 décembre 1994, elle est, comme tout le monde, devant la télévision avec François Hollande.

Ils sont profondément déçus. Interrogé par Anne Sinclair, le président de la Commission européenne vient de refuser d'être candidat par peur de ne pas trouver une majorité nécessaire pour mener à bien sa politique.

Le choc est rude pour le couple qui, depuis 1992, anime avec Jean-Yves Le Drian les clubs « Témoins » transformés peu à peu en machine présidentielle de Jacques Delors. Tout ça pour ça ?

« Et pourquoi pas moi ? lance alors Ségolène à François. Pourquoi pas ? Je peux très bien me présenter à la primaire.

— Mais, Ségolène, tu n'y penses pas sérieusement ? »

Il faudra beaucoup de force de conviction à François Hollande pour dissuader sa compagne.

Mais déjà, en 1995, elle se rêve en présidente. Déjà Julien Dray en a l'intuition.

S'en souviennent-ils, ce soir de débâcle du 21 avril ? Non, le choc a laissé la mémoire en carafe. Ils font corps autour de « François ».

Tout tourne autour de François qui, pour la première fois de son existence politique déjà riche, peut enfin prendre la responsabilité pleine et entière de sa destinée.

Lionel Jospin lui a dit, quelques heures avant : « Allez, François, c'est au tour de ta génération. »

Il ne s'était pas trompé mais n'imaginait certainement pas que la prochaine candidate s'appellerait Ségolène Royal.

*

* *

La longue marche

> « La plupart des hommes, pour arriver à leurs fins,
> sont plus capables d'un grand effort
> que d'une longue persévérance. »
> *Les Caractères,* Jean DE LA BRUYÈRE

Mars 2003, Tulle-Paris.

Il roule vite, le chauffeur, très vite. Il la connaît par cœur, cette route de Tulle à Paris. Ou de Paris à Tulle. Dans n'importe quel sens, à l'envers, à l'endroit, le chauffeur fétiche de François Hollande roule. 430 kilomètres pied au plancher. À l'arrière de l'Espace il s'est endormi. Enfin, d'un œil. Le portable sonne. Ségolène : « Tu es où ?

— J'arrive. Mets le poulet au four… »

Le chauffeur soupire : « J'arrive, j'arrive, c'est vite dit. » Au moins encore une heure et demie de route. Cette fois, il s'est attardé. Ne sera pas à l'heure exacte pour le déjeuner sacré du dimanche. Le point de jonction/coordination de la famille. Papa, maman, les enfants. Parler de tout, de rien. Rires. Se raconter des blagues. Écouter les enfants. Ce qu'ils ont à en dire. Ce qu'en disent leurs copains… Accepter aussi de se faire bousculer. Papa, maman. Pas député, pas ministre. Ils parlent d'or, ces enfants. Élevés simplement. À l'école publique et sans argent de poche excessif. Avec des valeurs, celles un peu raides de maman mais qui vous font une colonne vertébrale bien droite : « Vous défendez vos camarades à l'école, promis ? » Conseil de maman avant de partir au collège ou au lycée.

Avec un goût de la joute oratoire et des rires, ceux de papa. Papa tendre, pas poule. Papa qui dédramatise tout toujours.

Une heure et demie… Il y est allé un peu fort aujourd'hui. Il va être très très en retard. Elle ne sera pas contente. Et elle aura raison. Si peu de temps pour eux, mais il fallait rester hier soir. Une réunion à Ussel. Une route en lacet. Si belle de jour et par grand beau temps. Si dangereuse la nuit. Même Armand ne fonce pas. C'est dire. Ou plutôt fonce moins. Il est rentré tard à Tulle, trop tard pour reprendre la route.

Crevé. Il l'est, mais heureux. Et ça roule bien. Quel confort, cette autoroute ! Quand il est arrivé ici pour la première fois, en 1981, c'était par le train. Paris/Limoges. Une éternité de voyage. Et un appétit d'en découdre. Contre les Chirac. Mais contre les communistes aussi. Ussel, terre de mission, et de ratages. Battu, puis rebattu et rebattu encore. Municipales, législatives, cantonales. Pendant sept ans, cette haute Corrèze lui résiste. Mais qu'importe. Pas de victoires sans échecs. Il s'y est fait. S'y est habitué. A pris petit à petit du plaisir. De celui que l'on ressent en défrichant ses propres terres, sa propre parcelle. Un petit improbable chez-soi plutôt qu'un grand certain chez les autres. Son propre bout de rivière où il va chercher de l'or. Le terrain, la voiture. Les soirées un peu seul au café pour dîner. Et puis, peu à peu, les amitiés se nouent et se densifient. Et l'élection, enfin, en 1988, après son retour à Tulle. Ah, bien sûr, la marche fut longue, parfois pénible, rester concentré pour inaugurer un préau d'école ou entendre les doléances sur les haies mal taillées du voisin, ça n'est pas ça qu'on vous apprend à l'ENA. Mais c'est la vie. La vraie, celle des gens. Pas fiers. Pas arrogants, qui regardent un peu amusés, puis intéressés, ce jeune homme riant, toujours d'humeur égale, qui vient leur vendre la bonne parole socialiste… Il a ses rendez-vous. Avec sa marchande de volailles du marché de Tulle. Longtemps, nous avons cru que c'était une légende, une invention pour amuser la galerie, « Ma marchande de volailles me disait encore samedi ». Jusqu'au jour où nous l'avons vraiment rencontrée, cette marchande baromètre. Le pouls, la pulsation de cette France qui échappe aux radars médiatiques. Ces gens, il les aime sincèrement. Ils le lui rendent bien au fil des ans : député en 1988. La défaite de 1993 est oubliée. Et dire qu'il a failli tout arrêter ! Aujourd'hui, il est maire. Quelle leçon, la politique : ne jamais abandonner ! Ah, quelle marche ! Quels efforts ! Combien de Paris/Brest avalés en fin de banquets ? Et ce chocolat, l'ami de sa vie. Les pets-de-nonne et leur robe de chantilly. Les mousses. Les bavarois, les forêts-noires. Les petits carrés grignotés avec le café sur la place du village. En discutant de tout. Avec cette main qui scande. Petite main. Petits doigts. Une main pas agressive. Une main qui indique la direction. Le chocolat. Le gâteau au chocolat pour le 12 août. Rituel d'anniversaire. Chaque année, il fait semblant d'être étonné. La petite maison de Mougins résonne des « joyeux anniversaire ». Le chocolat. Son péché mignon.

Et ces volailles qu'il rapporte toujours pour le repas du dimanche. Petit sentiment de culpabilité aujourd'hui.

Pas de volaille. Et en retard. Il a dormi comme toujours dans sa chambrette à l'arrière de sa permanence. Son petit chez-lui corrézien. Son lieu de liberté. Presque monacal. Le portable sonne de nouveau. Il ne prend pas. Stéphane Le Foll, son directeur de cabinet. Il rappellera ce soir. Pour le point du dimanche soir. Faire le tour des dossiers. Analyser ensemble les déclarations des uns et des autres dans les différentes émissions politiques dominicales et préparer le point de presse du lundi matin. Les dimanches soir pour sentir le parti. Quand tout est trop calme, c'est louche. Quand tout est trop agité, ça va se calmer. Laisser dégorger les escargots, son expression favorite. Sa méthode aussi. Laissons dégorger les escargots. Ensuite, on passe à l'action.

Pas envie de parler de tout cela, là tout de suite. Dormir d'un sommeil léger ? Ah non, pas tout de suite. D'abord éplucher *Le Journal du dimanche*. Lu en diagonale avec le café du matin. Le lire dans les détails. La page des sports ? Ah, pas mal, le résultat du PSG. Le foot. Son autre passion. Adepte du catenaccio. Le rideau défensif inviolable des Italiens. Il jouerait en fond de court s'il était tennisman. Il renvoie les balles, inlassablement. Jamais débordé par une montée au filet. Jamais dépassé par un lobe. Il renvoie tout. Gagne le match au point. À l'usure. La persévérance, cette Corrèze la connaît. Il n'a pas peur du ridicule. Des salles microscopiques où se battent en duel trois chips dans les assiettes en carton et une dizaine de militants, il s'en moque. Il est là pour donner, planter des drapeaux, mettre des coups de soc, élargir le sillon. Son école, c'est Mitterrand. Son modèle, c'est Mitterrand. Qui connaissait chaque nom de chaque conseiller général de chaque canton de France. Derrière la geste, la superbe, le prince et ses grands travaux, se cachait un redoutable apparatchik. Jaloux de tous les secrets de la vie de son parti et de ses poignées de main qu'il aimait à donner lui-même, pour qu'on ne l'oublie pas. Lui François Mitterrand. Lui François Hollande. Les François. La France. Francus. Libre.

Cette liberté qu'il goûte, savoure, dans son « Espace » dans lequel il invite élus et journalistes à monter : « Vous rentrez en camping-car avec moi ? » Le camping-car. Un kit de survie à l'intérieur. Des dossiers. Des bouteilles d'eau. Quelques menues friandises à grignoter, et roulez jeunesse.

Il roule, libre et satisfait du devoir accompli : s'être taillé son fief, ce petit bout de terre sur lequel on s'appuie pour prendre son élan.

*
* *

À cet instant du récit, permettez-moi, amis, de commenter l'apparition d'un élément si essentiel dans la vie politique : la voiture. Qui n'est pas forcément ce que l'on croit.

*
* *

Ceci n'est pas une voiture

Se caler dans le fauteuil. Le plus profondément possible. Ne pas bouger. Respirer à peine. Mettre le portable sur silencieux. Le visage collé à la vitre fumée, regarder défiler le paysage. Et jeter de temps à autre un regard connivent, sympathique au chauffeur dans son rétroviseur.

Silence monacal. Seule la lumière bleue du gyrophare perce le schwartz. De temps à autre, les phares éclairent des panneaux qui portent des noms parfois imprononçables. Traverser la France, de nuit. Et voir tous ces panneaux qui indiquent des petites villes ou des patelins, des lieux où des gens vivent, aiment, sourient, se fâchent, emmènent leurs enfants à l'école. Vont danser. Lisent. Apprennent à jouer du piano. Pointent à Pôle Emploi. Ferment la maison pour les semaines de vacances en été. Saluent le voisinage. Vont chez le coiffeur. La vie des gens. Des milliers de patelins avec, de temps à autre, une grande ville… Lyon. Angers. Limoges. Aix. Perpignan. Sillonner la France, de nuit, de jour. Aller vite, le plus vite possible pour rentrer à la maison. Le déposer. Se faire déposer à son tour et dormir.

Pas un bruit dans l'habitacle. Lui aussi est tourné du côté de sa vitre. Seul son iPhone éclaire son visage. Soucieux. Fatigué. Pensif. Épuisé surtout. Encore un déplacement. Un de plus. Une vie politique. Une vie d'élu. Sans cortège lorsqu'on est dans l'opposition. Avec lorsqu'on est dans la majorité. Mouvement d'essuie-glaces.

Des motards, le préfet en tenue, les voitures sombres. La voiture du ministre, celle des conseillers, celle des policiers en civil, celle du secrétaire de la préfecture. On appelle ça un cortège. Qui se déroule dans la nuit, comme un long serpent bruyant et lumineux, qui glisse et s'étire sur les petites routes communales. Démonstration de la puissance de l'État. Ridicule parfois. Nécessaire à certains moments, quand les bouchons sont trop importants et qu'il faut absolument sauter dans un train ou un avion pour être à l'heure le lendemain au Conseil des ministres.

Seul dans son petit espace si l'on a perdu la majorité. Mais la vie dans l'habitacle ne change pas. La nuit, tous les chats sont gris. Enfin sur l'autoroute. En sourdine, France Info. De temps à autre, je demande : « Vous pouvez monter, s'il vous plaît ? », car il est l'heure du journal, ou des titres. Rester connecté au cas où nous aurions raté la dernière déclaration d'on ne sait qui. Rester sur le qui-vive. Il est minuit. Les dépêches AFP ne disent rien de plus et rien de moins que nous ne sachions déjà.

Passer des coups de fil avant que les gens normaux ne s'endorment. La tête tournée vers la vitre. Les mots murmures pour masquer la conversation, une main légèrement repliée sur la bouche. Si peu d'intimité dans une vie publique. Une mise à nu presque permanente. Les phrases sont lapidaires. « J'arriverai tard. Je suis sur l'autoroute. À demain matin. Je verrai tout cela en rentrant. »

Je verrai tout cela plus tard. Tout est toujours remis à plus tard. Le week-end amoureux, les soirées de cinéma, le dîner amical. L'arrivée de ses parents au train de 14 h 30. Les rendez-vous avec le dentiste, la banque. Tout plus tard. Un autre jour. Ça n'a pas d'importance. Il n'y a pas d'urgence. Quand même, éplucher son compte bancaire sur Internet. Profiter de cette voiture qui vogue dans la nuit pour répondre à ses mails, faire des virements, réserver un billet d'avion, réécrire une note. La route est plate. L'iPad tient bien sur les genoux.

Tiens, une pause. Dans la nuit. Seules les pompes à essence sont éclairées par le néon criard de la station. Un café. Des chips. Et une cigarette. Puis une deuxième, allumée avec le bout incandescent de la première. Provision de nicotine et de caféine dans la nuit.

La voiture étincelle dans le noir. Lustrée. Comme un soulier verni.

Nous remontons. Et la longue et régulière balade du carrosse reprend dans la nuit. Tout est doux. Et doucement repartir sans avoir claqué les portes. Il s'est endormi, et la pause ne l'a pas réveillé.

J'ai appris à comprendre et regarder autrement les voitures. Dans mes vies précédentes, elles n'avaient qu'une fonction bien précise : m'amener d'un point à un autre. De ma mansarde de jeunesse aux plages du sud de la France ou du sud de l'Espagne quand le tacot semblait être fiable. De la rédaction à un lieu de reportage ou un aéroport pour un envol vers d'autres reportages avec une voiture qui m'attendait à l'arrivée. Un moyen. Simple et pratique.

Mais j'ai appris, en pénétrant dans ce drôle d'univers où tous les codes de la vie réelle volent en éclats, qu'une voiture est bien plus qu'une voiture.

Un bureau, un objet de pouvoir et de convoitise.

Qui va monter dans la voiture ? Qui va faire le trajet avec elle ou lui ? Qui va avoir les honneurs de la proximité, si ce n'est intellectuelle, du moins physique ? Qui va arriver et sortir de la voiture avec lui ou elle, imposant dans cet instant magique où tous les regards se tournent vers le passager, celui qui accompagne, imposant une forme de suprématie sur l'ensemble resté à quai, à suivre en voiture collective ou à faire l'accueil ?

Être ou ne pas être dans la voiture. Telle est la question.

Et si on y est, encore faut-il savoir se comporter. Se taire quand il faut. Parler quand il faut. Tous les mots doivent être pesés. Sans boursouflures. Car vous entrez chez lui. Ou chez elle. Vous pénétrez dans son intimité. Ses journaux posés sur l'accoudoir central. Ah, attention ! Surtout n'en touchez pas un. Ne dérangez pas la pile. Ces journaux lui appartiennent. Sont classés dans un ordre préétabli, respecté par le chauffeur qui les installent tous les matins et les enlèvent tous les soirs après avoir demandé ce que l'on garde et ce que l'on jette. À côté des journaux, des dossiers. Des parapheurs en souffrance. Le dossier. Attention aussi. Il change de couleur, en fonction des événements, mais les étiquettes répondent toujours aux mêmes codes : Arial 14 en gras, en haut.

Et en bas, « Monsieur ou Madame la ministre ». Dans le dossier cartonné, des notes empilées avec pour chaque note une chemise légère, repliée, portant le sujet de la note.

Et puis les notes, manuscrites, prises pendant les longues réunions. Et les discours raturés jusqu'à la dernière minute avant de monter sur scène. Qu'il faut récupérer. Remettre dans la voiture. Et conserver. Les ratures portent souvent les meilleures idées. Les plus abouties.

Entrer dans la voiture, c'est entrer dans la bulle, la sphère la plus intime. Celle où l'on se laisse aller. Des bouteilles d'eau coincées dans les filets sur le dos des sièges. Des barres chocolatées ou des petites choses à grignoter dans le vide-poche. Un Bounty entamé et la petite fête que l'on se fait à l'idée de le terminer, quand le colloque s'achèvera enfin. Ah, ce Bounty ! Ah, ce carré de chocolat qu'on s'est réservé après l'effort !

La trousse à maquillage. Dans le vide-poche. L'anti-cernes aussi pour lui. Ou pour elle. À bien y regarder, on voit tant et tant de choses dans une voiture. Être invité à y monter relève donc d'une forme de sacré. D'un jeu aussi. Un peu pervers. « Tiens, je vais la faire monter aujourd'hui. Ça lui apprendra, à l'autre. Un peu trop arrogant ce matin en réunion. » « Tenez, venez donc. Nous allons travailler. » Une phrase prononcée suffisamment fort pour générer un peu de fiel, un peu d'angoisse dans le cœur de ceux qui ne montent pas aujourd'hui. Privés de tour de manège.

Une voiture comme une salle d'interrogatoire, aussi. Pour passer à tabac les rebelles, les insolents. Rien de tel qu'une voiture qui roule, un univers clos dont personne ne peut s'enfuir pour admonester, recadrer. Être dur, impitoyable. Aucun espace pour se cacher. Aucun trou pour se terrer… Subir. Se taire car on ne peut pas hurler dans une voiture. On encaisse et on s'écrase.

Non, ceci n'est pas seulement une voiture. C'est aussi une salle de torture.

Et un lieu de réunion. Pour passer des accords secrets. Dans ces moments-là l'image vaut celle du parrain. Chauffeur et officier de sécurité dehors, mains sur la portière. Lunettes noires. À l'intérieur, ça palabre. Ça passe des accords pour la campagne à venir. Ou bien ça discute au téléphone. Conversation secrète qui ne souffre aucune oreille extérieure. Ça peut durer longtemps. J'ai le souvenir d'avoir attendu près d'une heure, en plein hiver, sur le bord d'une route. Trois idiots plantés au bord du chemin, sur une nationale, fumant, passant nos propres coups de fil en attendant que le coup de fil en cours s'interrompe enfin dans la voiture.

Et cette vitre qui se baisse. Ce « On peut y aller », et nous voilà remontant sans desserrer les dents, en essayant vainement de se rapetisser pour ne pas être intrusifs. Coup de fil heureux, visage un peu béat. Coup de fil difficile, silence encore plus lourd qu'à l'accoutumée.

Parfois, après de longues minutes de silence, une bribe de confidence : « C'était Untel. Il ne veut rien entendre. »

Attention ! Attendre une autre phrase pour bien être certains que nous sommes invités à entamer la conversation. Le mieux reste quand même un signe des yeux, un regard intéressé et interrogatif. Si elle continue, ou s'il poursuit, nous sommes donc bel et bien invités à poursuivre ensemble. Sinon, se taire. Et lire, sans tourner trop fort les pages de votre livre (toujours avoir un livre sur soi car on attend beaucoup dans nos métiers) ou de votre journal, le vôtre bien sûr, pas celui que vous auriez emprunté sur la pile classée.

Une voiture comme un confessionnal. Un autre chez-soi.

*
* *

Leur vie sur les routes. Roulis permanent. Chacun chez soi… enfin presque.

*
* *

L'invitée surprise

> « Cet amour insensé que je lui porte reste pour moi un insondable mystère. »
> *L'Amant*, Marguerite Duras

Un jour de janvier 2004.

Elle vient rarement. Très rarement. Non pas qu'elle n'aime pas la Corrèze mais il existe là, entre eux, comme un accord tacite : chacun chez soi, chacun dans son fief, dans ses mains serrées, dans ses habitudes locales, son café, son restaurant, ses élus.

Parfois, pourtant, elle rompt l'accord, au gré de ses envies et de son manque. Lorsque les longues périodes électorales le tiennent trop éloigné de la maison. Alors elle arrive, dans son monde clos. Elle passe le prendre à la permanence du parti pour aller ensemble faire les courses au supermarché du coin. Ah, les courses ! Elle aime les faire elle-même chaque fois qu'elle en a le temps. Comme se mettre au volant de sa petite voiture et partir de Paris à Melle. Sa façon à elle de rester connectée, de défier aussi les horaires de la SNCF qui ont parfois du mal à s'adapter à ses retards déjà légendaires.

Les courses, à Tulle, et tous ces gens qui la reconnaissent et la saluent. Elle est jolie, quand même, la femme de François. Personne ne s'aviserait de l'appeler madame Hollande. Ça, c'est pour les mauvaises langues du parti, madame Hollande ou monsieur Royal, dans quelques années, pour moquer ce couple qui occupe déjà trop d'espace à leurs yeux. Là, non, elle est Ségolène, tout simplement. Qui cherche François. En vadrouille évidemment. Lui aussi en retard. Pourtant, elle se fait envoyer son agenda tous les vendredis soir. Un rite. Le bureau de Tulle l'envoie à son bureau de l'Assemblée. Elle veut son agenda et il le lui donne de bonne grâce. Elle n'envoie jamais le sien, en revanche.

Mais où est François ? Ah, il arrive. Un petit apéritif au café et puis un dîner léger. Et on éteint les feux dans la petite chambre de la permanence.

Sa manière à elle de marquer, à intervalle régulier, son territoire dans son territoire à lui.

*

* *

Mars 2004, Solferino

> « Quand une situation est au pire,
> il faut qu'elle cesse ou qu'elle se relève. »
> *Macbeth,* William SHAKESPEARE

Un air guilleret. Primesautier. Léger comme une plume malgré son embonpoint qui lui va pourtant bien. François Hollande, coudes plantés sur le rebord de la fenêtre de son bureau rue de Solferino, devise, comme à son habitude, et analyse la razzia socialiste aux régionales. Quasiment toutes les régions en rose. Sauf une. L'Alsace. Il savoure. Ses adversaires, ses ennemis de l'intérieur sont à terre. Il l'a sentie venir, cette victoire.

Dès le mois de janvier, dans un avion qui nous amenait en Bretagne, il le disait : « Ça sent le printemps. » Une prédiction et une manière aussi de se rassurer. Car François Hollande est un anxieux. Qui masque ses angoisses aux autres, hormis à un tout petit cercle dont fait partie Ségolène Royal et Stéphane Le Foll, son directeur de cabinet.

Même la victoire assurée, il n'y croit jamais tant que les résultats ne sont pas acquis, officialisés. Il se mure pendant des heures, ne répond plus. Passe quelques coups de fil réflexes. Attend. À le voir, personne ne peut imaginer cette vague d'angoisse, et pourtant… Ce soir-là, plus d'angoisse, et un boulevard qui s'ouvre. Il refuse d'en parler. Se cache derrière son humour. Offre aux journalistes du champagne : « J'avais mis la bouteille au frais depuis le 21 avril. »

Provocation potache. Tout le monde rit. Mais son ambition reste cachée, derrière ses rires et son analyse très sérieuse de la situation politique.

Avec une mention spéciale à Ségolène : « Elle a bouté Raffarin ! Incroyable. »

Le regard se plisse derrière les lunettes. Fier et aussi un peu interrogatif sur ce que sa compagne va faire d'une telle victoire. Il la connaît depuis si longtemps et sait qu'elle va forcément allonger le pas. Pendant des semaines, il l'a mise en garde : « Attention, Ségolène, ne te fais pas trop d'illusions. Cette terre est à droite. Les réseaux Raffarin sont puissants. »

Il a raison et il a tort. Car Ségolène Royal s'est révélée telle qu'en elle-même : brutale, frontale, sans pitié pour l'adversaire, rapide comme une lame, endurante. Dure à la douleur. Des journées de vingt heures sept jours sur sept pendant plus d'un an. Elle est partie de loin. A rattrapé son retard. Et a terminé au sprint. Jean-Pierre Raffarin, ou plutôt sa candidate, Élisabeth Morin, n'a rien vu passer. Un train lancé à grande vitesse sur des chemins vicinaux. Un style combattant, un rapport de force permanent, une tension.

Ne pas laisser respirer l'adversaire. En l'occurrence, cette pauvre Élisabeth Morin, substitut de Raffarin Premier ministre qui ne peut pas se présenter. Et elle cogne, elle cogne, elle cogne. Ségolène Royal boxe pendant des mois. Avec ses cadets de la reine. Une bande qui aime la razzia. Passerait au feu si Ségolène le demandait. Ça taille le jarret, ça sabre. Ça roule vite. Avec un poil d'arrogance que la reine encourage mais calme parfois, quand tel est son bon plaisir. Une tape par-ci, une récompense par-là. Une bande de grand chemin qui arrive dans les fermes, avale d'un trait un coup de gnole, passe voir les bêtes, réunit tout le monde autour d'une table, écoute, attaque l'équipe en place, puis repart voir les pêcheurs, les ouvriers des usines, et s'arrête sous la tonnelle du restaurant d'un petit village de la Vienne, discute avec le patron, les clients… sait rigoler gras, haut et fort mais mettre en sourdine, féminine, raffinée pour parler économie, industrie, pôle de compétitivité. « Vous allez voir ce que je vais en faire, moi, de cette petite région. » Drôle à observer. Moins drôle pour l'adversaire qui s'attendait à une campagne mieux séante sur ses terres ! Accusant Jean-Pierre Raffarin de clientélisme, dénonçant sa gestion dispendieuse, mettant en avant la morale publique. Un premier tour qui casse la baraque. Plus de 35 %, qui laissent François Hollande soufflé.

« Incroyable, elle est incroyable », dit-il en riant au soir du premier tour. Le second termine en triomphe : 55 %.

L'Europe découvre José Luis Zapatero, que François apprécie.

La voilà surnommée la Zapatera. Comprendre aussi « la zapaterreur », car si Hollande est sur son pas de tir, Royal l'est également !

Mais ce soir, encore, comme le soir du 21 avril 2002, l'heure est à François Hollande, qui se sent pousser des ailes.

Il peut. Il a repoussé les assauts de l'aile gauche qui le méprise souverainement. Henri Emmanuelli est d'ailleurs ce soir-là doux comme un agneau.

Repoussé les assauts des strauss-kahniens qui ne voient en lui qu'un médiocre petit tacticien, des jospinistes qui, à l'inverse de leur leader perdu en mer, jugent sévèrement le petit François, monté en graine. Les fabiusiens tout en morgue à son égard.

Il a fait taire tous ceux qui le prenaient pour un homme sans conviction, sans colonne vertébrale, ce joueur de bonneteau qui fait danser les éléphants.

« Un joueur de flûte, plutôt », dit-il en rigolant. Charmeur de serpents ? En fait, François Hollande se moque éperdument qu'on le prenne pour ce qu'il n'est pas. Pourvu qu'on ne voie pas ce qu'il pense ni le chemin qu'il va prendre. Seul le résultat compte. La présidentielle, il en rêve. Depuis longtemps. Par fureur pour la politique. Elle enfièvre sa vie.

Lui qui incarne la relève, saine, élevée au petit grain. Cette génération de la bourgeoisie moyenne qui veut en finir avec la gauche caviar, les princes socialistes, l'élite intellectuelle, qui regarde, il est vrai, ce petit bonhomme et sa donzelle s'agiter avec un peu de mépris et beaucoup d'amusement. Des parvenus, à leurs yeux. Sans grande épaisseur. Sans grand avenir.

Ségolène a déjà été une fois ministre. Elle a goûté à l'imperium. La décision politique qui précède la mise en chantier. Elle est faite pour cela. Lui, jamais. Simple député mais patron d'un parti qui triomphe ce soir. Lui et elle. Mutuelle admiration.

« François est vraiment exceptionnel », confie-t-elle, quelques minutes après le meeting qui les a réunis, le jour de la Saint-Valentin, en 2004, à La Rochelle.

Il a accepté d'y participer. Elle commence son discours devant lui, intimidée comme toujours par cet homme. Un discours, interminable, un peu monocorde mais ponctué de petits rires et de coups de griffe contre le gouvernement qui déclenchent des salves d'applaudissements dans la salle et les satisfecit de « François ». Qui monte à la tribune et commence l'éloge de Ségolène. Avant de conclure sous les vivats : « Quand on a une Ségolène, on la garde ! Je la garde mais je vous la laisse un peu. »

Chavirements.

Ce soir de mars 2004, François Hollande savoure. Ses victoires et celle de sa compagne. Le duo fonctionne à merveille. Ils sont le couple de l'année. Le couple incontournable de la gauche française. Le 21 avril est dépassé. Il se sent prêt pour mener la bataille sans rien en dire. Avec l'atout charme « Ségolène Royal », qui a toujours été très populaire mais qui fait un bond quantitatif et qualitatif dans l'opinion. Oui, Ségolène en dame de cœur, et seulement cela. Car François Hollande a une vision très orthodoxe de la politique. Les hommes partent à la conquête épaulés par les femmes. Version socialiste du très célèbre adage de Jacques Chirac : « Pour moi, la femme idéale, c'est la femme corrézienne. Dure à la tâche et qui sert les hommes à table. »

Ce soir, il n'est donc nullement question de l'avenir de Ségolène Royal mais bien de celui de François Hollande.

En attendant les résultats, Jack Lang devise avec quelques personnes. Lorsque les écrans annoncent la couleur, du rose partout sauf en Alsace, il lâche, mi-figue, mi-raisin : « Ouille, les emmerdes commencent. »

On peut taxer Jack Lang de tout, de courtisanerie, mais on ne peut pas l'accuser de manquer de sens politique. Un enfant Mitterrand lui aussi. Il a compris que ce triomphe annonce une guerre sans pitié avec un nouveau prétendant que personne n'attendait vraiment : François Hollande.

Et quand il arrive pour offrir une coupe de champagne, en fin de soirée, Jack Lang l'accueille avec un sonore : « Voilà notre nouveau champion. » François Hollande boit du petit-lait mais n'en montre rien.

Le lendemain, il va prendre un petit déjeuner, avec elle, au Solferino, le café qui jouxte le siège du parti. Complices, un rien coquins, du bon tour qu'ils viennent de jouer. Ils ont fait mentir tous les pronostics. Elle en Poitou-Charentes, lui à la tête du PS. Petit café et thé rapidement avalés avant une séance photos dans le bureau du premier secrétaire. Elle paraîtra la semaine suivante. Hollande homme de l'année. Sur ces clichés, il est installé à son bureau. Elle se regarde dans le miroir comme si elle se remaquillait. Couple fusionnel et farouchement autonome.

Ségolène a grandi, François aussi. Ils vont bientôt se combattre. Ils ne le savent pas encore.

ACTE II
(2005-2007)

Du Capitole à la roche Tarpéienne

Les stratèges

« Quand vous êtes capable, feignez l'incapacité.
Quand vous agissez, feignez l'inactivité.
Quand vous êtes proche, feignez l'éloignement.
Quand vous êtes loin, feignez la proximité. »
L'Art de la guerre, Sun Tzu

Boulogne, juillet 2005.

Elle les a convoqués à Boulogne. Le nid familial. Où les Hollande/Royal ont émigré, après avoir laissé l'appartement de l'avenue Duquesne, devenu trop grand. Une odeur de pelouse fraîchement coupée. Le grand salon, sans fioritures. Des livres partout. De grands canapés confortables, le tableau immense. Un enfant, probablement un petit garçon, tête baissée, bras croisés, en colère. Comme toujours le repas est frais. Salade de tomates, mozzarella. De la charcuterie. Un peu de vin blanc. Et des jus de fruits.

Ils arrivent ensemble. Elle entend le son de leur voix dans le hall. Et ouvre la grande porte en bois avant qu'ils ne sonnent. Sa manière à elle de dire : « Je suis contente que vous soyez venus. »

La bande sans états d'âme qui va réaliser, mais elle ne le sait pas encore, le plus beau hold-up de l'histoire du parti socialiste. Le casse de la vieille maison Solferino, tenue par François Hollande.

« François s'abîme dans ces discussions sans fin. Ça lui prend ses journées, ses soirées entières, au téléphone, à régler les problèmes de section, de litiges, de ragots, de remugles », soupire-t-elle.

Remugles est un mot que Ségolène Royal adore. Tout est remugle : les informations, trop surlignées, les indiscrets, les piapiatages. Un joli mot qu'elle a inventé pour ses enfants. Version royaliste des cancans.

Remugles. Le mot est lâché plus souvent qu'à son tour. Et pourtant, quel choix peut-on avoir lorsqu'on reprend l'enseigne Solferino ? Soit l'eau de Javel, soit les contorsions. Tout est enkysté, les haines comme les frustrations, les rancœurs comme les ambitions. Un petit monde à part, fait de camaraderie réelle, d'idéal et de clans. Voire de microclans dans les clans. Lorsque Lionel Jospin en 1997, avant son départ pour Matignon, offre le parti à François Hollande, tout le monde se gausse. Lui, Hollande. Jean-Christophe Cambadélis, qui lorgnait sur l'appareil, le mime en petit chien qu'on tient en laisse. Ils pensent pouvoir n'en faire qu'une bouchée. Le caniche contre les éléphanteaux.

C'est mal connaître l'animal. Matois, brillant, tout en rondeur.

Ce jour-là, il n'est pas à Boulogne. Ailleurs. Quelque part en déplacement dans une fédération, dans un de ces banquets républicains où on parle fort, où on trinque, où on s'embrasse autour des nappes en papier, tachées de graisse et macédoine-mayonnaise.

Ces ambiances rugueuses qu'il affectionne. Elle aussi, même si elle s'est fabriqué l'image d'une femme qui n'y touche pas. Rien n'est plus faux, il faut la voir construire ses listes aux régionales, se renseigner sur tel secrétaire de section, tel conseiller général d'un département où elle vient en déplacement pour mesurer sa connaissance parfaite de l'appareil.

Elle n'ignore rien de la psychologie des élus, narcissiques, angoissés de ne pas être sur la photo ou à la droite du père (ou de la mère) à la tribune, ou dans les restaurants qui suivent les meetings. Ah, le ballet du plan de table ! Arriver, entrer dans la salle l'air de ne pas y toucher. Feindre l'indifférence : « Non, non, ce sera très bien, au fond... Ah bon, si tu insistes, alors. D'accord, je me mets à côté de toi. Oui, bien sûr, Jean en face... » Parfois, elle fait juste un petit signe. Tapote le siège de la chaise à sa droite et les regarde. « Viens donc là, Annick... » Et Annick vient. Radieuse. Les places valent cher dans le carré magique.

Des moments merveilleux de chaleur humaine, si la salle a été bonne, si le discours a été applaudi, si les militants ont acclamé. Chacun se félicite, se congratule, se louange, chacun explique à quel point tout cela procède de lui. Elle respecte trop les élus pour les contredire. Petit monde attendrissant et féroce. Elle n'ignore rien de tous ces codes, qu'elle a elle-même appliqués, lorsque, sortie tout droit, par la grâce du père, de l'Élysée, elle a embarqué pour Melle dans cette circonscription rurale dont personne ne se préoccupait, en 1988.

Ce jour de juillet 2005, elle accueille donc ses stratèges. C'est le surnom que leur a donné François Hollande. Entré et ressorti aussitôt en coup de vent un jour de mai. Amusé par ces airs si studieux, autour de la grande table du jardin : « Allez, bonne journée, les stratèges », mi-moqueur, mi-intrigué par ces réunions régulières, où l'on chuchote, on rit, on élabore.

Et ils sont riants. Tous les cinq autour de la table. Il y a Christophe Chantepy, sérieux comme un pape ou plutôt comme un conseiller d'État, Sophie Bouchet-Petersen, grande bourgeoise passée par la LCR. Elle a gardé de son milieu d'origine une classe physique que ne parvient pas à gommer la gouaille et le jargon parfois ordurier qu'elle emploie à dessein pour choquer, prendre l'avantage dans le débat rhétorique et clouer son adversaire qui rend souvent les armes bien vite. Une mécanique intellectuelle de transgression qui a des croyances structurantes : la démocratie participative et le sens tragique de l'histoire. Cassante avec tout ce qu'elle considère comme inférieur à elle, notamment « ces microcéphales » dont elle maudit à intervalles réguliers l'existence. Comprendre : ceux qui ne comprennent rien. Mais alors strictement rien au sens de l'histoire. Sophie le feu et Natalie Rastoin, l'eau qui coule, issue d'une grande famille provençale, brillante publicitaire, patronne d'Ogilvy France. Elle est femme de pouvoir, visage fin et lisse. Calme, parfois même glaciale. Elle sent l'opinion, les lames de fond qu'on ne voit pas encore surgir. Elle croit en « Ségo », comme elle la surnomme, pour porter les valeurs de ce siècle qui vient à peine de naître. « Demain sera féminin »... elle a inventé ce slogan. Il s'applique parfaitement à « la patronne ». Et puis il y a Jean-Luc Fulachier. Le grand chambellan, homme du silence. Une originalité étonnante, presque déviante dans son corps d'origine. Bercy. La finance. Élément modérateur, stabilisateur. Géant doux qui rassure et projette. Il a été son directeur de cabinet à la Famille. A participé à la conquête de la région Poitou-Charentes. Un virtuose des comptes publics, des directives européennes et de la haute administration. Peu disert, il reste fidèle à cette femme qu'il admire plus que tout.

Le club des cinq s'installe donc dans le petit jardin qui fait le tour de l'appartement. Comme une maison dans la ville où Ségolène se sent bien. Nid douillet et possibilité de fuite incognito par l'une des portes-fenêtres, si les enfants font une fête. Ou si elle a besoin de sa liberté. Ses crises de liberté qui la saisissent, laissant en plan invités, élus, journalistes ou collaborateurs… « Ben, elle est où, Ségolène ? » Elle s'est éclipsée, à pas de loup. La reine de la poudre d'escampette. J'avoue avoir été surprise au début, mais on s'y habitude.

« Tiens, prends donc un peu d'orangeade, Jean-Luc…

— Ah, c'est frais.

— Alors, ça va ? »

Le signal. Ce « Alors, ça va ? » qui sonne toujours le début d'une conversation. Les trois coups au théâtre. Alors, ça va ? À vos marques, prêts, feu, partez.

Mais partez bien car rien n'est jamais gratuit autour d'une table. Il y a toujours un but précis, qui généralement se dévoile à la fin.

« Vous pensez quoi de la présidentielle ? C'est jouable ? », lance-t-elle.

Les quatre amis comprennent ce qu'il faut comprendre. Elle sera candidate ou, au moins, tentera de l'être.

L'humeur est joyeuse comme un ciel d'été. La « patronne » a décidé mais ne le dit toujours pas. Personne n'évoque François, qui vient d'être battu à plate couture dans le référendum sur la Constitution.

Il en avait fait une étape importante de sa conquête élyséenne.

Porter le oui à la Constitution, se défaire ainsi de ses principaux concurrents socialistes et être adoubé, naturellement, par des primaires, en tant que responsable du parti socialiste.

Mais Laurent Fabius est passé par là. A pris la tête de la bataille du non, qui ne lui a rien rapporté en termes de présidentialisme, mais a fait chuter Hollande. Durablement. Ce qui devait se transformer en sentier de la gloire devient jour après jour un décrochage au ralenti.

François Hollande, empêché, au plus bas dans les sondages, au plus bas dans son crédit politique et dans son moral personnel. Il s'éloigne lentement. Elle le pressent mais ne peut pas encore l'affirmer.

Ségolène, elle, a fait campagne du bout des lèvres pour le oui. Elle avait senti la révolte du pays profond et avait alerté le premier secrétaire. Elle s'est assez peu engagée, prétextant les révisions du bac de son fils Julien (ce qui n'était pas faux) pour se tenir éloignée d'une campagne, ou plutôt d'un naufrage devrait-on dire, pour le oui. Quand le non drainait des milliers de sympathisants dans les meetings, le oui peinait à remplir des salles de cinq cents chaises.

Et ce jour de juillet 2005, elle étincelle, devisant avec ses amis, dans son jardinet, prête à reprendre le flambeau de son compagnon, prête à tenter sa chance.

En sortant, les complices ont compris le message. « Tenez-vous prêts. »

En septembre 2005, Ségolène Royal pose avec sa fille Flora dans *Paris Match* et déclare : « Le mieux placé de nous deux sera candidat. » La grande aventure peut commencer.

*
* *

L'incompris

> « Dans les relations humaines, le drame ne commence pas quand il y a un malentendu sur les mots, mais que le silence reste incompris. »
> *Sept Jours sur le fleuve*,
> Henry David THOREAU

Nevers, 22 septembre 2005.

L'hebdomadaire passe de main en main. Ce *Paris Match* où elle avance d'un pas. « Le mieux placé... » Mais qu'est-ce qu'ils nous fabriquent encore, ces deux-là ? Forcément, ils sont de mèche. Personne ne peut en douter. Personne n'a encore senti la fissure dans le couple. Forcément, qu'ils sont de mèche. Lui ou Elle.

Ennuyeuses journées parlementaires qui se traînent à Nevers. Et que cette photo posée vient égayer. Voire enflammer.

Qu'est-ce qu'ils mijotent encore, ces deux diaboliques ?

Henri Emmanuelli ronchonne. Mais il ne manque pas d'humour, le député des Landes. Toujours cinglant et souvent drôle, il commente très simplement ce premier ballon d'essai de candidatures : « Je vais rajouter une cartouche à mon fusil. Y a vraiment trop de candidats. » Hum... La métaphore est rustique... La presse en fait ses choux gras. Mais cette saillie va vite trouver son maître. Laurent Fabius, excédé lui aussi par le pas de deux permanent de ce couple qui domine réellement la vie du parti depuis 2004. Il veut être président de la République. Ça ne lui est pas dû, mais presque, son offensive européenne a échoué et, même si le non l'a emporté, ça ne lui a rien rapporté. Si ce n'est une exclusion des instances dirigeantes du parti et une cassure avec l'intelligentsia qui ne lui a pas pardonné. En fin d'après-midi de cette première journée parlementaire, il rassemble quelques journalistes. Devise tranquillement. Et la question fatidique arrive : « Vous avez vu, monsieur Fabius ? L'interview de Ségolène Royal dans *Paris Match* ?

— Oui oui...

— Ce sera elle ou lui, dit-elle. Ça vous inspire quoi ?

— Ah bon, mais qui va garder les enfants ? », répond-il.

Trop tard, la phrase est lâchée. Elle est allée plus vite que son surmoi, ses filets de sécurité. Un bon mot, qui reflète une pensée profonde. Elle n'est pas taillée, pas capée, pas armée pour une présidentielle. Lui, si. Il l'est. Il s'y est préparé depuis si longtemps. Il ne vit que pour cela. N'a travaillé que pour cela.

En 2005, à Nevers, il croit encore pourtant à sa chance, à sa supériorité intellectuelle et politique. Laurent Fabius veut jouer, et il veut gagner.

Laurent, le beau prénom. Le beau jeune homme aussi. Une tête bien faite dans un corps sain et une allure agile, déployée. Enfant choyé d'une famille qui s'est élevée par la République, les arts et la culture. Fils de… Qui lui donne cette assurance en lui, en son destin. Cette si belle éducation française. Le verbe est châtié. Le ton est égal. L'ironie fuse dans les dîners mondains car il est de bon aloi d'ironiser. Même si, parfois, l'exercice le fatigue. Il voudrait tant, tant être autrement. Pouvoir se laisser aller. Chanter. Rire. Parler haut et fort. Il l'admire, ce double solaire qu'il s'est choisi : Barto qui rit, aime la vie, exprime ses joies et ses colères. Barto qui chasse, sait se faire des alliés improbables mais accepte aussi de se faire des ennemis.

Laurent et Claude, version française d'*Amicalement vôtre*. Lord Brett Sinclair et Dany Wilde. Un duo étonnant-détonnant.

Inséparables. Complémentaires. Soudés. Longtemps, Lionel Jospin tentera de ramener dans son giron ce député-maire de Seine-Saint-Denis, ce Claude Bartolone, si remuant, si malin, si batailleur… « Tu es l'appartement témoin de la Fabiusie », s'amuse souvent Jospin. Manière de dire que l'appartement témoin est un joli piège, un joli village Potemkine présenté au chaland pour vendre un homme qui ne sait pas être. Car on entre en Fabiusie comme on entre en religion. Avec moi ou contre moi. Tel est le credo. Et chacun relit son bréviaire sans jamais sortir du texte. Avec moi ou contre moi. Une troupe qui chasse avec le chef. Un chef loyal qui défend même le plus petit de ses grognards. Même le plus infime. Un chef qui tient les positions, ordonné, négocie. Mais exige en retour une loyauté sans limites, une obéissance respectueuse. Une distance de sécurité.

« Un chef, c'est fait pour cheffer », dira un jour l'un de ses meilleurs disciples, Guillaume Bachelay, aujourd'hui numéro 2 du PS. Cheffer, il sait. Se comporter, un peu moins. Donc il ne se comporte pas. Préfère le silence aux phrases inutiles. Il ne sait pas être.

Il sait pourtant tant et tant de choses. Bête à concours, à examens. Premier en tout : premier à l'agrégation de lettres modernes, premier plus jeune Premier ministre de France. Pensée acérée. Travailleur acharné. Homme de culture. Il a baigné dans l'art et la merveilleuse collection « Fabius frères ». Charmant aussi. Mais qui fait naître tous les fantasmes. Un jour, lors d'une énième université d'été du parti socialiste, il s'insurge, se révolte devant une poignée de journalistes : « Mais pourquoi me demande-t-on toujours, à moi, pourquoi je suis de gauche ? » Éternel procès en légitimité intenté par la meute socialiste. De celui que l'on intente par jalousie ou par peur. Car il fait peur, Laurent Fabius. Depuis son arrivée au cabinet de François Mitterrand qui le repère en 1974. Premier secrétaire tout-puissant d'un parti socialiste en pleine recomposition après le congrès d'Épinay, François Mitterrand veut revitaliser sa direction. Il repère ce jeune homme ambitieux, qui découvre dans cette mission de reconstruction et de conquête un objectif à sa mesure.

Il pourrait pourtant prétendre à tout. Son pedigree, ses origines sociales, sa culture déjà encyclopédique, tout pourrait concourir à une formidable carrière dans le privé, ou sur l'aile droite de l'échiquier français. Et pourtant, il choisit François Mitterrand. Est-ce le goût commun des deux hommes, la passion dévorante pour la littérature ? Laurent Fabius est un lecteur acharné, emporté par les écrivaines du XIXe siècle : Dostoïevski et Proust au-dessus de tout. Baudelaire aussi. Sa vision politique, il l'a forgée d'abord à travers les romans, puis à Sciences-po. Et s'il n'est pas encore socialiste, il élabore peu à peu, au fil de ses rencontres, une vision sociale et humaniste du monde.

Sa représentation finalement colle assez bien à l'univers bohème, international qui règne chez les Fabius. Une mère américaine. Tendre et exigeante. Lors de son premier voyage officiel aux États-Unis, elle lui glisse : « C'est bien, chéri. Ça te fera un peu d'anglais. »

Un père, André Fabius, immergé dans l'art. Marchand spécialisé dans le XIXe siècle. Marchand d'art de grand-père en petit-fils.

Quelle épopée que celle de cette famille Fabius ! À l'origine famille Lion de Lorraine. Mais Napoléon Ier enjoignant les juifs de se choisir un patronyme, Joseph Lion, instituteur et grand connaisseur de l'histoire romaine, se choisit le patronyme de Fabius.

Ces racines juives, la famille, sans les renier, les gommera après les douleurs de la Seconde Guerre mondiale. Les trois enfants, Catherine, François et Laurent, reçoivent donc une éducation catholique.

Il grandit dans cette maison et ce quartier du Trocadéro, un peu ennuyeux, reconnaîtra-t-il bien des années plus tard. Trop sage. Sa vie se partage entre l'équitation, les études et les musées d'art du monde entier où les traîne leur père.

C'est donc un jeune homme idéaliste, ambitieux, plein de rêves aussi qui se présente à François Mitterrand après l'élection présidentielle de 1974 où le patron du PS a frôlé la victoire.

Mitterrand, la rencontre de sa vie. Celle qui va tout lui apprendre, ou presque.

Jusqu'alors, Fabius est un formidable prototype de l'élite française. Sorti dans les trois premiers de la promotion Rabelais de l'ENA. Il a choisi le Conseil d'État et découvre tous les rouages de la haute administration. Avec François Mitterrand, il va apprendre le chaudron, la politique, l'art de monter des meetings, d'écrire des discours qui font mouche, de négocier des accords avec les partenaires. D'échafauder des stratégies. De pratiquer le rapport de force avec les rebelles. La caresse et le bâton.

Élevé à la rude par le dirigeant du parti qui exige d'être appelé « Président » par son entourage. Une prophétie créatrice. On ne badine pas avec le protocole. Un futur président qui répète à l'envi : « Un cabinet, ça n'existe pas. » Seul existe l'homme politique, et son homme de confiance, avec lequel on parle de tout, on traite tout, on envisage tout. Le reste, l'intendance, eh bien elle suit. Se soumet ou se démet… Élevé à la dure. Au ton cassant et lapidaire de François Mitterrand, Laurent Fabius applique les mêmes codes un peu désuets qui lui vont comme un gant, mais déconcertent souvent son entourage. Peu de mots. Peu de louanges. Des retours de notes sobres. Le silence aussi qui se fait dans les réunions. Le sentiment permanent de passer un examen sous le regard sévère d'un jury dont il serait le seul et unique représentant.

Cette attitude qui créera tant de malentendus et d'adversaires dans cette si longue vie politique. Mépris. Morgue. Silence. Phrase guillotine. Et cette moue, toujours un peu triste. Ce sourcil en point d'interrogation ou d'accent circonflexe, selon l'humeur de l'instant. Tout s'illumine pourtant lorsqu'il sourit, vous accueille avec ses bras largement ouverts et un « Ah, ça va ? »

d'une belle voix grave et claire, légèrement éraillée... mais il sourit si rarement.

« Pour être aimé, il faut être aimable », répétait souvent François Mitterrand. Laurent Fabius ne l'est pas. En tout cas pas en public. Sa chaleur, son sens réel de l'amitié, son humour aussi, il les réserve à un tout petit cercle d'initiés : Claude Bartolone avant leur rupture amicale, Serge Weinberg qui fut son directeur de cabinet dans les années 80. François Zimeray. Et sa compagne, Marie-France Marchand-Baylet. Un univers clos où se raccrochent au fil des années quelques nouveaux initiés. Au fil de ses lubies. De ses coups de foudre amicaux. Un environnement qui échappe à tout contrôle, à toute presse, à toute prise.

Chaleureux et humain, oui, il sait l'être. Je me souviens d'une formidable interview, réalisée par Frédéric Taddeï, à une heure improbable. Dans l'un de ses restaurants fétiches : Les Éditeurs, à Saint-Germain-des-Prés. À cette question simple : « Pourquoi faites-vous de la politique ? », une réponse simple : « Pour ne pas mourir. » Résumé parfait des ressorts intimes.

Il parle en connaisseur. Donné mourant tant et tant de fois. Revenu de nulle part autant de fois.

Mais lorsqu'il pénètre dans le bureau de François Mitterrand, dans ces années politiques d'espoir pour la gauche, il n'imagine pas encore les incroyables retournements du destin qui vont secouer sa longue carrière.

Il est pour l'heure un enfant chéri de la belle bourgeoisie française. Qui ne songe pas encore à son élection en Normandie. Encore moins à la présidence de la République. Il a 28 ans. Écrit des discours. Répond au téléphone. Organise l'agenda du premier secrétaire et apprend à se rendre indispensable.

Mitterrand se cherche un fils spirituel, Fabius sera celui-là.

Le fils préféré. Malgré les détournements de l'histoire, les interprétations frappées au coin de la jalousie et de la rage politique que sont capables de se vouer les camarades socialistes ou les compagnons gaullistes. Fabius est bel et bien le fils préféré. Même si Mitterrand prend soin d'organiser la compétition entre l'ombrageux Lionel Jospin et l'élégant Laurent Fabius. Larvée. Naissante. Cette compétition empoisonnera vingt ans de la vie du PS. Vingt longues années à couteaux tirés, à coups portés aussi entre ces deux ennemis intimes qui finalement échoueront, l'un et l'autre, pour des raisons diverses, dans la conquête suprême.

Pour l'heure, Laurent Fabius marque son territoire. Met en musique la doctrine mitterrandienne. Prend sa défense lors du congrès de Metz, en 1979. Mitterrand défend de nouveau le front de classe et la rupture avec le capitalisme. Rocard défend le marché et met en garde contre le sectarisme. Congrès décisif. François Mitterrand envoie ses sabras dont Laurent Fabius qui, dans un discours enflammé, répond à Michel Rocard : « Entre le marché et le rationnement, il y a le socialisme. » Un fait d'armes qui sera déterminant. Mitterrand remporte le congrès sur le fil. Rocard est renvoyé dans l'opposition et promet qu'il ne sera pas candidat en 1981.

On connaît le premier dénouement de cette longue inimitié entre les deux hommes.

Laurent Fabius, totalement engagé auprès de François Mitterrand, reçoit sa première récompense : le ministère du Budget où il succède, on l'a oublié, à un certain Maurice Papon.

Puis ce sera l'Industrie et la Recherche. Et, le 17 juillet 1984, Mitterrand en fait le plus jeune Premier ministre.

La France découvre enfin cet homme charismatique, souriant, qui pose dans les jardins de Matignon, va chercher lui-même les croissants pour son épouse le dimanche. Une épouse, Françoise Castro, qui arrive en 2CV rouge dans la cour de Matignon, le jour de la passation de pouvoirs. Une communication parfaitement réglée. Fabius le Jeune remplace Mauroy l'Ancien. Jeune cerf. Vieux cerf. L'éternelle histoire. Enterrant au passage le rêve mitterrandien.

Il est séduisant, moderne, ce Premier ministre que François Mitterrand a donné aux Français. Mais le conte de fées est bien trop beau et ne durera pas.

Il se brisera sur un congrès mortel. Un congrès d'empêchement. Rennes, en 1990. Où les socialistes offriront, comme eux seuls savent le faire, un spectacle pathétique, celui d'une famille qui se déchire à ciel ouvert et pratique une forme de meurtre rituel entraînant dans leurs vengeances païennes des militants éplorés et déboussolés. À Rennes, le fils préféré a rendu les armes devant le fils rebelle, Lionel Jospin. Tout en muscles, en mâchoire carrée, en colère rentrée, en costumes tire-bouchonnés. Le préféré, le bon élève, le brillant, le grand bourgeois contre le studieux, le besogneux, le rationnel, le militant. Le parpaillot. Le scout. Langue agile qui lors d'un camp d'été dans le Jura aura pour chef scout « Castor érudit », *alias* Michel Rocard. Ça ne s'invente pas. Ils s'affrontent depuis tant d'années. Sous l'ombre tutélaire du « Vieux ». Mais Rennes va cristalliser cette haine. Le choc des Titans. Qui se livrent depuis 1988 une guerre sans pitié. En 1988,

François Mitterrand ne parvient pas à imposer Laurent Fabius à la tête du PS. Poussé par Lionel Jospin, c'est donc Pierre Mauroy qui en prend les rênes. Le climat est épouvantable entre les deux héritiers possibles. Pendant deux ans, les bataillons vont se former. Les légions s'entrechoquer ponctuellement. Préambule à la bagarre finale. Rennes. Mars 1990. Qui restera l'une des pages les plus noires de l'histoire du parti socialiste depuis Épinay en 1971. Les troupes sont chauffées à blanc. Elles ne s'épargneront rien. Pas plus les fausses alertes à la bombe pour refaire les salles rigoureusement organisées par l'équipe concurrente que la coupure de l'électricité dans les salles de réunion. Pas plus les huées jospinistes – « Vous êtes le parti des supporters. Nous sommes le parti des militants » – que les coups tordus fabiusiens. Pas plus les achats de vote par section entière que celui des motions microscopiques dont les maigres pourcentages valent si cher. On retiendra du congrès de Rennes Michel Rocard qui ne sortira pas de son hôtel. Roland Dumas qui arrivera dans la nuit, sur consigne de François Mitterrand, pour mettre bon ordre à tout cela. Et Pierre Mauroy. Un peu hébété un peu hagard, sa rose rouge fanée dans les mains à la séance de clôture.

Rennes rejette Laurent Fabius, le mal-aimé. Qui va subir la pire offense qui soit. L'affaire du sang contaminé. Révélée par la journaliste de *Marianne*, Anne-Marie Casteret, en 1991. En novembre 1999, sa comparution devant la Haute Cour de justice de la République et sa mise hors de cause. Une épreuve qui aurait pu le conduire au pire. Les enfants que l'on enlève de l'école car leurs petits copains les traitent de fils d'empoisonneur. Le silence. Les amis qui s'éloignent. Une partie de la presse qui hurle avec les loups. Longtemps, il a gardé une liste sur laquelle figurait quelques journalistes qui ont ouvert la chasse. Dans un avion qui le ramène des Antilles, un ami lui demande ce qu'il a réellement ressenti pendant cette affaire. Il tourne la tête vers le hublot, ne répond pas immédiatement. Et puis il parle, de cette manière si lapidaire qu'il a d'exprimer les choses : « J'ai compris Pierre Bérégovoy. »

Il en fallait, de l'estomac, des tripes, du courage et une croyance inébranlable en soi, en son destin, en sa bonne étoile, pour survivre à cette injustice insupportable. À cette haine de ses camarades socialistes. Diffuse. S'exprimant rarement à ciel ouvert. Mais parfois, tel un geyser, ne se contenant plus. Avec un paroxysme en 2005 lorsqu'il prend la tête de la campagne pour le non à la Constitution européenne. Aux côtés de Jean-Luc Mélenchon et d'Henri Emmanuelli. Manuel Valls et Arnaud Montebourg voteront non mais ne feront pas campagne, par respect du vote militant qui a choisi le oui à une écrasante majorité. Fabius, lui, se libère de cet étau et fonce. Remplit les salles. Argumente. Trahison, hurle l'intelligentsia. Fabius persiste. Sa conquête présidentielle passe, croit-il, par cette posture politique, doublée d'une croyance réelle : cette Europe-là ne peut pas affronter les défis qu'il a lui-même identifiés depuis des années au cours de ses voyages et avec sa petite équipe qui travaille, est à l'écoute du monde. Il est allé en Chine, en Amérique latine. Il est le premier à avoir misé, dès 2003, sur la social-écologie dans un papier publié par *Le Monde* mais qui passe inaperçu.

Visionnaire car travailleur acharné avant tout, Fabius ne croit pas à cette Constitution et s'engouffre dans la faille. Le non en sortira vainqueur à 55 % en mai 2005. Mais pas lui. Pas Laurent Fabius. Puni le mois suivant par François Hollande. Exclu des instances dirigeantes du parti. Comme un vulgaire secrétaire fédéral qui aurait trafiqué les votes en section. Malgré la mise en scène de sa victimisation, car les Français n'aiment plus Laurent Fabius depuis longtemps. Il replonge aux Enfers de l'opinion. Et sera sèchement éliminé en 2006 par une Ségolène Royal pimpante, qu'il a toujours tenue dans le plus parfait mépris. Comme son compagnon, d'ailleurs. Ce petit François Hollande, « monsieur petites blagues », « monsieur fraise des bois ». Un mépris réciproque. Construit et alimenté par l'équipe du premier secrétaire du PS. Qui n'aura de cesse de contraindre, maintenir à la lisière et museler un Fabius ombrageux et solitaire.

« Comment l'empêcher de nuire ? » Telle est l'inévitable question que se pose, invariablement, la troupe hollandaise. Blessée par l'arrogance de Laurent Fabius, secrètement jalouse surtout de l'autorité naturelle qui se dégage de feu monsieur le fils préféré. Fabius entre, et le silence se fait. Aucun n'échappe à la force oratoire de l'ancien Premier ministre. Un art des mots, de la tribune, des salles, qu'elles soient hostiles ou favorables *a priori*. Un sens de la formule qui fait mouche et qui vient de loin. De sa culture. De son éducation. De son parcours politique chaotique et pourtant exceptionnel.

Et même s'ils se font un plaisir souvent mesquin de le reléguer à des heures où les militants préfèrent aller manger après une journée de débats denses, Laurent Fabius parvient toujours à électriser une salle, forçant leur admiration secrète et renforçant aussi leur hostilité.

Ainsi à Dijon, lors du congrès en 2003, le débat sur la laïcité fait rage. Le député de Seine-Maritime doit prendre la parole en fin de journée. Brouhaha dans la salle. Beaucoup sortent... Mais reviennent car il s'est lancé, sans notes, sans fiches, dans un discours argumenté, brillant, exceptionnel pour tout dire, ancré dans l'histoire de France sur la laïcité. Et ses mots : « Plus la société française sera diverse, plus le principe unificateur et émancipateur de la laïcité devra être respecté. Ni voile, ni kippa, ni croix » résonnent dans cette plénière, provoquant une ovation spontanée. Fabius tel qu'en lui-même. Au-dessus. Président virtuel. Incompris chronique.

Il la veut, sa victoire. Mais il connaît la force du désaveu qui l'entoure. Médiatique et militant. Enfin. Pas partout, chez lui, au Grand-Quevilly, ça n'est pas la même chanson. Chaque année, il peut mesurer, dans ce grand banquet des amis de Laurent Fabius, cette affection et ce respect qu'il suscite encore dans un recoin de la carte socialiste.

Chaque année, il voudrait bien le dire. Mais il ne peut pas. Cette salle qui lui fait une ovation. L'applaudit à tout rompre. Il baisse les yeux. Un sourire gêné. Un petit signe de la main à Claude Bartolone.

Il se baisse et attrape une rose que lui tend une femme d'un certain âge. « Allez-y, Laurent. Vous êtes formidable. » Il les entend chaque année, ces encouragements.

Il voudrait bien leur rendre ce qu'il ressent. Cette joie d'être aimé, ici, respecté, ici, dans sa Normandie. Ce petit territoire où on ne lui conteste rien. Où on ne le contrarie pas, où l'on s'accommode de tout ce qu'il est et de ce qu'il n'est pas.

Leur rendre avec des sourires, des gestes chaleureux, des petites tapes dans le dos. Il voudrait bien mais il ne peut pas. Ou si peu. Pourtant, ils l'aiment tous, ces militants… Ceux qui le rencontrent, lui parlent et comprennent que, derrière le masque d'animal à sang froid, se cache un homme plus timide que de raison mais chaleureux.

« Laurent, vous êtes formidable. » Le formidable veut gagner cette primaire pour être ce qu'il doit devenir à ses yeux : un président de la République.

« Qui va garder les enfants ? » Cette phrase au délicieux parfum de misogynie va le poursuivre pendant toute la primaire et plus encore. La politique n'est décidément pas une science exacte.

*
* *

Mais l'orage gronde, l'entendez-vous ? Les insectes bourdonnent. Il s'éloigne. Son rêve présidentiel s'éloigne. Elle a bien tenté de l'aider à retenir ce rêve. Ils se sont pris par la main, le temps d'une tournée des tables militantes, à la fin du congrès du Mans, au mois de novembre 2005. Longue tournée des tables. Son étoile monte, la sienne décline. Elle lui a prêté un peu de son étoile. François et Ségolène deviennent peu à peu Ségolène et François. Elle n'y peut rien. Voudrait retenir l'histoire qui s'élance. Mais en a tellement envie aussi… Ils se disputent plus souvent. Il quitte la maison plus souvent. Absent plus souvent même quand il est là. Il souffre. Mais qu'est-ce qu'elle y peut, elle ? Elle part. Avec Flora. Le jour de l'an, au soleil de Guadeloupe. Qu'ils y aillent tous, en procession sous la pluie et des trombes d'eau, rendre le traditionnel hommage de janvier à François Mitterrand. À Jarnac. Son coup de Jarnac à elle, c'est le Chili, le soleil et le soutien à une femme future présidente, Michelle Bachelet. Femme au Chili, femme en France ? Suivez mon regard, mon gros clin d'œil. Lui, ça ne le fait pas rire, lui. Cloué au sol. Ils rient de moins en moins ensemble. Fêlure.

*
* *

Voyager léger

« Une armée sans foi ne peut conquérir. »
Courrier sud, Antoine de Saint-Exupéry

Privas, 9 mars 2006.

Une petite valise à roulettes. Elle voyage léger-léger. Toute seule sur ce quai de gare. Se confondant en excuses… « Désolée, vraiment, pour le retard. » Plus de deux heures de retard.

Que voulez-vous, la SNCF ne se plie toujours pas à ses horaires…

Entre l'heure du rendez-vous initial et l'heure de son arrivée à ce rendez-vous, il y a eu un coup de fil de « François ». De ces coups de fil qui se raréfient. Quelque chose cloche entre eux. Ça n'est pas seulement cette campagne qu'elle a entamée un mois plus tôt, le 12 février, à Arras, dans la salle du Faucon rouge, qui en a vu passer, des réunions de section et des combats ouvriers, le seul endroit de France où trône encore au-dessus du comptoir un portrait de Guy Mollet. Tables en Formica. Léon Fatous, la figure tutélaire de cette section du bassin minier qui a tenu à la faire venir. Vieux militant rompu à toutes les bagarres de clocher, il en a vu passer et passer, des prétendants à la Couronne.

Mais là, il y a quelque chose de différent. Il a entendu ses militants lui parler d'elle. Qui commence à remplir les salles partout où elle passe. Il veut voir. Juger par lui-même. Évidemment, il ne s'attend pas à ce qu'on déroule le tapis rouge à la femme de… Mais de là à entendre ce qu'il entend à la tribune ! Gêné pour elle et gêné pour ses camarades. Un festival de goujaterie, avec le premier prix à l'ingérable président du conseil régional Nord-Pas-de-Calais, Daniel Percheron, qui lance, sans même lui jeter un regard : « Ah, Léon, te voilà donc royaliste. Tu as invité Ségolène. On te connaissait un faible, mais de là à abaisser le pont-levis de notre forteresse… » Elle enregistre, sans mot dire. De l'encaisse, elle en a, mais, ce soir, c'est un drôle de baptême du feu. Une soirée pénible, devant cinq cents militants et des dirigeants locaux qui rivalisent de muflerie à son égard. Ils ne l'aiment pas, cette Ségolène Royal qui semble percer dans l'opinion. On se demande bien pourquoi, d'ailleurs. La politique, c'est une affaire de bonshommes. Pas de bonnes femmes. Et puis, on n'aime pas trop cette façon qu'elle a de dire du bien de Tony Blair ou d'envoyer valser la vieille quincaillerie socialiste. Voilà ce qu'ils se disent. Ah ça non, ils ne l'aiment pas ! Mais les militants, eux, l'adorent. Elle prend la parole. Un peu stressée. Se racle la gorge. Évoque Jaurès, Mitterrand, dans ce bassin minier, ce bassin de lutte. La souffrance ouvrière. La nécessité d'établir un ordre juste. La phrase fuse. Les militants ne la comprennent pas forcément. Ils l'entendent pour la première fois. Mais ils applaudissent. Ordre et justice. Quels mots nouveaux dans la bouche d'une camarade !! Oui, c'est ça, Ségolène. Il faut de l'ordre. Remettre de l'ordre. Être juste. Ah, ça non, ils ne l'aiment pas, les barons, et tordent le nez à chacun des paragraphes de ce long discours qu'elle a réécrit en tout sens et dont elle cherche parfois le numérotage des feuilles. Elle termine. Un léger silence et des applaudissements sans fin, quelques cris : « Oui, oui, Ségolène, bravo. » Les élus se regardent. Léon Fatous éclate de rire. Bien joué, Ségolène. Elle met une heure à sortir de cette salle. Tout le monde veut la féliciter. La saluer. Lui dire : « Allez, bon courage. Tu as bien raison, ne te laisse pas faire, Ségolène, hein ! »

Les barons ne rient pas. L'un d'eux glisse à l'oreille de l'autre : « Ah ça, elle a pas fini de nous emmerder, celle-là ! »

Dans ces terres du Nord, ces terres d'orthodoxie socialiste, Ségolène Royal vient de marquer un point capital. Le lendemain, *Le Monde* ne s'y trompe pas. À la une, le dessin de Plantu résume tout. Sous la légende « La Saint-Valentin », on y voit un Hollande affalé dans son fauteuil lisant un journal et demandant : « Alors, c'était comment, Arras ? » et une Ségolène furieuse, ouvrant la porte de la maison, une valise à la main, qui répond : « J'aimerais savoir quel est le crétin qui dirige ce parti. »

Un mois après, elle est donc sur ce quai de la gare de Lyon, en avance sur son retard. Se lançant dans des explications confuses. En réalité, rien n'est plus important à ses yeux que ces instants avec François. Oublié, donc, le premier train, elle l'a retrouvé à l'Assemblée. Pour faire un petit point dans son bureau. Ou plutôt leur bureau. Charmant. Celui de Ségolène était trop petit. Il a accepté qu'elle annexe le sien, situé à côté. Lui est à Solferino, de toute façon. Elle s'est étalée mais l'espace devient encore trop exigu pour accueillir la petite armée qui s'est mise en marche. Une organisation rudimentaire en forme de ruche qui travaille vingt heures sur vingt-quatre. Fournit des notes sur tous les grands sujets, organise les déplacements, les réseaux à travers la France. Le bureau et son annexe ne désemplissent pas. Les élus, qui se font encore discrets mais passent tout de même une tête, les candidatures spontanées pour devenir tête de pont de son mouvement, Désirs d'avenir, qui prend racine dans tous les départements, y compris dans ceux d'outre-mer. Les débats s'organisent, les argumentaires se travaillent. Les jeunes viennent donner un coup de main à la mère de leur copain Thomas. Si cool, cette Ségolène. Qui se déplace en scooter avec son fils si elle est en retard. Passagère bien sûr. Répond directement aux mails qu'on lui envoie avec un « Passez donc me voir au bureau ». Elle prend tout, agrège tout, ne laisse rien passer. On verra plus tard comment on organise.

Pour l'heure le flot monte. Il le regarde monter. N'y croit pas encore vraiment mais passe parfois jeter un œil dans son ancien bureau, saluer ceux qui s'y trouvent. Observer. Mesurer l'impact de cette femme, la mère de ses quatre enfants, sa complice, son amie dont il s'éloigne en silence chaque jour un peu plus.

Elle le sent, ne s'en inquiète pas outre mesure. La vie ne les a jamais séparés. Quels que soient les événements, les attractions, la vie ne les a jamais séparés. Et ne les séparera pas. Elle court donc prendre un café avec lui. Rate son premier train, le train suivant, et arrive enfin avec sa valise à roulettes. Amusée par les regards furieux de ceux qui ont raté le train avec elle : « Allez, on va prendre un petit goûter, un petit 4 heures pour se détendre, d'accord ? Ne boudez donc pas. » Un goûter !

Je t'en ficherais ! Déconcertant. Soyons déconcertés. Va pour le goûter avant de prendre enfin ce fichu train pour Valence et ensuite la route jusqu'à Privas. Deux heures de retard ? Pensez donc, ça ne l'angoisse pas plus que cela. Elle s'en est excusée par téléphone. La réunion est tardive. Elle fera le maximum pour que « les gens soient contents ».

Elle n'a pas encore l'habitude de ces tournées de fédérations, ça n'est ni son goût ni sa manière. Ah, bien sûr, elle fait toujours partie des moines-soldats électoraux. Toujours prête à aller soutenir les « copains », comme elle le dit, en difficulté. En 1993, lorsqu'elle est l'une des rares réélues, elle fait son paquetage avec Claude Bartolone, lui aussi rescapé, et les voilà, tous les deux, battant les estrades et les plateaux de télé pour soutenir les cas désespérés. Mais faire une tournée pour son propre compte, elle n'a jamais fait. Dans le train, la conversation roule sur tout et rien. Tiens, une « villepinade » de plus. Dominique de Villepin qui vient encore de s'adonner à ses excès de langage : « La France, il faut la prendre », un langage de soudard qui la choque, ou fait semblant de heurter la fausse ingénue. « La prendre, la prendre, mais vous avez vu, quand même, ces machos ?! » Les machos… L'expression reviendra si souvent au fil de ces longues années. Les machos. Le même mot dans la bouche de Martine Aubry. Parfois, dans les années à venir, elles disserteront ensemble sur ces machos. Ou ces « petits machos » ou ces « gros machos », qu'importe la taille. Au-delà du caractère un peu obsessionnel de l'expression, elle dit le combat permanent, dans les moindres détails, des femmes pour exister dans ce monde d'hommes. Fabriqué pour les hommes. Les femmes, ça s'occupe de problèmes de filles, ça peut aimer l'art, s'y entendre en éducation, en communication, en environnement, mais la politique, non ! Ah ça non ! « Vous lui confieriez le bouton nucléaire ? », s'énerve un jour Lionel Jospin qui ne sait plus comment endiguer le flot Royal. Ah nous y voilà. Le bouton nucléaire. Le jaillissement suprême. La force de frappe virilissime. À une femme ? Mais vous n'y pensez pas !

Les machos font donc leur apparition, dans ce petit train qui file vers Valence : « Ça va être sympa, cette réunion. J'aime bien l'Ardèche. »

Arrivée fort tard. Une voiture attend la délégation. Et file vers Privas. À l'entrée de la ville, des dizaines de voitures stationnées… Sur un kilomètre. Une petite voie et la descente vers la salle des fêtes. Un parking plein à craquer. « C'est pour quoi, y a un match ? », demande-t-elle, sincèrement sérieuse. « Non, c'est pas un match, c'est pour toi, Ségolène. »

Difficile à croire tant qu'on ne l'a pas vu… Un millier de gens, massés, qui piétinent depuis deux heures. Ne sont pas repartis malgré le retard. Elle sort. Les premiers applaudissements de ceux qui n'ont pas pu entrer. Et puis une haie d'honneur improvisée jusqu'à la tribune. Et ça scande : « Ségolène, Ségolène. » Elle n'en revient pas. Se tourne vers le député-maire : « Ah, mais tu ne m'avais pas dit ! » Il lui répond : « Mais est-ce que je savais, moi ! »

Et revoilà l'ordre juste. Et déjà les prémices de l'encadrement militaire. La justice. Les familles. L'éducation. Le sens du travail. Une heure dans la fournaise d'une salle trop petite. Et une sortie de rock star. Quelqu'un a trouvé de la musique. « Bella ciao », ou quelque chose dans ce genre. Elle a du mal à se frayer un passage jusqu'à la porte. Où une mamie lui tend une rose, lui prend la tête entre ses mains et lui crie : « À l'Élysée, ma petite. Allez, ma petite, à l'Élysée ! »

*
* *

Lui

Ils viennent de m'appeler de Privas. Ils m'ont raconté. Phénoménal. Je le connais, ce parti. Je sais, moi, quand ça prend ou ça ne prend pas. Ça prend. Je ne l'aurais jamais cru. Mais ça prend. Bon, nous ne sommes qu'en mars. La primaire est dans sept mois. Je peux encore me refaire. Mais la presse, elle ne voit qu'elle. Ne regarde qu'elle. Elle est étonnante, c'est vrai. Même moi, elle m'étonne encore. Il va falloir la protéger. Impérativement. Si je ne peux pas, ce sera elle, mais la protéger. Avec nos réseaux à nous. Je l'ai dit à mes amis. Ils font la gueule. Ronchonnent. Mais il faut accepter l'évidence. Enfin, nous n'en sommes pas encore là, mais ça ressemble à une évidence quand même, ou peut-être pas. Attendons encore un peu.

*
* *

La corrida

> « Quiconque lutte contre des monstres devrait prendre garde, dans le combat, à ne pas devenir monstre lui-même. »
> *Par-delà le bien et le mal*,
> Friedrich NIETZSCHE

Assemblée nationale, automne 2006.

La conversation n'a duré que quelques minutes. Dans les couloirs de l'Assemblée. Avant les questions au gouvernement. Est-ce une conversation, d'ailleurs ? Non. Plutôt une interpellation. Une mise en garde. Une mise sous pression, aussi. Elle arrive pour rejoindre son banc des députés de l'opposition. Il part s'asseoir à celui des ministres. Ministre de l'Intérieur. Star des sondages. Candidat assumé à la présidentielle.

Lui, Nicolas Sarkozy, l'énergie en armure. Une boule d'énergie. Un taurillon nerveux. Tout en saccades. Dans les mouvements du corps. Le phrasé. La pensée.

Tout lui sourit. La fin du vieux chef, qui ne l'aime pas. Ou plutôt qui ne l'aime plus. Pourtant, il aurait pu être ce fils qu'il n'a pas eu.

Quand il lui a ouvert les portes de la famille Chirac. Le clan Chirac, devrait-on dire. Une fille aînée, murée dans un ailleurs dont personne ne revient jamais vraiment : l'anorexie mentale.

La solitude de la souffrance psychique à jamais inconsolable. Une fille cadette, Claude, qui ressemble tant à son père. Aime tant son père. Adule tant son père. Relation fusionnelle avec lui, passionnelle avec sa mère Bernadette. Le clan Chirac. Une forteresse réduite aux acquêts.

Ces trois personnages vivant sous l'ombre portée de l'aînée. De ses mieux-être et de ses rechutes. Et au rythme de la carrière effrénée du père. Tout en ascension et en cassures. En défaite cinglante et en victoires parfois inespérées. Un animal de combat. Sympathique. Chaleureux. Cynique et calculateur. Une vie entière dédiée à sa maîtresse la plus exigeante : la politique. Des maîtresses pour lesquelles il n'a pourtant jamais détruit son noyau dur. Sa capsule. Minuscule capsule. Un père, une mère et leurs deux filles.

L'introduction de Nicolas Sarkozy bouscule le calme et les rituels de cette famille si française. Si bien éduquée. Si codée. Il amuse. Fait rire. Sort Claude. Flirte avec elle. Elle y croit. Est déçue. En 1995, lorsque le protégé choisit de soutenir Édouard Balladur, en qui il a enfin trouvé un véritable mentor, le clan ne lui pardonne pas. Et il faudra de longues années de bannissement, de huées dans les meetings gaullistes, de longues périodes d'abstinence, pas un regard, pas un mot du chef. Il en faudra, des actes de contrition, de repentance, des contorsions qui dérangent tellement sa nature entière, pour envisager, puis entrevoir et, enfin, reprendre pied dans le cercle, se rendre indispensable à nouveau en 2002 et retrouver sa place, non pas à la table familiale car le lien est rompu à tout jamais, mais dans la cour des puissants, des ministres, des incontournables. Avec ses codes à lui.

Car les autres, il ne les a jamais supportés.

Enfance pénible, en l'absence d'un père issu de la petite noblesse hongroise, jouisseur et aventureux. Choyé par une mère avocate, qui travaille dur pour que les trois fils tiennent leur rang. Adoré par son grand-père, juif de Salonique, Benedict, avec lequel il se promène des heures durant, passant le passé à la loupe. Enfant de sang-mêlé, hongrois, méditerranéen et urbain. Il déteste la campagne, l'alcool, la lecture et la lenteur. Mais son amour pour Céline est réel, comme pour *Belle du Seigneur*, d'Albert Cohen. Il rattrapera le temps perdu lorsqu'il rencontrera Carla Bruni, cultivée et subtile. Que ne ferait-il pas pour être à la hauteur de cette femme qui le fascine, le transporte et le cadre !

En attendant, le jeune Nicolas est le moins doué des trois garçons, le plus laborieux à l'école. Pas de talent particulier pour l'entreprise, comme son frère Guillaume. Pas de goût particulier pour la science, comme son frère François. Il s'ennuie.

Vadrouille d'un bac économique à une maîtrise de droit. A raté Sciences-po et s'en félicite. Devient avocat parce qu'il faut bien faire quelque chose.

Lui, il sait ce qu'il veut faire. De la politique. Il a 13 ans et veut déjà partir défiler sur les Champs-Élysées avec les gaullistes. Cette majorité silencieuse qui sonne le glas de Mai 68. Lors de sa campagne victorieuse, en 2007, il voudra liquider ces idées de Mai 68, le dira. Une déclaration d'une violence extrême, à mots choisis, qui lui permettra de marquer le point définitif face à cette candidate trop originale, si mal préparée à un combat dont il rêve depuis son adolescence.

Petit déjà. Complexé. Il n'aime pas le sport. S'ennuie très vite. Se compare à ses frères. Se trouve moins beau. Plus petit. Moins musclé. Torturé, un peu. Une enfance au cœur gros. En action. Déjà. Un tournis. Canalisé par les premières réunions militantes. Ses premiers discours à la tribune des jeunes gaullistes. À 19 ans, il enflamme une salle sous les yeux de Charles Pasqua qui reconnaît en lui de la graine de champion. Le voilà placé sous l'aile protectrice du terrible monsieur Pasqua. Faiseur de pluie et beau temps en Chiraquie. Propulsé. Louangé. Poussé en avant. Mais rien ne compte plus que le sentiment profond qui nous anime. La ligne de vie, le rail sur lequel nous pensons rouler, par illusion ou pas, par croyance erronée. L'image que nous avons de nous-même.

Lui, il se vit depuis toujours comme un vilain petit canard. Et n'a de cesse d'humilier, de punir ces élites dont il pense qu'elles le méprisent *a priori*. Ces hauts fonctionnaires « arrogants », dit-il. Ces ambassadeurs « qui se ressemblent tous comme des petits pois », dit-il encore. Ces inspecteurs des finances. Ces magistrats qu'il sermonne, terrorise, lorsqu'il devient chef de l'État. Ces technos qui ne comprennent rien décidément à la politique. Ces pisse-froid qui le toisent. Ces sachants qui ne saisissent pas ses intuitions, ses désirs, ses souhaits.

La revanche du petit sur le grand monde. Celui dont il a été tenu à l'écart. « Je ne suis pas né avec une cuillère d'argent dans la bouche », rappelle-t-il souvent, oubliant un peu vite qu'il a grandi à Neuilly et pas à Montfermeil. Mais ce serait une erreur de faire ce procès en mauvaise foi à Nicolas Sarkozy. Car il se vit véritablement comme un petit chose. Et c'est bien ce qui importe pour comprendre ses ressorts, ce qui le pousse à se mouvoir ainsi. Au sprint. Car rien ne va jamais assez vite. Tout lui pèse très vite. Tout est trop mou. Trop banal. Trop « dans les clous ». Lui veut vivre hors des clous.

Ah, bien sûr, pas dans la pauvreté ou la modestie. Non. Il aime l'opulence. Ses amis sont riches. Ce sont des possédants. Il aime afficher ce pouvoir de l'argent. Mais il serait injuste de faire un procès en avidité à Nicolas Sarkozy. Car, par nature, par éducation, il est généreux. Se vit comme un patriarche. Englobe, embrasse, place sous sa protection sa tribu. Les enfants de Cécilia. Les amis. Les copains des copains des enfants. La solitude, il en a horreur. Autant horreur que son corps ou que son physique. Il tente bien de le contraindre, ce corps.

Le voilà qui se lance dans des régimes drastiques. Des kilomètres de vélo. De footing. Pour suer. Perdre du poids. Qu'il reprend aussitôt. Pas de cigarette. Pas d'alcool. Peu de goût pour le bonheur. Toujours demain. Incapable de vivre aujourd'hui. Il en donne même le vertige à ses amis. Il est passé par ici, il repassera par là. Impossible à suivre sauf pour ses plus fidèles. Franck Louvrier, le conseiller en communication, l'ami. Celui qui parle le Nicolas Sarkozy mieux que quiconque. Anticipe. Raconte la belle histoire. Enfume. Travaille comme un bourreau. Que l'on soit de droite ou de gauche, Louvrier fait l'unanimité. Pour sa capacité à percevoir les humeurs de son patron. Les réactions de la presse. Les blocages des élus. Pièce essentielle du dispositif Sarkozy. Qui le traite bien. Ou pas. Cela dépend des jours et des marées.

Rabroué ou encouragé, mis à l'écart lors du retour de Cécilia, qui l'a soupçonné d'avoir protégé les amours d'un soir de son mari. Cécilia femme trompée, à bout, et qui choisit l'amour qui passe, se donne, épuisée par ses années à soutenir un homme fou d'elle mais qui ne se maîtrise jamais dans son rapport aux femmes.

Manger la vie, séduire, conquérir, et s'en aller. Tant et tant de repos du guerrier. À cela il n'a rien à envier à ses aînés. Ni à ses contemporains, comme si la politique et le sexe se doivent de faire route ensemble. Pulsion. Passion. Jouissance. Victoire, défaite. Une polka permanente.

Et il jouit, Nicolas Sarkozy. De sa plénitude familiale. De ce don que possède Cécilia pour calmer cet enfant angoissé. En fusion permanente. Cet enfant que tout ennuie très vite. Qui n'aime que gagner. Saisir. Posséder. Et qui se fixe toujours un nouveau but. Place une nouvelle barre. Plus haut. Plus loin. Plus et plus encore. Et encore et toujours. Comme une toupie qui doit sans cesse tourner sinon elle tombe. Meurt.

Cécilia, son point fixe. Sa parole d'Évangile. Lorsqu'il apprend qu'elle a quitté le domicile avec Richard Attias, en mai 2005, il est en campagne pour le oui au référendum européen. En Corrèze. Avec Bernadette Chirac. Ce soir-là, ses mots sont noirs. Il sort de son discours. Évoque la mort. Et ce qu'on laisse sur cette terre. Sarkozy effondré par un départ qu'il a lui-même provoqué avec ses écarts irrépressibles.

Il l'avait conquise en la volant à son nouveau mari, le chansonnier Jacques Martin. La légende, encore elle, veut qu'il en soit tombé amoureux fou le jour où il célébra le mariage des deux tourtereaux en sa mairie de Neuilly. Il la perd car un autre lui a volée.

Mais rien ne peut l'empêcher, même pas le plus grand amour de la terre et du ciel, d'abandonner son Graal : la conquête de l'Élysée. Après quelques semaines de blues, il se remet au travail. Travailler. Son maître mot. Il n'a cessé de le faire. Car le petit Nicolas, laborieux, qui a redoublé sa 6e, n'a jamais disparu. Il avale des fiches, des notes. Possède l'art et la manière de les intégrer et de les régurgiter. Les inspecteurs des finances se souviennent de son arrivée à Bercy. Une page blanche dans ses connaissances sur le budget. Il va travailler nuit et jour. Suscitant même l'admiration de ceux qui ne l'aiment pas. Il régurgite, donc. À sa façon. Dans une traduction compréhensible par tous. Avec des mots simples. Parfois un peu familiers. Une stratégie redoutable. Parler comme parle l'homme de la rue. Se faire comprendre de lui, « montrer qu'on en a », explique-t-il un jour à son équipe. Avec le geste à l'appui.

Un taurillon qui gratte le sable de l'arène, fonce sur la muleta.

En cet automne 2006, la muleta a un nom : Ségolène Royal. Qui jour après jour s'impose dans ses propres rangs. En juin, elle lui chipé son talisman : la sécurité. Lors d'un déplacement en banlieue, à Bondy, chignon et tailleur strict, menton en avant, elle a évoqué l'ordre juste, son axe de campagne, et l'encadrement militaire pour les jeunes délinquants.

Des propos qui ont déchaîné les passions socialistes. Elle se fait hacher, Ségolène Royal, par le noyau dur des militants et par ses concurrents à la primaire, au premier rang desquels Laurent Fabius et DSK. Mais l'opinion la plébiscite.

Enfin une socialiste qui parle vrai, juste, s'occupe de la vraie vie des vraies gens. Et elle ne s'arrête pas, refuse d'évoquer le pouvoir d'achat, « un mot techno auquel personne ne comprend rien », lance-t-elle en réunion publique dans une salle bondée du 20e arrondissement. Elle préfère parler de la vie chère. Et les jurys citoyens. Et l'hymne aux entreprises. Et la critique de gauche des 35 heures. Elle court, elle court, Royal, sur les terres de la droite et de son champion : Nicolas Sarkozy. Une triangulation parfaitement menée sur l'un de ses modèles : Tony Blair. Alastair Campbell, le spin doctor du Premier Ministre britannique, n'aurait pas fait mieux. Malgré les obstacles, les coups qui se mettent à pleuvoir des vieilles troupes qu'elle est en train de ramener à la couleur sépia, elle court. Se trouve un surnom, la gazelle, « car les gazelles courent plus vite que les éléphants », lâchera-t-elle au journaliste du *New York Times*, totalement sous le charme.

Comme toute la presse européenne. Ses déplacements à Berlin, Rome ou Londres font salle comble, tout le monde veut voir le phénomène. Lui parler. La toucher. Même élan dans les campagnes. Il faut avoir vu des gens montés dans les arbres car il n'y a plus de place sous le chapiteau, des jeunes, des plus âgés plantés pendant des heures au soleil dans la petite ville de Boulazac, en Dordogne, pour comprendre que rien ne peut arrêter Ségolène Royal dans sa course à l'investiture.

Rien.

Il s'en inquiète. Car il est aussi confusément sous le charme de la belle. Il le dit à quelques journalistes : « Elle est belle, Ségolène », avant d'ajouter : « Oui, mais elle est méchante, très méchante ».

Un langage enfantin. De cette enfance qui ne quitte jamais tout à fait Nicolas Sarkozy. Il ne le cache pas. Admet son besoin viscéral d'aimer et d'être aimé. D'avoir besoin de son épouse à ses côtés. D'être amoureux fou. De poser fièrement devant une voiture miniature que lui ont offert les policiers new-yorkais. Infantile, certainement. Mais redoutablement tactique. Car, s'il laisse entrevoir ses fragilités, c'est pour mieux souligner sa force. Son autonomie et son goût de l'effort. « Moi, personne ne m'a jamais rien donné. J'ai tout arraché. »

Une étrange similitude avec elle qui le répète toujours à l'envi : « On ne m'a rien donné. J'ai tout pris avec mon travail. »

Comment se vivent-ils en leur for intérieur, ces deux personnages ? Comme des sans-grade, montés en graine, victimes de l'injustice du monde et donc prêts à le conquérir, et à le soumettre.

C'est oublier un peu vite que l'un et l'autre ont bénéficié des astres favorables et de parrains puissants : Royal, repérée par Jacques Attali, est conseillère de François Mitterrand à 29 ans. Sarkozy, repéré par Charles Pasqua, devient maire de Neuilly à 29 ans.

On m'objectera qu'ils doivent ces trajectoires à leur talent. Je répondrai que tant et tant d'autres ont eu ce talent mais qu'ils n'ont jamais pu l'exprimer probablement. Leur talent aura donc été d'être là au bon moment, au bon endroit, et de posséder cet incroyable culot qui vous pousse à donner tous les coups de pied dans les portes. À doubler toutes les files d'attente. À demander. Oser demander. Revendiquer. Dire « Moi je, moi je », l'expression de leur communauté de pensée et de destin. Moi je personnellement, en ce qui me concerne, pour ma part. Un ego surdimensionné, qui leur permet toutes les transgressions. Et provoque aussi tant et tant de fautes. De comportement. D'attitude, de langage.

En tout cas, ils se sont reconnus et vont se combattre.

Mais revenons à ce couloir de l'Assemblée. Cette grande salle où déambulent et se croisent, l'air affairés, les ministres, les députés, les conseillers parlementaires.

Un petit théâtre permanent où se dénouent bien des dossiers sensibles.

Ainsi sur les velours cramoisis où se sont assis tant d'illustres séants, cette salle des pas perdus où l'élite politique organise des croisements improbables. Ah, si les fauteuils pouvaient parler !

Ce jour-là, Ségolène Royal arrive, comme toujours, à la dernière minute. Il l'attend. La guette. Et l'aborde : « Bonjour, madame Royal. » Elle esquisse un premier mouvement de recul puis sa volonté crâne d'écouter son adversaire se remet en marche – car elle ne doute pas qu'elle l'affrontera.

« Je voulais juste vous dire que vos camarades, ils sont quand même coton, coton. Très méchants. »

Pas de réponse de la camarade Royal.

« En fait, je n'ai pas grand-chose à faire. J'ai l'impression que ce sont eux qui vont se charger de vous faire la peau. »

Le langage est cru. Une habitude chez Nicolas Sarkozy qui ne s'embarrasse jamais de bémols dans ses partitions. La métaphore est toujours sanglante, brutale.

Lui qui voulait « pendre à un crochet de boucher » le « traître » Dominique de Villepin en pleine affaire Clearstream. Ou évoquait ainsi la fin forcément crépusculaire de Jacques Chirac : « On a guillotiné en 1789 pour moins que ça. »

Ce jour-là, il est donc question de « faire la peau ». Oh non, pas lui. Son propre camp. Derrière l'outrance, l'analyse parfaite de la situation de Ségolène Royal. Adorée par l'opinion, la masse des militants, mais détestée par les éléphants. Qui lui feront évidemment en partie « la peau ».

Ségolène Royal, un peu soufflée, éclate de rire et lui rétorque : « Je vous remercie pour vos conseils. »

Mais Nicolas Sarkozy insiste, pour marquer le point. « Ils sont pas sympas, hein ? »

Ce « hein » qui le caractérise et ponctue bon nombre de ses phrases. Hein, hein ? Avec un petit mouvement de l'épaule, du bas vers le haut. Parfois même des deux lorsqu'il est très énervé. Avec ce drôle de mouvement du cou, d'arrière en avant. Rouler des mécaniques : l'expression semble avoir été inventée pour lui. Mais des mécaniques désarticulées. Hein ? Un questionnement permanent qui n'attend pas de réponse. Inutile d'ailleurs de lui en donner.

Exemple parmi tant d'autres. Fin de discours à la tribune. Il fonce droit vers les journalistes : « Tu as vu, hein ? Vous avez vu, hein ? Mon discours, j'ai parlé de la jeunesse. C'était bien, hein ? » Et il tourne les talons, laissant en suspension les quelques réflexions, éventuellement plus critiques, qu'auraient pu émettre les « observateurs » interpellés.

Aucune importance. Son « hein » ponctue ses pensées. Les autres ne servent à rien. Comme un joueur de tennis qui taperait un mur avec sa balle. Inlassablement. Inutile de s'empoisonner la vie avec un joueur bien vivant. Le mur suffira.

Même s'il ne l'a pas déstabilisée, il sait qu'il a posé une petite griffe, de ces pattes de mouche qui gâchent mille pots de laque sur un beau meuble chinois. Une goutte de poison dont elle gardera longtemps le souvenir. Elle sait que le combat sera plus dur que prévu. Non pas le combat d'idées mais la violence qu'ils vont utiliser, lui et son équipe, violence verbale, violence psychologique, la seule qui peut l'atteindre.

Et, si elle est prête à affronter l'opinion et cet homme qu'elle toise par la force de ses idées, elle sent confusément que la guerre psychologique sera la plus difficile à gagner.

Et ce jour-là, il prend un infime ascendant sur elle.

Femme, seule, même si personne n'a encore compris, sauf peut-être Nicolas Sarkozy, parfaitement renseigné en tant que ministre de l'Intérieur. Entourée de seigneurs politiques qui ne la comprennent pas ou la méprisent.

Oui. Seule.

Avec un petit sourire, qui se tord parfois dans un rictus douloureux, lui part enfin s'asseoir au banc du gouvernement.

Ce jour-là, Nicolas Sarkozy a planté une banderille. De taureau il devient matador. Matamore, même.

*
* *

Elle

Foix, 22 septembre 2006.

Il n'est pas venu. Il ne viendra pas. J'ai attendu toute la soirée. Pourtant il n'était pas si loin. Il aurait pu faire un crochet et venir me dire : « Bon anniversaire, Ségolène. » Privée d'anniversaire. J'ai 53 ans aujourd'hui. 53 ans, le bel âge. Ce soir, le meeting était encore formidable. Elle ne peut pas m'échapper, cette primaire, non, elle ne peut pas. « Oui, oui, j'arrive, je descends. » Ils m'ont fait une surprise. Un gâteau, des bougies, ils sont tous rassemblés en bas. Ma petite troupe. Et les élus. Ils vont me chanter « bon anniversaire ». C'est chaud, c'est doux. Il n'est pas venu. Tant pis pour lui.

*
* *

Alea jacta est

« J'irai chercher ma fortune au fond de l'eau. »
Jules César

Melle, 16 novembre 2006.

Ah, pour une belle fête, c'est une belle fête. Ils sont allés chercher des montagnes de fromage et de pâté. Ah, zut, ne pas oublier les cornichons. « Oui, oui, Ségolène est là-haut. Elle descend vous faire coucou, promis... Oui, repassez si vous voulez. » Une gare de triage, cette cuisine.

Repassez. De toute façon, tout le monde va repasser toute la soirée. Allez, autant laisser les portes ouvertes. Il ne fait pas si froid. Mais pas trop non plus. Tout à l'heure, le chauffeur a raccompagné des journalistes japonais plantés devant le portail de la maison de la rue du Tapis-Vert. Quel nom prédestiné, cette rue, quand on y pense. « Bon, vivement qu'ils repartent tous, soupire un jeune militant. Et qu'on soit un peu tranquilles. Quel bazar ! Mais quelle victoire ! Ah ah ah, elle a gagné, la patronne. Sacrée patronne. 60 % et pan, bon bon d'accord, pas d'arrogance, elle nous a dit, mais quand même on peut se faire un petit plaisir, non ? On a bien le droit ? Mais qu'est-ce qu'elle fait là-haut ? » Là-haut, elle réfléchit déjà à la suite. À dire vrai, elle y a déjà réfléchi. La cheminée éclaire la pièce. Elle répond à une poignée de journalistes. Laurent Fabius a appelé Ségolène. « Dis que je rappelle, ils peuvent bien attendre, après tout. Qu'est-ce que je disais ? Ah oui, je vais mener une grande campagne participative. Oui, vous pouvez l'écrire. Bien sûr. Une autre campagne. Associer les citoyens. Je vous prie de m'excuser… » Elle s'isole. « Non, je ne rentre pas. »

Elle ne rentre pas ? Pas à Paris en tout cas. Pas ce soir. Étrange. Elle a gagné. Elle ne rentre pas à Boulogne.

Elle se rassoit et poursuit… Campagne participative. Citoyens. La soirée se fait longue.

Allez, on lève le camp. Bonne nuit, bravo. Mais les lumières brillent toute la nuit dans la petite maison. Rédiger son discours du jour d'après. Rappeler les concurrents ? Ça peut encore attendre. Et se reposer un peu, milliers de kilomètres de campagne cavalés au grand galop.

Elle ne dit rien à personne. Sauf à sa chef de cabinet. Filer à l'anglaise demain à midi. Et partir se reposer seule, quelques jours, dans un endroit qu'elle affectionne : les thermes de La Roche-Posay. Désertiques en cette saison, pour tout dire fermés. Elles restent seules durant plusieurs jours. Silence total. Promenade l'après-midi dans les bois alentour. Peu de téléphone et peu de mails. Faire le vide et le plein avant le grand saut.

*

* *

Lui

Non mais a-t-on idée de s'enfermer si loin ! Ne pas rentrer. Fuir. Me fuir certainement. Au début j'ai cru qu'elle était partie avec son équipe. Et Julien. J'ai appelé. L'air idiot : « Tu peux me passer Ségolène ? » Bien sûr, qu'il ne peut pas. Il ne sait pas lui non plus où elle est. Il n'a pas l'air de mentir. Qui alors le sait ? Finalement, elle me l'a fait dire… A-t-on idée ? On ne se comprend plus.

*

* *

Personne ne le sait car ils le cachent très bien. Mais la fêlure s'agrandit. Et les journalistes n'y voient que du feu. Quels grands acteurs que ces deux-là. Elle veut le rattacher, le raccrocher. Et lui propose de diriger sa campagne. Il ne veut pas. Trop dur. Trop inconfortable. Être son subordonné, tu n'y penses donc pas ? Si, elle y pense, lui demande, et il refuse. Dehors dedans. Il zigzague. Elle aussi.

*

* *

Forteresse assiégée, Chine, janvier 2007

« Le silence est un ami qui ne trahit jamais. »
CONFUCIUS

Un voyage épouvantable. Il fait si beau. Chaque jour de cet interminable voyage, glacial, la délégation verra ce ciel bleu. Bien plus qu'elle. Impossible de l'approcher, de lui parler, d'avoir la moindre discussion politique avec elle. Gardée, encadrée, barricadée même par son entourage à côté duquel la Grande Muraille de Chine paraît en carton-pâte.

« Où est madame Royal ? Quand pourra-t-on la voir ? » Chaque matin et chaque soir, la même question et, chaque matin et chaque soir, la même réponse invariable : « Demain. »

En attendant, ils sont chargés de relayer pour pratiquer une conversation inutile. Jean-Pierre Mignard, l'avocat, l'ami du couple, qui a défendu les insurgés de la place Tianan men. Rond, bienveillant, il possède l'art de faire patienter une armada de journalistes horripilés par ces attentes interminables qui se soldent par… un lapin. Voire deux. Impossible de compter le nombre de lapins posés dans cette campagne. Le voyage en Chine tombe très mal. Julien Dray lui a dit de ne pas y aller. Trop complexe. Trop codé. Trop loin.

Elle se vit autrement. Elle se souvient que François Mitterrand avait commencé sa campagne victorieuse par une longue visite en Chine et quelques heures sur la Grande Muraille. Elle met ses pas dans ceux de son père en politique.

D'abord visiter la Grande Muraille. Ce matin-là, le vent du désert de Gobi balaie les remparts massifs et tout simplement époustouflants. Elle est tout de blanc vêtue, avec un drôle de châle sur la tête. Est-ce la majesté du lieu qui émerveille le regard ? Ce jour-là, elle est en verve. Et se lance dans ses phrases à la fois enlevées et parfois obscures pour exprimer ce qu'elle ressent.

À l'évidence une profonde joie, une profonde allégresse, face à ce paysage inimaginable, cette muraille qui serpente le long des collines dans un alignement parfait. Alors elle se lance, crânement, devant cent journalistes frigorifiés : « Qui vient sur la Grande Muraille conquiert la bravitude. » Elle voulait dire bravoure, mais sa langue a fourché. Pas grave, la bravitude lui convient, un de ces barbarismes qu'elle affectionne tant, et qui l'ont pourtant si souvent discréditée.

Car Ségolène Royal parle un français parfait, corrige les fautes d'orthographe sur les notes qu'elle reçoit, met invariablement un E majuscule à État lorsqu'un conseiller l'écrit dans un discours. Elle reprend même ses collaborateurs quand le langage dérape un peu. L'excellente élève du lycée d'Épinal n'est jamais très loin.

Mais elle aime inventer des mots, dans l'instant, comme si le dictionnaire vivant ne suffisait pas. Au début, la bravitude passe un peu inaperçue tant les journalistes sont préoccupés à envoyer des cartes postales. Faire des directs de la Grande Muraille ne reviendra pas tous les jours dans une vie de reporter. Mais la vague enfle au fil de la journée, le mot inventé de toutes pièces devient même un « urgent » de l'AFP. Le soir, il fait les 20 heures. L'UMP s'en saisit, cogne, tape. De bonne guerre. Le parti socialiste reste inerte. À 10 000 kilomètres de la France, Ségolène Royal ne perçoit pas les dégâts que cette expression qu'elle voulait poétique est en train de provoquer. Des rires sous cape dans les rangs socialistes, une attaque en règle dans les rangs de la droite. Comme toujours Jack Lang trouve la parade. Lors du point presse quotidien, il déclare, sans rire : « Ce mot est tellement beau, tellement poétique, que je regrette de ne pas l'avoir inventé. »

Bien tenté mais trop court. La bravitude colle désormais à la peau de Ségolène Royal, et le procès en ridiculitude peut commencer. Elle ne s'en débarrassera jamais vraiment.

Évidemment, commencer un voyage sous ces auspices ne présage pas d'une suite harmonieuse. Furieuse contre la presse, elle snobe cette presse. Et lui envoie ses supplétifs. La situation s'envenime, et se bloque. Certes, la visite est riche, dense, elle est reçue par les dignitaires chinois. Certes, sa visite dans les quartiers populaires et sa rencontre avec les écologistes est enthousiasmante, certes, sa déclaration en faveur des droits des Tibétains est courageuse. Mais en vain car il ne restera de ce voyage que le début et la fin.

La fin, la dernière conférence de presse, une heure avant de reprendre l'avion, où elle évoque la justice chinoise dans une phrase aussi maladroite que mal préparée.

En moins de cinq jours, Ségolène Royal a ruiné une partie de son image. Et, même si la bravitude est entrée dans le dictionnaire, le langage courant des Français et se décline sous toutes les formes possibles, le mal est fait.

Le retour à Paris est pénible. Enfoncée dans son fauteuil à l'avant de l'appareil, elle ne desserre pas les dents. D'autant que les déclarations sur les impôts faites à Paris par François Hollande ajoutent à la confusion. Nicolas Sarkozy n'est pas encore entré en campagne. Mais déjà la trajectoire Royal semble freinée. Et si elle est toujours en tête dans les sondages, le trou d'air arrive. Royal plus solitaire que jamais, plus enfermée aussi. À l'atterrissage, elle disparaît, happée sur le tarmac par sa chef de cabinet. Pas un mot. Pas un au revoir à la délégation qui l'accompagnait. Une fuite. Une de plus. Et une candidate déjà transformée en forteresse assiégée. Entourée d'ennemis, forcément.

Une maladie chez les hommes et les femmes politiques. Qui parfois veulent en guérir et parfois se l'inoculent à nouveau.

Ces allers-retours, ouvert/fermé, correspondent à des cycles. De bien-être ou de forte tension. Plus ça tangue, plus on se replie. Plus le ciel sourit, plus on ouvre. Les cercles sont ouverts, déployés, l'accès est facile, naturel fluide. Lorsque tout flanche, l'étau se resserre. On remonte le pont-levis.

Épuisant mouvement ouvert/fermé, difficile à suivre lorsqu'on le vit ou qu'on l'observe. Chez Ségolène Royal, il est porté à son paroxysme.

Chez François Hollande aussi, mais on le discerne moins, contrairement à sa compagne. Il n'a jamais éprouvé le besoin d'être en permanence entouré d'une kyrielle de gens. Souvent improbables.

Rarement accompagné dans les émissions quand elle arrive entourée de quatre voire cinq personnes. Ségolène Royal et sa roulotte. Selon les humeurs, on peut y trouver des sportifs, une attachée de presse, des élus, des artistes. Mais lui cloisonne tout, à la différence d'elle qui mélange souvent tout. Quelques élus se souviennent encore d'une réunion à laquelle ils furent conviés. Pour recevoir le coaching d'un ancien international de rugby, Serge Simon. Nouvelle marotte : le sport, c'est de la politique, et vice versa. Certains partirent furieux, jurant qu'on ne les y reprendrait plus.

Avec François Hollande, les Corréziens restent en Corrèze, les Parisiens restent à Paris. Ainsi fonctionne Hollande, et il ne déroge jamais à sa règle. Chez Royal, les Poitevins sont poitevins jusqu'à ce qu'ils deviennent parisiens, et les Parisiens deviennent poitevins, des croisements parfois étranges où le directeur de cabinet devient ponctuellement attaché de presse à Paris, et où le chargé de mission de Paris devient le chef de cabinet à Poitiers. Tout cela procède d'un même raisonnement, ne pas enfermer les gens dans une seule fonction, ne pas leur laisser la mainmise sur un seul sujet, ne pas se laisser enfermer, être dans la main de qui que ce soit. Chamboule-tout.

Mais à force de ne vouloir faire confiance à personne… Naturellement, ce raisonnement n'a aucune prise sur eux car chacun à sa manière considère que la vie politique est un éternel recommencement et que d'autres collaborateurs viendront, d'autres élus apparaîtront. « Ils reviendront tous », ont-ils lancé, chacun leur tour, dans leur traversée du désert. Et qu'importe si l'on en perd quelques-uns en route.

Les équipes peuvent valser pourvu que restent quelques piliers inébranlables qui ont traversé les humeurs, qui acceptent ces liens élastiques. Laisse courte. Laisse longue, ces allers-retours permanents entre le Capitole et la roche Tarpéienne. À son retour de Chine, elle prend la décision de rappeler quelques fidèles.

Ceux qu'elle a volontairement sacrifiés pour faire de la place à des inconnus. La règle lorsqu'on gagne une investiture : partager l'aventure. S'attacher la loyauté des grands seigneurs qui prêtent leur meilleur vassal.

La Chine marque une rupture profonde dans la vie de Ségolène Royal. Son inébranlable confiance en elle s'est fissurée sur une muraille millénaire. Le doute s'installe. La coquille se referme.

*

* *

Poisons

« Pour qui sont ces serpents qui sifflent sur vos têtes ? »
Andromaque, Jean Racine

Corrèze, janvier 2007.

Il rumine. Il mord. Il est en Corrèze pour les traditionnelles séances de vœux qui marquent le mois de janvier. Série impressionnante, interminable de cérémonies de vœux auxquelles aucun élu ne peut se soustraire. Ce jour-là, il souhaite les vœux à quelques Corréziens autour de la galette des Rois. Il croque sa part, retire un petit Mickey en céramique et lance à la cantonade : « Les rois gagnent vraiment toujours. Les reines, ce sont des illusions. » Phrase immédiatement répercutée à Paris. Car ça n'est pas un bon mot, c'est une exécution sommaire. De la candidate. Celle qui lui vole son rêve présidentiel.

Son humour, sa façon à lui de masquer son désarroi. Soufflant le chaud et le froid, expliquant tour à tour que « Ségolène marche sur l'eau » ou bien défendant la bravitude par un vibrionnant : « Mais c'est une chinoiserie. » Volonté de nuire ? Non, pas tout à fait. Plutôt réflexe d'autodéfense pour un homme déboussolé, dans sa vie privée et sa vie publique. Déchiré entre le sens du devoir, son goût pour sa vie de famille, son attraction irrésistible pour Valérie Trierweiler. Et le sentiment d'échec, de passer à côté de son destin présidentiel. L'humour empoisonné car tous ces bons mots, distillés à bon escient par un homme qui appréhende parfaitement les situations et le sens du langage, tous ces bons mots font le tour des rédactions, nourrissent les dîners en ville de tous ces gens qui viscéralement n'aiment pas Ségolène Royal. Ne supportent rien de ses transgressions, son tempérament, son manque supposé de culture.

Bernard-Henri Lévy sera l'un des rares représentants de cette intelligentsia qui la méprise, à penser contre lui-même, au point de décider de la rencontrer un soir de février 2007 et de dîner avec elle au Raphaël. Il en sort conquis et deviendra l'un de ses plus fidèles et plus durables soutiens.

Conquis, BHL, comme tous les interlocuteurs avec lesquels elle accepte de dialoguer. Pas un seul qui ne termine le repas en se disant : « Je me suis peut-être trompé. »

Mais combien faudrait-il de dîners, de petits déjeuners, de déjeuners pour arrêter le persiflage ?

*

* *

Seule

« Délibérer est le fait de plusieurs.
Agir est le fait d'un seul. »
Mémoires de guerre, Charles DE GAULLE

Février 2007.

Ça y est. Nicolas Sarkozy est en campagne. Il a fait irruption dans le bruit et la fureur de vaincre, le 14 janvier, porte de Versailles. Ce meeting qui restera le meilleur de sa campagne victorieuse. Un discours d'Henri Guaino, sa plume ombrageuse. Un discours fleuve dans lequel le candidat de l'UMP, dopé par un accueil délirant, convoque ses racines de petit Français de sang-mêlé, l'histoire de France, la figure de Guy Môquet et le principe classique mais incontournable de la métamorphose personnelle. Ce « j'ai changé », prononcé une dizaine de fois, qui met littéralement en transe les militants. Et les médias. Un discours et une mise en scène qui tranchent avec l'amateurisme de la campagne de Ségolène Royal. Son entrée en scène s'est déroulée à la Mutualité en novembre 2006. Il y a déjà si longtemps. Sono grésillante, discours un peu filandreux, éléphants endormis au premier rang. Lionel Jospin absent pour cause de spectacle de Pierre Perret !

Et puis plus rien. Des déplacements plus ou moins réussis. Un lancement de la campagne participative dans le gris et l'impersonnel de la Défense. Pas de grand-messe. Le parti ne voulait pas. François Hollande le déconseillait même. Ce jour-là, ce jour de la propulsion de Sarkozy, elle est à Melle et visite une exploitation qui fait de l'élevage bio.

Le soir, les images comparées dans les 20 heures sont cruelles pour la candidate socialiste. Nicolas Sarkozy acclamé par une foule électrisée dans un décor digne d'un péplum et elle, qui pose avec un agneau dans les bras. Le loup et l'agneau. Dans le train du retour, elle regarde « tomber » les dépêches. « Ouille », murmure-t-elle à son chef de cabinet. Mais il est trop tard. Nicolas Sarkozy a frappé les esprits. Elle apparaît ce soir-là déjà un peu frêle.

Seule, de plus en plus. Isolée par une équipe qui l'enferme.

Déjà pendant la primaire. La présidentielle a tout aggravé. Inabordable ou presque. Claquemurée dans son bureau, sa voiture, cernée par un cabinet restreint qui pense que, croit savoir que, estime que…

Seule.

À cet instant, Ségolène Royal a besoin de se lester. De faire appel à des personnalités jugées solides. Elle appelle donc DSK qui skie au Canada. Pas de réponse. Le futur patron du FMI, candidat malheureux à la primaire socialiste, boude.

Il n'a eu de cesse, depuis sa désignation à elle, de distiller les vacheries sur son incompétence, son manque de stature. La blessure narcissique ne passe pas. Ils ne se sont pas ménagés durant la compétition interne. Le premier a organisé un véritable traquenard avec sifflets et huées d'une partie de la salle lors d'un débat commun au Zénith de Paris.

Elle a rendu la monnaie de la pièce en les écrasant à plate couture.

En ce printemps 2007, il faut ramener les gros poissons dans les filets, frapper vite et fort. Elle imagine donc de nommer DSK Premier ministre en cas de victoire et de l'annoncer.

Cette fois, la bataille est rude avec François Hollande. Entre les deux hommes pas d'inimitié particulière si ce n'est ce concours permanent sur les questions économiques. François Hollande estime que personne ne l'évalue à sa juste valeur depuis des années. Bête à concours, diplôme d'HEC, de Sciences-po, de l'ENA, il aime l'économie et n'a pas son pareil pour expliquer à ses élèves les concepts, les circuits, les visions les plus complexes. C'est un professeur adoré de ses étudiants. Oui, il a une vison très précise, très personnelle de l'économie, une doctrine, mais jamais reconnu puisque cantonné au rôle de chef des apparatchiks par Lionel Jospin. Il prend ombrage année après année de ces qualificatifs tous plus louangeurs les uns que les autres sur « le meilleur économiste DSK ». Même l'acronyme l'horripile, DSK, ça sonne comme JFK. C'est d'ailleurs fait pour ça. DSK le populaire, le facile, le brillant. L'homme qui aime la vie, que l'intelligentsia adule, autant pour son mariage avec Anne Sinclair que pour ses qualités propres. Sa facilité. Son aisance et son charme indéniables.

Alors, quand Ségolène Royal soumet à François Hollande son souhait de confier Matignon à DSK pour rassurer les centristes, il pique une de ses rares colères.

Cette campagne, pour lui, est une souffrance. Il a cru pouvoir surmonter sa déception, surmonter la désignation de sa compagne. Il n'en est rien, à la fois dedans et dehors, il subit les influences du premier cercle, reste le conseiller privilégié de Ségolène mais n'est pas là physiquement pour compenser, apaiser, mettre à distance, calmer le jeu. Tous deux prisonniers d'une situation conjugale qui se délite, ils s'enferment. Lui dehors, elle dans son cercle restreint. Jean-Pierre Chevènement est certainement le plus élégant, le plus respectueux de cette candidate hors norme que son équipe a bien du mal à cerner. Il lui répète souvent : « Ségolène, écoute tes intuitions, choisis seule. C'est toi, la candidate. Personne d'autre ne sera comptable. Écoute tout le monde. Prends ton temps et tranche sans pression. Fais-toi confiance. » Elle gardera toujours un respect profond pour cet homme qui a été un facteur de sérénité dans cette mer démontée. Comme Jean-Louis Bianco. Des personnalités apaisantes. Sages. Qui donnent plus qu'elles ne prennent.

Lui, il voudrait avoir la première place tout en la refusant, sillonne la France, tient meeting pour sa compagne, déserte le domicile et serre les dents. Parfois il dérape, comme sur les impôts.

À peine est-elle rentrée en France qu'il récidive. Elle fait le dos rond. Lors de ses vœux traditionnels dans les Deux-Sèvres, elle prend en aparté quelques journalistes venus l'écouter et leur demande : « Surtout ne polémiquez pas, surtout n'en faites pas des tonnes. Ça va se régler. »

Étrange demande d'une candidate qui ne semble pas maîtriser les propos de son compagnon. Mais tout va si vite dans une présidentielle que la presse décrypte à l'écume des vagues : un désaccord politique naissant entre les deux, là où il aurait fallu lire un désaccord humain profond.

L'opinion ne s'y trompe pas. Elle enregistre le malaise, le début de rupture même entre la candidate et son parti. Disharmonie là où le camp d'en face fait bloc.

Campagne infernale où elle passe ses journées à répondre à des polémiques, à batailler, et ses soirées, nous le saurons plus tard, à travailler seule ou à méditer dans cette pièce cachée, aménagée derrière son bureau. Une pièce-chambre à laquelle n'a accès que sa conseillère des affaires réservées. La candidate a choisi un bureau plus petit que celui qu'elle occupait initialement. Elle peut donc, de façon très discrète, rejoindre cette pièce où elle se repose, se détend et se cache. Sans donner le sentiment qu'elle déserte son domicile de Boulogne. Elle et François Hollande. Une comédie humaine.

Mais les acteurs sont magnifiques et le Ségo-tour, les cent cinquante journalistes accrédités auprès de la candidate socialiste, n'y voient que du feu.

Après plusieurs coups de fil de relance, Dominique Strauss-Kahn, dilettante mais pas irresponsable, revient donc au printemps et accepte de porter le projet économique et fiscal de Ségolène Royal.

Colère de François qui suffoque et dit à Ségolène : « C'est une très mauvaise idée. Tu ne peux pas faire ça. » L'équipe rapprochée voit dans cette colère une volonté inconsciente qu'elle perde la présidentielle.

Qui sont-ils, ces « ils » ? Replongeons-nous un instant dans le passé : la première sortie officielle de Ségolène Royal à Porto, pour le congrès du parti socialiste européen. Elle vient d'être désignée. Nous sommes fin octobre 2006. Après un tour de salle triomphal, les exclamations délirantes d'Howard Dean, l'ex-candidat démocrate américain hurlant : « *She's a rock star.* » Elle part s'enfermer pour travailler dans un bureau mis à disposition. Bureau gardé par des jeunes gens, les membres de son équipe qui ont ordre de ne pas laisser entrer. François Hollande s'approche pour la rejoindre et se fait refouler par son jeune chef de cabinet : « Désolé, François, je ne peux pas te laisser rentrer. Elle ne veut pas. » Elle ne veut pas ? Ou ils ne veulent pas ? Ou un peu des deux ? En tout cas, humilié, il tourne les talons et s'efforce de conserver son inaltérable sourire.

Humiliation. Et tromperie.

Fort heureusement, la soirée se termine en tête à tête, car, comme à l'accoutumée, le duo, qui se battait froid en public, n'a jamais eu son pareil pour se retrouver et descendre dîner, très en retard, main dans la main et tout sourires. De quoi y perdre son latin.

Aussi peu affectifs que fleur bleue, François Hollande et Ségolène Royal aiment à brouiller les pistes. Au point de s'y perdre eux-mêmes.

*

* *

Et ils se laissent tous dépasser et déborder par le ballet secret qui se danse loin de nos yeux. Car nos yeux ne croiraient pas ce qu'ils voient et entendent. Chacun ment, se tait ou ignore. Parfois les trois. Au point d'en arriver aux poings.

*
* *

Plus on s'éloigne, plus on s'éloigne

Avril 2007.

Mais que fait-il sur le tarmac ? En manteau de cuir. Il l'attend. Elle rentre de Montpellier. Se faisait une joie de partager un long week-end de Pâques avec lui. Mais lui veut aller faire campagne à La Réunion. Elle n'a pas le temps de faire un crochet par l'océan Indien. Il ira donc. Certaines bonnes âmes lui ont soufflé, le matin même, qu'il n'ira pas seul. Elle questionne. Il s'en défend. Veut écourter son séjour pour passer au moins vingt-quatre heures avec elle. Elle ne le croit plus. Il ne fait même plus l'effort. Tout en houle, vagues, et orages.

Ce jour-là, Julien Dray est donc venu la chercher à la descente de l'avion. Il sait qu'elle souffre. Elle n'en a rien dit. Pendant le trajet, elle teste même plusieurs noms pour son futur Premier ministre. Du plus évident, DSK, au plus inattendu, François Hollande. Oui, et pourquoi pas ? Les Français sont plus modernes qu'il n'y paraît. Déjà une femme présidente. Et son compagnon Premier ministre. Et pourquoi pas ? Le malentendu entre une candidate qui résonne en solitaire, déjà séparée de lui, et des interlocuteurs, les yeux écarquillés, qui ne voient encore qu'un couple qui se bat ensemble pour la victoire. Elle éclate de rire devant l'incrédulité : « C'était pour voir vos têtes », et passe à autre chose. Peut-être aussi pour que personne ne discerne rien sur sa tête, à elle. Tête cassée par la fatigue et les tensions. Les réunions, au 282, boulevard Saint-Germain, tournent invariablement à l'orage au sein d'une équipe dont la moitié des membres ne connaît pas le dessous des cartes. François Hollande passe peu au siège de campagne. Plus on s'éloigne, plus on s'éloigne.

Julien Dray l'accuse de saper sa compagne, par pure vengeance, pure jalousie. Où est la vérité ? Personne ne peut le dire tant la situation est inextricable, mais cette tension aboutit à une scène, à laquelle assistent peu de gens : les deux hommes en passe de se battre dans la cour de Solferino. Il est rare que François Hollande se laisse aller à cette violence. Pourtant, ce soir-là, il hurle à Julien Dray : « Maintenant, tu dégages, tu dégages. »

Le député de l'Essonne quitte Solferino, part s'enfermer à l'Assemblée, exige des excuses sous peine de démission publique. Nous sommes à trois semaines du premier tour. Finalement Ségolène Royal en personne viendra parlementer dans le petit bureau. Retour à la normale… Enfin presque. Ce jour-là de plein soleil, Julien Dray l'accueille, l'embrasse et l'emmène dîner avec son ami Bernard-Henri Lévy. Maigre consolation pour un week-end à l'eau. Ils s'éloignent d'un pas rapide. Le pas cadencé de la défaite ?

*
* *

La défaite, la défaite, comme vous y allez ! Pas tout de suite, quand même. Et peut-être évitable ? Notre héroïne réfléchit.

*
* *

Eurêka !

> « Dans un match de tennis, y a des instants quand la balle frappe le haut du filet où elle peut soit passer de l'autre côté, soit retomber en arrière. Avec un peu de chance, elle passe et on gagne. Ou peut-être qu'elle ne passe pas et on perd. »
>
> *Match Point*, Woody ALLEN

Elle a mis des nappes. De jolies nappes rouges. Elle a placé aussi des petites bougies tout le long de la table, dressée pour les amis, les enfants, les copains des enfants et son équipe. Elle a prêté les chambres du haut pour que certains fassent la sieste, épuisés par la fin de campagne et l'attente stressante des résultats du premier tour. Dans ces cas-là, elle tire elle-même les rideaux pour installer la pénombre : « Voilà, ce sera mieux comme ça pour dormir. Repose-toi. » Et elle sort.

Ces résultats, ils ne sont pas si mauvais. Ils sont même bons. Presque 26 %. Ah, les prophètes qui la voyaient éliminée au premier tour par François Bayrou… Non, la mauvaise surprise, c'est son score à lui. Nicolas Sarkozy 31 %. Inimaginable. Il a réussi son pari d'attrape-tout à droite. Il faut réfléchir. Se poser. Adopter la meilleure stratégie possible.

Il fait beau dehors. Très beau. Réfléchir. Oui, elle tarde à s'exprimer. Elle prend son temps. Trop de temps, mais c'est son temps à elle.

Déclaration pas fameuse, un peu fumeuse. Elle n'a pas choisi son cap. Bon. Il faut rentrer à Paris. Elle voudrait bien se poser à Melle jusqu'au matin. Mais François l'adjure de revenir. Saluer les militants qui se sont massés dans la rue devant Solferino. Oui, après tout, pourquoi pas ? Une petite piqûre d'encouragement. Ça ne donne pas une stratégie mais ça fait du bien. Quelle stratégie ? Il faut trouver. Trouver deux avions d'abord. Pour elle et les cent cinquante journalistes qui l'ont suivie à Melle.

On décolle. Ça y est. Oui, il est tard, mais l'essentiel est d'atterrir. Trouver une stratégie avant l'atterrissage. Julien Dray réfléchit, elle aussi. Il faut que les centristes se reportent en masse sur elle. Donc appeler les électeurs centristes à voter pour elle ? Oui, c'est évident mais ça n'est pas suffisant... À l'approche de Paris : « Préparez-vous à l'atterrissage. » *Eurêka !...* Il faut appeler François Bayrou lui-même à voter pour elle.

Elle la tient, sa clé, son axe de campagne de l'entre-deux-tours. 5 points, c'est beaucoup mais ça se remonte. Remontons le courant. Elle aime ça, remonter le courant. Son équipe fait grise mine. Assez des grises mines ! Redressez-vous ! Elle a sa clé.

*
* *

23 avril 2007

Elle est dans sa rue. La rue de sa clé : François Bayrou. Rue Cler. Rue chic du 7e arrondissement. Il est tard. La rue est déserte. Elle l'appelle. Il lui répond. Lui demande de ne pas monter. Scène un peu étrange de la désormais finaliste de la présidentielle, au pied d'un immeuble, au téléphone avec celui auquel elle veut proposer Matignon.

Sa clé. Ne pas appeler les électeurs centristes à voter pour elle mais pour leur icône. Matignon pour lui en échange. Elle n'ignore rien de la déflagration que cela va provoquer mais l'Élysée vaut bien le Béarnais, l'entêté. Le persévérant. Elle aime bien ça, chez lui. Cette persévérance. Cette mégalomanie aussi. L'homme qui se tourne vers la montagne pour la regarder et qui s'imagine que, dans un même mouvement synchronisé, c'est la montagne qui se tourne vers lui pour le regarder. Ce montagnard paysan qui s'est lui aussi élevé par l'école de la République. S'est battu contre lui-même, son bégaiement dont il a mis des années à se débarrasser. Il en reste parfois quelques hésitations, imperceptibles, un silence qu'il prend… Une respiration un peu plus longue sur un mot ou une fin de phrase. Mais il a triomphé de lui-même. François Mitterrand tenait cette victoire sur son handicap en grande admiration.

« Le laquais de personne », telle est sa devise. Il s'est fait cette promesse en arrivant à Paris. Il sait le mépris dans lesquels sont tenus les centristes. « Roulés dans la farine avant de les frire », comme aime à le répéter, dans un rire gargantuesque, Jacques Chirac. Il n'est pas de cette pâte-là, Bayrou. Son animal totem c'est le cheval. Sa passion. Il s'est lancé dans l'élevage de chevaux de course. La photo qu'il préfère, c'est celle qui occupe tout le mur derrière son bureau, au siège du MoDem. Un Bayrou en chemise blanche, cheveux au vent, sur un cheval qui se dresse pattes en avant. Très belle photo. Il y a du Fanfan la Tulipe dans cette image. Du d'Artagnan, aussi. Et tout de même un zeste de Rastignac. Un faux ingénu, ce Bayrou, ah oui, il semble bien qu'ils se ressemblent un peu. Ses origines paysannes, il les assume et les revendique. Pas de fausse honte à parler de sa ferme. De cette exploitation où il a donné la main, pendant des années, et qu'il a même dû faire tourner quand son père, Calixte le taiseux, se fait tuer par une charrette renversée. Il a une vingtaine d'années, vient d'être reçu à l'agrégation de lettres. Il sera professeur et paysan. Cette chanson de geste, il en fait un argument de campagne. Elle explique aussi tout de son émancipation, au ralenti puis à marche forcée, du giron de la droite gaulliste. Il y croit. Il croit à ce centre qui peut être le pivot de la vie politique française. Personne ne peut gagner une élection en France sans le centre. Alors autant penser que le centre peut aussi la gagner ! Et ce culot, il l'a. Au point de s'inviter, à Toulouse, en février 2002, lors d'un meeting chiraquien. Il est candidat à la présidentielle. Crânement, il vient sur cette scène hostile, lui et ses 3 %. Lui qui rêvait d'être le troisième homme. La presse salue le geste mais raille ses déplacements longs comme des jours sans pain. Une gifle collée à un garnement qui a essayé de lui faire les poches, à Strasbourg, relancera un peu la machine. Il finit à 7 %. Ouf !, de quoi rembourser les 8 millions d'euros qu'il a empruntés sans garantie d'être remboursé. Il continue d'y croire. Entêté qu'il est. Sûr de sa bonne étoile et des dieux qui marchent forcément à ses côtés. Elle aime bien ce culot. Elle en a à revendre elle aussi. D'ailleurs, elle est dans cette rue. Elle est venue sans le prévenir, pour lui parler en tête à tête. Il n'ouvre pas. Elle est déçue. Mais ne renonce jamais. Lui non plus. Pourtant il a fait des pas vers elle. Il ne la connaissait pas. Mais ils ont une amie commune : Fred Vargas. Auteur de romans policiers à succès. Ils se sont rencontrés lors d'une foire au livre dans le Sud-Ouest. Amitié forte entre l'homme politique, amoureux des lettres, et la romancière qui est aussi une scientifique chevronnée, archéozoologue.

Discussions passionnées sur la politique et la littérature. Elle est à gauche. Connaît bien Ségolène Royal, la défend dans l'ombre. C'est elle qui, de nouveau, parle de Ségolène à François. Pourquoi pas ? Il est déçu de ne pas avoir réussi son pari : être au second tour face à Nicolas Sarkozy, mais il pèse lourd, très lourd : plus de 18 % des voix. Près de 7 millions d'électeurs. Son choix, son appel à voter sont décisifs. Il pourrait envisager, peut-être… Fred Vargas croit l'avoir convaincu. Mais son conseil politique ne veut pas. S'y oppose même avec fermeté. Marielle de Sarnez en tête. Comment avoir fait campagne sur l'émancipation du bipartisme et accepter d'aller à Matignon comme on va à la soupe ? Ça se tient. Il réfléchit. Elle tente de le prendre d'assaut, ses arguments sont forts : effet de surprise, de sidération. « Sarkozy peut être battu. On le tient, au bout du sabre. Vous et moi, ensemble. On renverse le jeu. »

Renverser la table. Elle sait qu'il sait qu'elle ne peut pas faire sans lui. Elle se moque bien d'être en position de demande. De faiblesse. Elle ne se vit jamais ainsi. Jamais en position de faiblesse, voilà pourquoi tant de culot, elle fait, elle ose tout car elle est Ségolène Royal et qu'importe qui en pense quoi. Lui aussi se vit ainsi. Habité par une mission d'ordre divin. La politique est une aventure mystique. Ils se ressemblent beaucoup. Elle est prête à affronter les hurlements de son camp. Elle sait que les portes vont claquer, mais elle tente. Elle croit. C'est son pari. Gagner avec les centristes sans trop perdre à gauche.

Ces centristes qui lui ont empoisonné sa campagne. Oh, finalement, pas François Bayrou lui-même. Non.

Ses amis socialistes, qui de Michel Rocard à Bernard Kouchner ont plaidé publiquement pour une alliance avec le centre. Avant le second tour. Ils ne l'aiment pas, leur candidate. Ils la méprisent même pour certains. Rocard, à ce jeu, est le plus impressionnant… Il va la voir et lui expose les faits : « Tu n'es pas capable d'aller jusqu'au bout… Retire-toi et annonce que je te remplace. » Elle en est estomaquée. Ne trouve que le rire pour parade. Pourtant il en faut beaucoup pour la souffler. Cette demande la mine. Comme la minent les prises de position des Gracques, ces hauts fonctionnaires anonymes qui demandent eux aussi un accord. Comme la minent les sondages de François Bayrou. Qui grimpent, grimpent, grimpent. À quelques heures d'une émission capitale face au public, un sondage teste même Bayrou en finale. Et le donne gagnant face à Nicolas Sarkozy. Elle enrage. Prend ses baskets, et va marcher, dans la rue, pendant une heure. Avec pour seule compagnie ses officiers de sécurité. Marcher sur les quais, sentir l'eau à portée de main.

Elle réalise une performance parfaite qui lui redonne un peu d'oxygène. Marcher main dans les poches. Seule sans le brouhaha permanent de ce quartier général beaucoup trop étroit. Ces conseillers qui font le siège de son bureau, pour la voir, l'influencer, lui souffler la potion magique. Le syndrome de la porcelaine, ce teint un peu pâle, ce visage si fin, cette apparence de petite chose qui donne envie à chacun de devenir son Pygmalion. Elle en joue, mais parfois cela l'épuise. Sortir de cette ruche où chacun tente d'avoir son oreille, son écoute, son accord, se placer et bien se placer en cas de victoire. « Elle m'a écouté. Elle m'a entendu. » La belle affaire ! Tout repose sur elle. Elle le sait. Parfois, il vient, en fin de journée. Elle s'enferme avec lui. Malgré leur séparation progressive, il sait toujours mieux que personne l'apaiser. Lui dire en quelques phrases l'essentiel... Elle a besoin de lui. Il répond parfois. Parfois il ne répond pas. Elle aussi s'émancipe.

Ce soir-là, elle s'émancipe, elle est chef de guerre et doit mener les troupes à la victoire. L'Élysée vaut bien un petit Béarnais qui ne lui est pas si dissemblable. Elle lui parle, depuis la rue. Il lui répond depuis son appartement. Il ne dit pas oui pour Matignon. Mais d'accord pour un débat, ensemble, en fin de semaine.

Elle remonte dans sa voiture... Passe un coup de fil : « Ce sera très dur », dit-elle avant de raccrocher et de rentrer chez elle. Quinze longues journées l'attendent. La voiture glisse dans la nuit. Elle est seule, face à une montagne qu'elle n'arrivera pas à renverser.

Leur débat, le 28 avril suivant, est l'événement médiatique de l'entre-deux-tours. Quel débat et quelle pression pour ne pas l'organiser ! Il a fait le tour de toutes les rédactions. Ou plutôt, il a envoyé son conseiller en communication, Franck Louvrier, à la bagarre. Car pour la première fois de cette campagne, Nicolas Sarkozy tremble et s'inquiète. « Et si ça marchait, leur truc ? », demande-t-il pour se rassurer à ses conseillers, lors d'un énième déplacement. À surveiller de près. Si les électeurs centristes se reportaient en masse sur elle ? Il flotte durant deux jours. France Inter veut organiser le débat, tient la corde, puis renonce. Entre les deux, des coups de fil avisés du futur Élysée. Menaces à peine voilées. D'autres médias renoncent aussi. Seules BFM et RMC se lancent. La jeune chaîne d'info continue passe outre les menaces. Elle tient sa clé, elle aussi. Le débat sera passionnant, suivi par plus de quatre cents journalistes et médias du monde entier. Mais elle n'a fait que la moitié du chemin. Reste le plus important. La consigne de vote de Bayrou lui-même. Il n'en donnera aucune. Indiquera simplement qu'il ne votera pas Sarkozy.

Le 6 mai 2007, 2 millions de voix séparent les deux finalistes. 17 contre 19. Il suffisait d'un million de voix pour rééquilibrer la balance. De quel côté du filet serait alors tombée la balle ? *Match point* Sarkozy.

*
* *

Fin…

> « Je suis fatiguée. Je suis exténuée.
> J'ai plus envie de rien. Sauf peut-être demain. »
> Album *Cool Frénésie*, Les Rita Mitsouko

Elle

10 mai 2007.

Je les prends sous mon bras, mes ailes, je les embarque, les enfants. J'ai cherché sur Internet une destination rapide, immédiate et confortable. Tunisie.

Pour cinq personnes. Pas six. Lui il reste à quai. Il ne vient pas, je ne veux pas qu'il vienne. Interdit de séjour, je pars, seule avec les enfants.

Tunisie donc. Non, non, n'insiste pas, lui ai-je dit. La brûlure, j'ai perdu. Mais pas seulement la présidentielle… la face aux yeux du monde. Ce livre qui révèle sa liaison… Une liaison fatale. Ça n'est pas moi, la femme fatale. C'est elle. Non, n'insiste pas.

Nous partons, repos au soleil et au bord de la mer. Les enfants emportent la guitare, on pourra même faire un peu de musique.

Je ne peux pas continuer comme ça. Recommencer. Faire comme si rien ne s'était passé. Il faut en finir. Il faut du courage pour en terminer. Ou une telle lassitude ? Plutôt ça, d'ailleurs.

Je suis épuisée et, puisque la décision est prise, il faut de la force pour la mettre à exécution.

*
* *

Lui

Mais pourquoi fait-elle ça ? Je ne peux plus lui parler. L'aborder. J'en ai besoin aussi, de ces vacances. Il faut s'expliquer. On doit s'expliquer. Ça doit pouvoir s'arranger. On ne peut pas en rester là.

Bon, attendre le retour des vacances. Que c'est long, dix jours. Et puis se reparler. Et trouver un accord, à l'amiable. Un accord de vie en commun, de reprise de vie en commun.

Bon, laisser passer le break.

*
* *

Dimanche 3 juin 2007, Boulogne

Ils sont là. Installés dans l'appartement familial de Boulogne. C'est la fête des Mères. Ils écoutent leurs parents. « Papa et moi nous allons nous séparer. » Les larmes mouillent les yeux.

Ça va aller, les enfants, ça va aller.

*
* *

Dimanche 17 juin 2007

Dépêche AFP sur un livre à paraître dans lequel elle confie qu'elle se sépare de François Hollande : « J'ai demandé à François Hollande de quitter le domicile. » Une simple phrase.

*
* *

Lundi 18 juin 2007, France Inter

Interview enregistrée de Ségolène Royal sur cette séparation : « Je lui souhaite d'être heureux. »

*
* *

Elle

Partir, je pars. Aux Antilles, avec les enfants et leurs copains. J'ai besoin de soleil. Et de changer d'air. Je ne les supporte plus. Aucun. Ils ont tous leurs explications. Leur méchanceté aussi. Leur jugement. Que savent-ils de tout ça ? J'aurais bien aimé les y voir, tiens ! Les voir mener leur campagne. Je lui ai demandé le parti. Il me l'a refusé. Et je n'ai pas assez donné, pour eux, pour leurs législatives. Pas un que je n'ai pas été soutenir, l'agent électoral. Ah ça, ils étaient très heureux de mettre ma tête sur leurs affiches de campagne ! Tous, pas un qui l'ait enlevée, ma tête ! Pas un ! Je ne dois pas être un si mauvais agent électoral que ça. Et ils me tapent tous dessus. J'ai perdu ma campagne, et je l'ai perdu, lui. Enfin, vous comprenez ce que je veux dire, c'était une douleur. Mais je ne pouvais pas faire autrement. Il fallait que je le quitte. Que je le dise. Et que ce soit irrémédiable. J'avais besoin de la rendre irrémédiable, cette séparation.

Me reposer. Et préparer le retour. Je suis là. Encore là. Bien sûr, ça les hérisse mais je suis là. Changer d'air. De gens. Il faut travailler après les vacances. Reprendre mes cahiers. Trouver un lieu. Il me faut mon lieu. Mon tipi. Mon endroit. Réfléchissons à tout ça. Après les vacances.

*
* *

Lui

Elle ne me répond plus. Les enfants me disent que tout va bien aux Antilles. Cette chaleur, cette maison de Mougins, vide. Et ces photographes qui tournent et virent. Oui, oui, je sais. Ça fait vieux garçon, ce type qui est moi et qu'on prend en train de faire ses courses. Comme un idiot. Tout seul. Je vais aller la rejoindre au Maroc. Elle aussi, elle attend. Tout le monde attend, quel été pourri ! Partir. Réfléchir. Après les vacances.

*
* *

Cette fois, l'affaire est entendue, mes amis. Il rejoint Valérie Trierweiler à Essaouira. Elle rentre des Antilles. Chacun reprend sa liberté. L'histoire est finie, pensons-nous. Non elle prend simplement son temps, l'histoire. Elle se joue de nous et d'eux, perdus semble-t-il dans une forme d'adolescence qu'ils ont si peu vécue au moment où il fallait la vivre. Les amis de François devenus les amis du couple regagnent les pénates de François. Il vit sa romance. Elle, elle se grise d'un nouvel univers qu'elle ne connaissait pas. Les artistes emplissent sa maison. Jeanne Moreau, Yannick Noah qui ne l'a pas abandonnée, ni Philippe Torreton ou Bruno Gaccio emmenés par Dominique Besnehard.

Des économistes, comme Thomas Piketty, ou des hommes d'affaires, comme Matthieu Pigasse, qui se retrouvent pour des petits dîners amicaux dans son nouvel endroit. Boulevard Raspail, un bel immeuble haussmannien et des bureaux cosy loués pour elle par Pierre Bergé qui ne l'abandonne pas non plus.

On parle économie, socialisme, cinéma et on rit beaucoup. On sort beaucoup.

Lui aussi se reconstruit. Se remet à lire, à sortir au théâtre et à aller à l'opéra avec sa compagne. Fréquente le Paris médiatique où elle l'entraîne, reprend ses contacts avec des intellectuels, tout ce qu'il avait laissé en jachère depuis tant d'années.

Et on observe ces vies parallèles qui, par définition, ne peuvent pas se croiser… Et pourtant. Le congrès de 2008 arrive. Non seulement, ils vont se croiser mais s'entre-choquer. Voire s'assommer. L'amour vache.

ACTE III
(2008-2011)

Chacun pour soi

À main levée

> « Au milieu du chemin de notre vie, ayant quitté le chemin droit, je me trouvai dans une forêt obscure. »
>
> *La Divine Comédie*, DANTE

La Mutualité, 25 novembre 2008.

Lui

Qu'est-ce qui n'a pas marché ? Qu'est-ce que j'ai raté dans ce Meccano ? Quelle pièce m'a échappé ? Peut-être Bertrand. Trop sérieux ? Et puis sa sortie sur les vertus du libéralisme. Politique, voulait-il dire, et pas économique. Je sais bien de quoi il voulait parler. Mais tendre une telle perche, lui tendre à elle ?! Franchement. Elle a vu la faille. Est passée à l'attaque. Elle est forte, vraiment très forte. Je n'ai rien vu venir. Chapeau l'artiste. Et Bertrand, trop sûr de lui, de nous. Pourtant, je le tenais, ce parti. Je le connais, ce parti. Sur le bout des ongles. Ça n'a pas pris. Ça n'a pas marché. Mais avais-je un autre choix ? Non. Je ne pouvais pas faire alliance avec elle. Ça, c'est impossible. Trop de silence. Trop de guerre. Nous sommes presque devenus des étrangers à nous-mêmes. Elle est quand même époustouflante. Elle l'a gagné, ce vote. Elle nous a bien eus. Avec sa drôle de campagne mais sur les bons thèmes : la crise. Elle m'a soufflé. Elle est allée plus vite que nous, plus loin. Elle l'a gagnée mais elle a perdu. Nous l'avons fait perdre. Je n'avais pas d'autres choix. C'est la raison. La raison d'État. Qui tient le parti tient la présidentielle. Normalement c'est comme ça que ça se passe. J'avais tout prévu. La marche triomphale de Bertrand. Et moi caché derrière. Ça n'a pas marché. Une humiliation pour lui. Et moi, je vais passer par quelle porte pour rentrer à nouveau ? Je vais trouver. Je trouve toujours.

Mais non, je ne pouvais pas lui laisser le parti. Ça, ça n'était pas possible.

Ils me regardent tous. Il fait sombre dans cette pièce. Enfin, c'est bien assez éclairé tout de même pour qu'on me voie lever la main et valider ces résultats. Qui peut croire à ces résultats ? Personne n'y croit. 102 voix d'avance pour Martine. Je les connais, ces fédérations. Je sais où on va les pêcher, ces 102 voix. Martine. Mais c'est mieux qu'Elle. Le parti à feu et à sang. Mais elle a gagné. Mais elle a perdu.

Qu'est-ce qu'il veut, Cambadélis ? Oui, oui, ça va, je vote. Je la lève, cette main, pour dire d'accord.

Je sais qu'elle me regarde. Elle est au premier rang. Ne pas se retourner. Ne pas la regarder. Lever la main et valider. Je ne veux pas mais je ne peux pas faire autrement.

« Alors, François, tu votes ? » Il ne se gêne pas, Jean-Christophe Cambadélis. Il appuie très tranquillement au bon endroit. J'aurais fait pareil. Il la tient, sa revanche. La revanche des reconstructeurs. Ah ah, que ce nom m'a fait rire ! Les reconstructeurs. Les boas constrictor. Je l'ai moquée, cette drôle d'alliance entre aubrystes et fabiusiens. Les carpes et les lapins. Ils se sont fait un plaisir à arroser tous les journalistes, ce soir, de ce texto moqueur : « Vous avez le bonjour des carpes et des lapins. » Remarquez, j'ai aussi reçu le texto. Ne pas répondre.

Il a gagné. Ils ont gagné, ils ont eu chaud. Elle a failli réussir le deuxième exploit de sa vie : devenir première secrétaire d'un parti où elle veut tout changer. Ouvrir les portes, les fenêtres, vendre le siège cossu du 7e arrondissement, l'installer ailleurs, sortir de l'entre-soi. Réfléchir ensemble, organiser des ateliers de démocratie participative partout.

Mais la machine a bien tenu. Et comment, qu'elle a résisté ! Manquerait plus que ça ! Les écluses se sont fermées en une nuit. Au premier étage. Oh, il n'a pas fallu débourser beaucoup pour en faire passer certains avec armes et bagages chez nous. C'est la vertu, avec les traîtres. Ils trahissent tout le monde, à commencer par eux. Ils croyaient quoi, d'ailleurs ? Que le prix de leur traîtrise les ferait monter à l'étage supérieur ? Non. Eux ils achètent et ils ne paient pas. Moi non plus, d'ailleurs. Comment dit-il, déjà, Jean-Pierre Mignard ? Ah oui, je suis un optimiste ingrat. Je déteste cet adjectif. Ingrat de quoi ? Tu veux ? Eh bien tu te bats pour l'avoir. Je me suis battu pour tout avoir. Tout.

Ah, elle était belle, la manœuvre. En une nuit, ils ont rétabli le bon ordre des choses. L'ordre juste, en quelque sorte. Bon, d'accord, Manuel Valls a fait un peu de bruit, de barouf, mais c'est passé et ça passera car l'essentiel est fait : elle ne passera pas.

*
* *

L'illégitime

« Familles, je vous hais ! Foyers clos ;
portes refermées ;
possessions jalouses du bonheur. »
Les Nourritures terrestres, André GIDE

Que c'est drôle, ce premier secrétaire parti voter en Corrèze et qui n'est jamais revenu. En tout cas pas à temps. Pas avant ce petit matin où les résultats inversés furent annoncés. À 23 heures, elle avait gagné de 3 500 voix. À 23 h 30, les fabiusiens et les aubrystes contestaient le vote. À 6 heures du matin, Martine Aubry avait gagné de 102 voix.

Réglé comme du papier à musique. Valls en soliste enragé. Qui déboule. Prend la presse à témoin. Dénonce un vol, refait une conférence de presse dans la nuit. Elle, elle n'a pas bougé. Pilote les opérations de son bureau du boulevard Raspail. Appelle quelques journalistes pour entendre les dernières rumeurs.

« Il vous a appelée ?

— Non, je l'ai appelé.

— Et il dit quoi ?

— Rien. »

Il ne dit rien, enfermé à Tulle. Il attend. Il est le premier secrétaire mais le premier secrétaire sortant, et surtout sorti par les militants, un mois plus tôt. Sa motion a été battue. Oh, bien sûr, il ne la menait pas car il n'en mène plus large depuis des mois. Mais tout de même, il a été sorti. Sous la pluie de Reims. Avec sa compagne qui l'a rejoint discrètement dans la voiture. Elle avait été moins discrète pour s'afficher en salle de presse pendant les deux jours de congrès. Serrer les mains de ses anciens confrères et se planter en bordure de l'allée centrale, le passage emprunté par Elle pour aller à la tribune. Quelle gymnastique des équipes pour éviter qu'elles ne se croisent ou même s'aperçoivent ! Qu'elle ne la voie avant son discours. Barrage des corps. Regarder ailleurs. Ne tourne pas la tête, Ségolène. Pitié. Pas de drame. Pas d'esclandre. C'est déjà assez compliqué comme ça. Leurs prières silencieuses. Exaucées.

Car elle les a bien eus, tous ceux qui la donnaient morte, enterrée, allez, on passe à autre chose. Une présidentielle perdue, pas grave. Elle est repartie, à l'assaut de la forteresse Solferino, avec sa troupe de circonstance. Des élus de grandes fédérations, et la jeune garde qui n'en peut plus de la vieille : Manuel Valls, Vincent Peillon, et bien sûr les jeunes pousses 100 % pur jus de royaliste : Guillaume Garot, Najat Vallaud-Belkacem, Delphine Batho. Ils sont jeunes, ils sont jolis à regarder… « La motion des gravures de mode », siffle un camarade hollandais. Certes, certes, mais tout cela respire la modernité, le bon air frais. Le décrassage. Plébiscitée par les militants le soir du vote des motions, le 6 novembre 2008. Elle arrive en tête, si largement, un haut la main qui a valeur de « haut les mains, rendez-vous, je ne vous ferai pas de mal ». 29 %. Habituellement, on ne conteste pas. On fait la synthèse avec celui qui double en tête. Habituellement, mais rien ne peut jamais se passer habituellement avec elle. Et ils contestent. Le congrès, chaotique, se passe mal. Très mal.

Mais le 20 novembre, elle l'emporte de nouveau. Haut la main encore, mais cette fois au premier tour sur le vote du premier secrétaire : 42 %. Aubry est loin, à 34 %. Panique à bord. Le second tour a lieu le lendemain. Elle gagne à 23 heures. Et perd au petit matin.

Nouveau choc, nouveau rejet : « Tu n'es pas de la famille. On ne veut pas de toi. » L'illégitime. Le choc de trop.

Ce soir-là, à la Mutualité, elle attend, presque tranquillement, au premier rang. Elle attend l'estocade. Cette main qui va se lever pour valider la triche, c'est bien la sienne. Celle de François. Aucune autre main n'a autant d'importance que cette main qui va se lever. Il ne peut pas en être autrement. Elle le connaît. Elle le sait impitoyable lorsque ses intérêts sont en jeu. François Hollande n'oublie jamais ses intérêts. Ségolène Royal non plus, d'ailleurs. Mais elle espère… Peut-être à la dernière minute ? Peut-être qu'il ne la lèvera pas, cette main ?

Au fond de la salle, Jean-Christophe Cambadélis l'interpelle : « Alors, François, tu votes ? » Il la lève, à moitié. Pas très haut non plus. Mais il la lève. La main honteuse. Car cela doit être.

Elle sort de la Mutualité après avoir longuement répondu aux journalistes. Maîtrise absolue. Effondrement vers minuit. Elle ressort prendre un verre avec des amis. Elle est hébétée. Les yeux perdus. La séparation n'est plus seulement affective. Elle est politique et amicale. Les deux meilleurs amis du monde viennent de signer la fin de leur amitié. Du moins le croit-elle. Ce soir-là, tout est détruit. En une main, la chute. Et le désarroi qui s'ensuit. La fuite. Il ne reste que cela. En Inde, chez ses amis de Pondichéry… Et puis l'Amérique latine, dix longs jours loin de tous. Le forum social, rien de mieux pour oublier, Lulla/Dilma… Et les États-Unis avec l'investiture d'Obama. Ça fait une belle fuite, tout cela. Un mois loin de tout. De tous. De lui surtout.

*

* *

Elle

Si seulement j'avais une vie de rechange ! J'aurais pu être architecte. J'aurais adoré. Ou journaliste. Animer un grand show télé comme Oprah Winfrey. J'adore cette femme. Mais bon, je les ai quand même bien eus. Tous. Ils ont été obligés de tricher pour m'éliminer. Je les ai eus. Et je recommencerai. Même pas mal.

*

* *

Ambiguïtés

« On ne sort de l'ambiguïté qu'à ses dépens. »
Cardinal de Retz

Paris, février 2009.

Je dois dire que j'ai été surprise. Je ne suis pas la seule. Cette femme qui marche, emmitouflée dans un long châle, avec son nouveau compagnon, à la une de *Paris Match*. Marbella ? Mais quelqu'un a-t-il vu ça sur l'agenda ? Même pas une case dans laquelle est indiqué « réservé » ? Marbella, ça ne dit rien à personne. Et pourtant c'est bien elle sur la photo volée. Et son ami, André. Non, rien, en grand secret. Prendre un avion pour Malaga. Et tenter de revivre un peu.

« C'est insupportable. Insupportable, cette une. Agissez ! »

Le texto habituel dans ces instants de photos volées. Chacun se regarde. Oui, mais faire quoi, au juste ?

Cette fois, l'intrusion est sévère, choc dans ce qu'elle nomme « sa sphère privée ». Une bulle depuis longtemps crevée. D'abord par elle, qui, à l'image de cette génération qui se nourrit et nourrit la presse, a choisi de se mettre systématiquement en scène.

Ensuite par ceux qui chassent et font fructifier leurs images.

Pourquoi se gêneraient-ils ? Il y a une naïveté à croire, chez Elle et chez Lui, que l'on peut passer inaperçu dans les lieux publics, les aéroports, les bords de mer simplement parce qu'on met des lunettes de soleil ou une casquette.

Comment peut-on s'illusionner, lorsqu'on a occupé des jours et des jours le devant de la scène, qu'on a obtenu 17 millions de voix à une présidentielle, que l'on est un homme politique de premier plan, comment peut-on croire que son visage, même emmitouflé dans un châle ou mangé par de grosses lunettes, peut vous protéger du regard d'un voisin, d'un touriste, d'un serveur ?

Est-ce de la naïveté réelle ? Ou bien de l'impudence ? L'art de prendre le monde entier pour un idiot ? Ou bien un acte manqué qui vous pousse à vous enfermer dans une situation impossible, dans un piège à loups, vous obligeant à déployer une force démesurée pour vous en extraire. Une forme de masochisme.

Un peu de tout cela certainement. Avec cette dose d'ambiguïté.

Ce double langage, ce double sentiment souffrance/jouissance de se retrouver « violés », disent-ils souvent, à la une des grands magazines, mais tout de même secrètement satisfaits de se mirer justement sur toutes les vitrines des kiosques à journaux. Drôle, comme ils emploient le même langage. Des jumeaux. Qui théorisent chacun à leur manière. Lui a théorisé la pudeur, le vœu d'absolue chasteté peopolitique. En opposition avec la candidate de 2007. Regardez-moi. Moi, je suis un homme pudique, sain, normal. Moi je ne mange pas de ce pain-là.

Et pourtant, même s'il n'en est pas l'instigateur, il est toujours sur la photo.

Lorsqu'ils se font photographier, famille idéale, le petit dernier encore au biberon, dans un appartement parisien, deux jeunes députés plein d'avenir, il est là. Ça n'est pas un sosie.

Lorsqu'il s'affiche, sur une plage d'Essaouira, au Maroc, à l'été 2007, avec sa nouvelle compagne, il ne peut pas ignorer que les paparazzi le pistent, lui qu'elle vient de congédier en public de leur vie commune un mois plus tôt ? Lui dont le Tout-Paris est désormais au courant de sa liaison avec la journaliste de *Paris Match*.

Et je pourrais multiplier les exemples de cette hypocrisie. Et de leur ambivalence à l'égard d'un système qu'ils ont fort habilement utilisé mais qui peu à peu les dévore.

Elle s'y est brûlée. Et désormais agit avec une plus grande prudence.

Se protège un peu plus tant les unes sur sa vie privée lui coûtent cher. Des photos volées dans cette station espagnole de Marbella qui commencent à signer sa descente aux Enfers. Elle le sent. Comprend le piège politique.

« Agissez ! » Les textos ont fusé quand, prenant notre courage à deux mains, nous avons signalé. Rien, pas de réaction. Nous signalons de nouveau. Je suis la championne des doubles signalements. C'est ma spécialité. Téméraire. Paratonnerre. Un rôle qui me convient car j'éprouve une réelle satisfaction à défier Thor.

Et Thor se réveille. Dicte les réponses. Suivies d'un « Me faire retour ! Merci ! ».

Et nous faisons retour. De tout. De la contre-attaque. Un combat permanent. Qu'elle conclut généralement en appelant elle-même. Certains journalistes se souviennent encore avec émotion de ces coups de fil qui démarrent toujours de manière charmante : « Bonjour, vous allez bien ? »

Et avant même d'avoir répondu « Oui, et vous-même ? », le flot se met à gronder, enfle, submerge tout, et surtout vos réponses. Généralement elle raccroche. Dans le meilleur des cas, vous obtenez le droit à une explication, même deux phrases. Allez, avec un peu de chance, vous pouvez placer un bon mot. Et cela peut même finir en éclat de rire et un : « Bonne journée. Allez va. Ça n'est pas si grave. »

Leur surexposition d'abord choisie puis subie. La machine infernale veut dévorer sa livre de chair quotidienne. Plus on en donne, plus elle en veut, plus elle les grignote.

Nicolas Sarkozy commence à perdre son crédit et son quinquennat un jour de janvier 2008 lorsqu'il croit utile de répondre à une question sur sa nouvelle liaison : « Oui, avec Carla, c'est du sérieux. »

Un coup de poing dans la figure de ces Français qui réalisent, à cet instant précis, qu'ils ont peut-être élu un jouisseur égoïste. La France est un pays qui exige.

Elle est tombée dans tous les pièges. Les a volontairement provoqués, parfois. Comme on fait un bras d'honneur à toute une classe, une caste, qui l'a dépouillée de ses victoires : présidentielle de 2007 sabotée. Congrès volé.

Lui aussi se désaliène de ces codes qui lui pèsent. Sentiment d'avoir beaucoup travaillé pour le parti, pour le pays, et de ne pas être payé en retour. Payé en monnaie de singe, relégué sur les bas-côtés.

Alors, il change de peau. Fait sa mue, laisse derrière lui une famille qui a volé en éclats sur une présidentielle perdue. Il commence à petits pas sa traversée du désert. Anonyme presque. Amoureux c'est certain. Mais on ne vit pas d'amour et d'eau fraîche lorsqu'on s'appelle François Hollande. On reprend son sillon.

Elle a agi, finalement. Une conférence de presse organisée de bric et de broc : « Laissez-moi tranquille avec ma vie privée. »

« Ça allait ce que j'ai dit ?

— Oui, bien sûr, Ségolène. »

Elle n'aime pas ça. Se sent traquée.

Un « oui, bien sûr » pour rassurer dans une période si peu rassurante.

Nos téléphones ne sonnent plus. Elle vit en région, repasse peu par Paris. Le bureau se flétrit. Et nous tournons en rond. Ah, les traversées du désert ! Seules armes : la patience et se trouver un travail. Des notes à rédiger. Sur tous les sujets, petits ou grands. J'assiste à une conférence, je fais une note. Tu déjeunes avec un élu, tu fais une note. Il lit un papier scientifique intéressant, il fait une note. Des notes ou des notules selon l'importance du sujet. « Et transmets bien la note, Emmanuelle. Donne-lui bien la note. » Parfois la note revient, soulignée au feutre bleu : « parfait », « très bien », « pas mal, mais pas assez solide. Cherchez encore ». Ces injonctions comme des preuves de vie. Rien n'est pire qu'un conseiller qui s'ennuie. Elle le sait. Sa manière à elle de nous encourager.

*
* *

Nos deux héros sont donc tout de même un peu délabrés, vous ne trouvez pas ? Mais c'est mal les connaître que de les croire hors du jeu. Ils se sont simplement retirés de nos yeux, marchent sur le bord de la route, à l'abri des fourrés. Reprennent le temps de lire, d'aimer. Et surtout de réfléchir à leur éternel retour.

*
* *

Un pas et puis un autre pas

« S'il en demeure dix, je serai le dixième,
et s'il n'en reste qu'un, je serai celui-là. »
Ultima verba, Victor HUGO

Lorient, juin 2009.

Il marche sur le quai de la gare. Avec une petite sacoche. Et Valérie qui suit, portant un costume de rechange. Ils sont ensemble, en public pour la première fois. Lorient. Là où tout avait commencé, en 1992. Là où il était venu, avec Elle, jeune ministre de l'Environnement. Pour lancer les clubs « Témoins » aux côtés de Jacques Delors. Son renoncement les avait esseulés.

Il est là avec elle sur ce quai de gare. Revenir toujours à la source et partir à la reconquête.

Quelques maigres journalistes. Sceptiques et rigolards. Il n'en a cure. Il est là pour faire un pas. Le pas du retour, le plus difficile. Après des mois de doutes, de repos, de réflexions, le voilà qui remarche de son pas rapide et tranquille à la fois. « C'est important pour moi, vous savez. J'ai des idées », leur dit-il.

Des idées, ah oui ? Cela colle tellement peu au personnage côtoyé pendant tant d'années. Un homme de tactique, cet homme-là. Pas un homme d'idées hormis le moule, la *doxa* socialiste, plus ou moins sociale-libérale, selon que les temps sociaux sont éprouvants ou plus cléments. Un petit coup de barre à droite, un petit coup de barre à gauche. Il godille mieux que personne, sait mettre le bateau à la panne, patienter dans le pot au noir et capter la moindre petite brise favorable, venue d'on ne sait où d'ailleurs pour remettre le rafiot dans le sens du vent. Des idées… tu parles ! Dans le grand hall du Palais des congrès, quelques militants s'affairent. Les vieux copains sont là. Michel Sapin a pris la route de nuit pour rejoindre la bande. Stéphane Le Foll est venu en voisin. On distribue les discours d'un nouveau genre. Une compilation de discours, ceux du premier secrétaire qu'il a été et qui est sorti par la petite porte sans vivats, sans hourras. Pas la peine de gâcher des tomates, mais le cœur y était tout de même.

Disparu en haute mer, il revient par la mer. Le petit fascicule sent le bricolé, mais, à cet instant, on se dit : « Tiens, tiens, c'est étonnant pour quelqu'un dont personne n'a jamais pu avoir le discours en temps et en heure avant ou après ses interventions. Il s'organise, non ? » Il prend soin. Prendre soin, c'est une expression qu'il ne semble pas connaître. Ni de son apparence physique ni de son look, le vilain mot. Un mot qu'il feint d'ignorer. Un jour, rieur, il regarde un groupe de jeunes militants, affalés au fond d'un wagon TGV, tous de noir vêtus, et nous lance : « Ah, c'est ça, le look gothique ? » Yeux ronds de la compagnie. Plus à l'aise sur les déficits que sur les costumes Prada. Ce qui a d'ailleurs toujours fait son charme. Il semble pourtant qu'il prend soin de lui, désormais. Tiens, regardons tout cela de plus près. Le costume a meilleure allure. Meilleure coupe. Longtemps il se faisait fabriquer ses costumes que lui livrait directement une petite usine de confection dans le centre de la France. Costumes bon marché et confortables. Parfois ses filles lui faisaient un peu la guerre. Alors il acceptait, bon gré mal gré, de faire un petit tour avec elles pour acheter un joli manteau. À la Samaritaine, quand elle existait encore, ou au Bon Marché.

Dans cette clarté de juin, le bleu de son nouveau costume lui va bien. La salle se remplit aux trois quarts. Stop. Ça n'ira pas plus loin, trois cents personnes. Et ça n'est déjà pas si mal pour un ignoré, un perdant, un perdu.

Et, miracle, le discours qu'il va prononcer, distribué avant qu'il ne commence tout chaud sorti de l'imprimante. Avec une indication : « seul le prononcé fait foi ». Étrange. Elle est là, cette nouvelle compagne qui met la main à la pâte, donne leurs badges aux journalistes, accueille les personnalités, en l'occurrence Robert Hue. Ignoré lui aussi. Le rassemblement des ignorés. Et seulement lui. Qu'importe. Il ne s'en préoccupe pas. Monte à la tribune et commence une intervention sérieuse, qui parle de réarmement industriel, économique, de pacte éducatif et de fiscalité. Longue comme un jour sans pain, mais si différente des habituelles. Pas de blagues. Pas de bons mots. Un exposé professoral sur des sujets dont on a oublié depuis longtemps qu'ils sont ses sujets de prédilection. En fermant les yeux, on pourrait entendre Lionel Jospin dans l'un de ses colloques internationaux qu'il affectionne. Solide, construit, nouveau. Pas de tactique. Une stratégie. Il est déjà candidat à la primaire socialiste mais ne l'a pas encore dit. Dans le train du retour, il s'inquiète des avis. Questionne comme il aime le faire les quelques journalistes qui rentrent eux aussi. Avec des interrogations. Il explique. Son goût retrouvé pour la lecture, l'histoire, la philosophie, et notamment Gabriel Marcel dont on a oublié, à tort, l'existence. On a du mal à te croire, cher ami François, mais c'est tout de même un premier pas bien emmené.

Les papiers seront rares mais positifs. La seule question qu'on ne lui pose pas porte un prénom :

Valérie. Première apparition. Première officialisation. Passer des vacances ensemble sur une plage au Maroc ou à Hossegor chez un ami du jeune couple est une chose. Apparaître dans son retour politique en est une autre.

Pas de question. Pas de réponse. Une moue. « Ça me gêne. Vous mélangez tout, lui dit un journaliste.

— Non, c'est vous qui mélangez tout. »

Non, c'est toi ! Non, c'est toi ! Les conversations klaxons. *Tut tut*. Tu es comme ci. Tu es comme ça. Conversations débilitantes et sans issue.

Le train arrive en gare de Montparnasse...

Ils sortent, main dans la main. Heureux. Robert Hue plaisante et le félicite. Il a fait son premier pas qui en entraînera bien d'autres. Commence une tournée des patelins. Des salles omnisports où quelques militants acceptent de venir l'écouter. Il serre des mains, s'endort dans les voitures brinquebalantes réquisitionnées par la fédération au dernier moment pour venir le chercher à la gare. Autrefois le ban et l'arrière-ban l'attendaient au garde-à-vous sur le quai. Maintenant, il faut se dévouer. Et il s'en trouve toujours un pour le faire. Et se remettre à raconter la belle histoire qui recommence loin des regards parisiens, la longue épopée qui court sous la cendre : « Ah, j'étais avec François samedi. Il est sympathique. Et puis tu sais, à mon avis, il a pas dit son dernier mot, le François. »

Dans l'indifférence générale pour l'heure, mais l'indifférence l'indiffère. Il est ainsi fabriqué qu'il ne regarde jamais dans le couloir d'à côté. « Cours dans ton couloir », semble-t-il toujours se dire. Avec pour seul objectif la ligne d'arrivée. Le passé est passé.

*
* *

Et notre héroïne, elle fait quoi ? La même chose que lui, mais différemment.

*
* *

Elle

« La découverte de l'âme noire fut pour moi
un événement, quelque chose comme la découverte
de l'Amérique pour Christophe Colomb,
tout l'horizon de ma vie s'en est trouvé élargi. »
La Ferme africaine, Karen BLIXEN

Dakar, avril 2009.

Oui, j'ai demandé pardon. Et je le referai si c'était à refaire. Pardon, oui, pardon. Et j'en suis fière. C'est même l'une des choses dont je suis le plus fière. Il y en a eu, des discours. J'en ai fait, j'en ai sonné, des mots, des phrases. J'en ai électrisé, des foules. Ah que ne m'a-t-on reproché sur Charléty, « Aimez-vous les uns les autres. Ou bien disparaissez ! ». Oui, j'aurais dû citer la phrase dans son ensemble. Et alors ?! C'était merveilleux, cette phrase. « Aimez-vous les uns les autres. » Je me souviens encore de cette foule immense. Joyeuse. Des dizaines de milliers de gens. Le tramway bloqué. Des gens heureux et sûrs de notre victoire. Ils faisaient tous la tête, autour de moi. Oh, je sais bien ce qu'ils pensaient tous : « C'est le chant du cygne. On a perdu. »

Mais moi, je ne renonce jamais. Le 1er mai, on ne rend pas les armes pour le 6 mai suivant. On se bat. On ose, on tente, on croit. J'ai cru à l'audace de Thomas. C'est lui qui a eu l'idée de ce stade. Comme il paraissait grand, ce stade, au petit matin du 1er mai. Comme il paraissait petit, le soir.

Pleins à craquer, les gradins, la pelouse. « Aimez-vous les uns les autres. » Personne n'a ri. Tout le monde a applaudi. Et puis les commentaires arrivent. Vous savez… les commentaires… Et les commentaires des commentaires. Bon, pas grave. Je m'en fiche. J'ai tout donné à Charléty. Mon amour pour la France, pour ce pays, pour ces gens. Tout donné avec mon cœur, mon âme, mes rêves. J'aime ce discours de Charléty. J'en suis fière.

Comme celui de Dakar. Je suis ici, installée dans cet hôtel que j'ai choisi moi-même. Un hôtel joli, modeste. Avec une belle terrasse sur l'océan. Ils m'attendent tous. Je suis en retard. Très en retard. Dans quelques minutes, ils vont venir, se succéder à intervalles réguliers : « Madame la présidente, nous allons rater l'avion. » Nous serons encore en avance sur notre retard. J'aime bien cette expression, trouvée par mon équipe. Ça les fait patienter. Ça me déculpabilise aussi. Même si la culpabilité ne m'étouffe pas non plus en la matière. Oui, je suis en retard, et après ? Je flâne, je hume, je m'imprègne. Je réfléchis. Après tout, rater l'avion ? Pourquoi pas. Libre de la contrainte du temps. Ce temps politique qui nous cadenasse, nous étreint, nous étrangle. Du temps. De l'espace. Je me sens bien, sur cette terrasse. Avec ces odeurs, l'iode, les épices, le poisson grillé. J'entends les rires des cuisiniers. Ces voix de l'Afrique. Qui chantent. Les premières voix de ma naissance. Mes premières odeurs, mon sang. Ma vie qui pulse l'Afrique. Le discours de Dakar de Sarkozy me révolte, c'est insupportable. Comment ose-t-il ? Comment ? Un tissu d'inepties. J'en ai assez, des discours infantilisants et moralisateurs. Assez, de cette condescendance.

Comme si les Africains avaient besoin qu'on leur dise de prendre leur responsabilité ! Décider de ne pas mourir de faim dans un camp soudanais, de survivre aux massacres, à la sécheresse, à la misère, c'est déjà en soi prendre la responsabilité de vivre. Oui, vivre. Après avoir tant souffert. Humiliée mais debout.

Oh oui, j'ai demandé pardon pour ce discours infantilisant et moralisateur. C'était un pardon, non pas de la repentance. La repentance, c'est archaïque, culpabilisant, stérile. La repentance, elle ne regarde que le passé, s'enferme dans le passé.

Mon pardon à moi, c'est comme l'envol commun, ensemble d'égal à égal.

Ah, j'ai bien lu les papiers : la tactique Royal. La tactique, toujours la tactique. Comme si je n'étais qu'une bête à tactique. Tiens, la petite brise. Que c'est doux… Oui, je sais, je suis en retard… La tactique, la tacticienne. J'en ai marre, de cette case. Étriquée. Ratiocinée.

En fait j'ai voulu réparer. D'abord. Résilier. Peut-être aussi avec moi-même. Me réparer moi-même. Il y a certainement un peu de tout cela. Chercher la dignité et retrouver la dignité. M'élever plus haut que moi, m'élever au-dessus de tout ça. Tous ces gens qui me jugent et me maltraitent. Que savent-ils, eux, d'une présidentielle ? De la tension, l'effort physique, intellectuel, la pression, le temps compressé, les discours au kilomètre, la foule, le bruit. L'amour des gens qu'il faut rendre.

L'épuisement physique. Le don de soi. Le don de soi, oui. Que savent-ils pour me juger si sévèrement ?

Ah, rester encore un peu sur cette terrasse ! Jusqu'au dernier moment. Après, je distribuerai les petits cadeaux que j'ai achetés pour mon équipe. Des jolis colliers, des bracelets, des foulards pour les garçons. Ils sont tendres, dans mon équipe. Je les ai un peu secoués encore une fois mais bon, ça n'est pas grave. C'est une tendre équipe. La mer est belle aujourd'hui. Elle frisotte. Presque silencieuse. Tiens, les cuisiniers ont fini de rire… Plus de bruit. Fermer les yeux. Inspirer un grand coup.

Rentrer à Paris.

*

* *

Ainsi va l'année 2009, en dents de scie pour elle. En tournée des endroits improbables pour lui. Mais ne croyez pas qu'ils se découragent. Après 2009, il y a 2010, c'est-à-dire une présidentielle dans deux ans. Les haies à sauter. À perte de vue. Une haie plus une autre haie. Parfois elle en enjambe deux d'un coup. Se tord la cheville et repart. La haie des régionales est triomphante en 2010 pour elle. Lui, il ronge encore un peu son frein. Ça ne le gêne pas. Il sait la patience.

*

* *

Le Pavillon de la Reine, Paris, novembre 2010

« Certains souvenirs sont comme des amis communs.
Ils savent faire des réconciliations. »
Le Côté de Guermantes, Marcel PROUST

Ce rendez-vous n'a jamais figuré dans l'agenda de l'un ni de l'autre. En ce jour de novembre 2010, Dominique Strauss-Kahn, Anne Sinclair et Ségolène Royal prennent le thé au Pavillon de la Reine, devisant discrètement, à l'écart, dans ce très chic établissement de la place des Vosges.

Ségolène revoit Dominique pour la première fois depuis la présidentielle. Leurs rapports ont été chaotiques, et par éclipses.

Nous connaissons la fin de l'histoire de 2007. Mais Ségolène Royal ne connaît pas la fin de l'histoire de 2012. Et, en novembre 2010, elle veut bien être candidate mais sans le vouloir vraiment. Elle a repris pied dans sa région. Sa victoire dans les urnes a lavé l'affront de la présidentielle perdue. « Tombée par les urnes, tu te relèves par les urnes. » Telle est leur règle. Elle imagine difficilement que François Hollande puisse gagner là où elle a échoué. De toute façon, il n'existe pas dans les sondages. Celui qui mène la danse, comme elle l'a mené en 2006 mais sur un mode différent, s'appelle Dominique Strauss-Kahn. Patron respecté et admiré du FMI. Il séduit à gauche et à droite. Rien ne semble lui non plus pouvoir l'arrêter. Et, contrairement à Ségolène Royal, qui a fait irruption en 2006, sans se soucier des éléphants et de leurs états d'âme, Dominique Strauss-Kahn, entouré d'élus aguerris, connaisseurs de la machine socialiste, prend soin de soigner les susceptibilités. Ce jour-là, au Pavillon de la Reine, la présidentielle est oubliée. DSK sort d'ailleurs bluffé de l'entretien avec elle et le confie à Christophe Borgel, son représentant dans les instances du parti : « Cette Ségolène-là, avec laquelle je viens de discuter, aurait gagné la présidentielle. Elle a vraiment progressé. »

Christophe prend acte. Il travaille depuis des mois au rapprochement des deux anciens rivaux. Il fait partie de cette équipe DSK qui combattit farouchement Ségolène Royal en 2006 mais qui sait aussi se ranger à la décision du parti. Et puis, il respecte sincèrement cette femme qui a mené une campagne courageuse et fervente. Il était aux premières loges, chargé de l'organisation des meetings. Il a appris à apprécier le cran, l'art de renverser des foules et de créer une ferveur inouïe sur son passage.

Ce jour-là, DSK sonde l'ex-candidate. Quelles sont ses intentions ? Elle veut être candidate. Et elle le sera, elle lui annonce clairement. Ensuite ? Eh bien, ensuite… On verra.

DSK esquisse une solution politique pour son éventuel retrait quand lui entrera en lice. Elle prendrait la tête de son comité de soutien. Présidente de l'Assemblée nationale ? Si la campagne est victorieuse ? « On verra »…

Étonnant, ce « on verra », un grand classique chez la présidente de Poitou-Charentes qui ne ferme jamais aucune porte.

Mais un grand classique aussi chez François Hollande qui laisse toujours toutes les portes ouvertes. Jumeaux.

Quand DSK, quelques semaines plus tard, rencontre François Hollande, ce dernier lui fait également part de sa détermination à être candidat. La discussion a lieu dans un appartement du boulevard du Montparnasse.

« Et si je suis candidat en juin ? », lui demande DSK.

« On verra », répond Hollande.

Quelques jours après ce thé au Pavillon de la Reine, elle confie : « Il n'est vraiment pas désagréable, finalement. Et je le trouve très déterminé. » Le courant passe de nouveau entre les deux.

Le 30 novembre 2010, elle déclare sa candidature à la primaire socialiste. *Libération* titre : « Royal dans l'arène ».

Le 14 mai 2011, la carrière de Strauss-Kahn s'arrête dans une suite new-yorkaise du Sofitel. Tout a été écrit. Inutile d'y revenir ensemble, cher lecteur. Chacun de vous sait ce qu'il doit en penser.

Il est loin, le Pavillon de la Reine. Et celle qui est descendue dans l'arène est donc condamnée à aller jusqu'au bout. Un combat douloureux, elle le sent confusément, mais quand le vin est tiré…

*

* *

Précieux affrontements

« Qui aime bien châtie bien. »
Proverbe français

Paris, septembre 2011.

« Vous êtes des pétochards ! Ah, ça n'est pas possible. ça ! Les obstacles, on les franchit de front. De front, pas de biais, pas en crabe. »

Ce jour-là, le vent s'est levé, et nous n'avons rien vu arriver. Les papiers ne sont pas bons. Les élus sont inertes. Ils répondent courtoisement mais tous ou presque ont déserté, tournent le dos. En 2006, ils se battaient pour être sur la photo, accueillir la candidate adorée. Cinq ans plus tard, ils ne sont plus là, font répondre qu'ils seraient ravis d'accueillir Ségolène mais que leur emploi du temps les en empêche et qu'ils lui souhaitent un bon meeting. Des dizaines de déplacements et quelques rares qui accueillent malgré les mauvais sondages et les maigres chances. Partir au combat, toute seule. Et nous. Et les militants qui sont là. Salles remplies, tournée des banlieues chaleureuse : « Madame Ségolène, bonjour. Allez, madame Ségolène. Allez-y. » Mais une salle remplie ne fait pas une élection. Les élus déserteurs. Qui se groupent comme des papillons de nuit autour du nouvel astre : François. Son ressort à elle est un peu cassé. Elle ne veut pas l'affronter. Ne veut plus de ces papiers grinçants sur les « ex qui se battent ». Encore un ce matin, papier idiot, facile, un peu fielleux.

« Vous ne faites jamais ce que je dis, vous ne m'alertez jamais. Vous êtes en dessous de tout. »

Ne pas répondre. Surtout ne pas répondre. Raté. Malgré moi, je rétorque :

« Si, nous vous avons alertée. »

Le silence se fait. La minute dure une heure.

Les yeux vous transpercent :

« Si je vous dis non, c'est non, en tout cas, ça n'était pas suffisant car je ne m'en souviens pas. C'est clair ? »

— Non. »

La minute dure deux heures.

« Vous cessez cette rhétorique. On dit "oui" et on trouve une solution. Une solution, vous comprenez ? On énonce un problème et on trouve une solution, sinon, vous ne servez à rien, et moi non plus d'ailleurs. C'est clair ?

— Non, vous ne me parlez pas comme ça, point. »

Fin de la conversation. Pas de réponse à la dernière tirade. Elle s'est replongée sur son bloc et écrit.

La minute dure trois heures. Moi debout. Elle assise. Elle ne parle plus. Je sors.

Ces répliques, nous les avons prononcées tant de fois. Deux boxeurs sur un ring. Sans d'autres raisons que de décompresser, pour elle, et de la défier, pour moi.

Un ring, vital, oublié le lendemain. Se croiser comme si de rien n'était et reprendre le cours des activités. De la discussion. La tempête est passée. Le papier, finalement très anodin, a été ramené à ce qu'il n'aurait jamais dû cesser d'être : une information banale et sans grand intérêt.

Mais ces combats de boxe m'ont aussi démontré que l'on apprend plus en s'affrontant une heure avec elle qu'en s'entendant bien un an avec d'autres. Le prix à payer finalement n'est pas si élevé.

Car elle a très souvent raison mais l'exprime souvent mal. Brutalement. Personne n'a échappé à ces discussions qui vous laissent d'abord sidéré, puis colérique, puis indifférent, puis amusé.

Lui ne s'affronte jamais. Ou rarement. Quelques écarts d'humeur quand le navire tangue trop fort. Mais il ne pratique pas quotidiennement la boxe thaïe. Trop d'efforts pour un entourage qu'il préfère moquer, parfois méchamment, que secouer. Qu'importent les moqueries. Ils sont là. Eux aussi, comme nous, les amis des temps difficiles, les amis du temps des 3 %.

Je la connais si bien, cette indéfectible loyauté.

Car malgré tout ce qui peut nous séparer sur l'instant, la bagarre, la contradiction, il n'y a pas de place, à l'extérieur, pour la moindre brèche, le moindre bémol, la moindre hésitation. La moindre critique. Faire front contre vents et marée, défendre parfois l'indéfendable.

Sans jamais mentir, oh ça non, mais en présentant toujours le plus beau côté de la plus belle face. L'indéfectible loyauté qui pousse à tous les excès. Les indéfectibles loyaux sans lesquels aucune femme, aucun homme politique ne peut parvenir à son dessein.

Elle en a besoin, de ces visages amis. Des indéfectibles qui ne se demandent pas comment cela fonctionne. Inutile de s'épuiser en questions vaines. La prendre comme elle est. Un art majeur. Et l'écouter car elle a souvent raison. Dans le fracas d'une discussion jaillit toujours une règle de vie : ne jamais énoncer un problème sans la solution.

Manière plus rude mais bien plus humaine qui se termine toujours par l'inusable : « Allez, ça n'est pas grave. On discute. C'est bien de discuter. Ça permet d'avancer », suivi d'un : « Dites voir un peu, prenez un petit chocolat. » Et souvent : « Allons donc tous voir une expo. Ça va nous faire du bien. Sinon, on se rabougrit le cerveau. »

Lui n'a pas besoin de cette chaleur. Animal à sang froid. Cérébral. Qui chaque matin recommence sa partie d'échecs, considérant que personne, ou presque, ne peut s'asseoir en face de lui. Pas d'adversaire à sa taille. Sauf elle peut-être. Mais ses fulgurances s'épuisent face à cette raison qui le domine. Il est en train d'en faire l'éblouissante démonstration. Monsieur 3 % est en train de gagner la partie. Elle le sait. Mais ne l'accepte pas encore.

*

* *

Comme une évidence

> « Pour citer une autre perle paradoxale de mon père : parfois il faut perdre pour gagner. »
> *Le Chardonneret*, Donna TARTT

Paris, 15 septembre 2011.

Tout a été réglé au cordeau. Pendant de longues heures de négociations entre les représentants des candidats. Le décor, le mode de débat, la disposition du plateau.

Y aura-t-il des interpellations ou pas ? La couleur des pupitres ? Ronds, les pupitres ? Quel fond d'écran pour le plateau ? Qui interviewe ?

Des heures de concertations dans le bureau du premier secrétaire de transition, Harlem Désir. Qui synthétise. Tente de faire entendre raison aux uns et aux autres.

« Oh, moi, personnellement, je m'en fiche un peu. » Ainsi commence le rituel autour de la table.

« Ah, eh bien si tu t'en fiches, alors, pas nous. Nous, on ne s'en fiche pas. »

Les représentants de Martine Aubry sont des pointilleux. Ceux de Manuel Valls des efficaces. Ils arrivent avec leur liste. Cochent ce qu'ils ont eu. En réfèrent au député-maire d'Évry et reviennent à la charge ou quittent la réunion, en fonction de ce qu'ils ont obtenu ou pas. Les royalistes, eux, sont à géométrie variable. Au gré des changements de l'ex-candidate. Ils ressemblent à s'y méprendre aux « Montebourgeois ». Ceux de François Hollande sont les plus chipoteurs. Ils se sentent peu à l'aise dans ce bureau et face à ce premier secrétaire par intérim qu'ils soupçonnent de faire le jeu de Martine Aubry.

Alors ils pinaillent sur tout. Et n'obtiennent jamais rien à la table de jeu. Toujours après, dans les couloirs ou au téléphone. Ah, mais c'est qu'ils connaissent la musique. L'ont assez jouée pour savoir que rien ne se décide en public.

Comme la commission électorale, d'ailleurs… Le cercle des poètes disparus. Qui fait et défait les investitures dans un langage difficilement compréhensible pour qui pose un pied pour la première fois dans cette grande salle Marie-Thérèse Eyquem. Attention, on parle de choses sérieuses, là.

« Alors, sur la 38/3, on la réserve pour une femme ? Et la 44/2. Pas réservée ? On est d'accord. Attends, Carlos, je peux passer sur la 92/1 mais il ne faut pas se fiche de moi sur la 95/4. Tu vois ce que je veux dire. Je suis un gentil garçon mais n'exagère pas. »

La discussion a l'air véritablement importante. Une demi-heure se passe. Vous opinez du chef parfois, pour signifier au glorieux aréopage que vous suivez bien le débat jusqu'à ce que vous vous résolviez à demander de quoi on parle… Oh non, surtout pas à eux. Perdre la face, pas question. Les femmes sont rares autour de la table. Alors une femme est une bleue. J'entends d'ici… Sortir et trouver du réseau dans la cour. Car, naturellement, des brouilleurs sont installés dans la salle de réunion du PS, depuis qu'en 2006, alors qu'elle venait d'être désignée candidate, un membre du bureau national a jugé utile d'appeler discrètement une journaliste du *Monde* et de lui faire entendre, *in extenso,* ce bureau national officiellement ultra-confidentiel où Ségolène Royal intervenait devant les ténors du parti. Une réunion qui n'a pas tourné à l'avantage de la candidate. La recherche effrénée de la taupe n'a jamais abouti. Mais depuis, MTE (Marie-Thérèse Eyquem) est coupée du reste du monde. Pensez donc ! Les secrets qu'on y partage sont si importants…

Appel au secours : « Alexandre, ils parlent en chiffres. Ça veut dire quoi ? »

Éclat de rire à l'autre bout du fil : « Le premier chiffre, c'est le département, le second, le numéro de la circonscription. »

Ah oui, où avais-je la tête ? Merci, j'y retourne. Merci Alexandre. Le directeur de cabinet de la Région. Mon frère. Mon complice. Si sain et droit dans un monde vicié. Une distance *so british.* Elle le moque gentiment, souvent l'appelle son « clergyman ». Je ne sais pas très bien ce qui a provoqué une telle distance, une telle discrétion assumée. Nous n'en parlons jamais car il rechigne à parler de lui mais son calme apaise tout. Sa tendresse adoucit tout. Son analyse mesurée, tempérée, dénoue beaucoup de situations de crise. Indispensable Alexandre dont je ne me dispense pas.

Bon, j'y retourne. Comme une élève trop fière d'avoir appris un mot nouveau, je lève la main : « J'ai une question sur la 34/2 », en marquant une petite hésitation sur le 2, histoire de rappeler que je maîtrise les codes mais que j'ai tant et tant d'affaires à traiter, de circonscriptions à défendre que, vous comprenez, chers amis, même les meilleurs s'y perdent.

Ah, la commission électorale du parti socialiste ! Un poème. L'*Iliade* et l'*Odyssée*, l'art de faire prendre des vessies pour des lanternes. La course des petits chevaux. Le grand rendez-vous des maquignons. Regardez-le, mon candidat, il est beau, il est jeune, il ferait un très bon député… Combien de candidatures tuées dans le Sud sur des accords inviolables dans le Nord, par un astucieux système de dominos et une rhétorique redoutable ?

« Mais bon sang, je te dis que Paul ne peut pas être désigné dans l'Aude car, si on fait ça, on bloque Jacques, qui est soutenu par Laurent. Et Laurent va bloquer Francine et, là, ça coince aussi car Francine est soutenue par François et c'est le député sortant qui ne veut pas. Donc pas Paul dans l'Aude. Tu me suis ?

— Euh, oui. »

Tous les chats sont mortels. Or Socrate est mortel, donc Socrate est un chat.

Au bonheur du syllogisme. Mais fort heureusement, elle en fait éclore, des jeunes talents, des élus issus de la diversité. Les femmes aussi. Sans cette régulation, la parité n'aurait jamais progressé, pas plus que la diversité. À un train d'escargot certes, mais le parti de l'homme blanc de 50 ans est en train peu à peu d'être rangé au rayon produits périmés.

Cette régulation, il la fallait aussi pour les primaires. Éviter les déchirements. Les fractures qui ne sont jamais véritablement ressoudées en 2007 et qui ont aussi contribué à la défaite de la candidate.

Ce soir, premier débat. Un immense studio de la Plaine-Saint-Denis. 800 mètres carrés. Un plateau somptueux. Des loges pour les candidats et 10 accompagnateurs. 13 caméras et 2 travellings. Des moyens colossaux pour un événement politique majeur.

Ah, on est loin du bricolage de la primaire de 2006. La primaire aux champs. Une armada de journalistes qui enfle au gré des sondages qui gonflent, les moyens du bord. La petite commune de Melle et sa place mouchoir de poche envahies par les télés et les radios pour suivre la victoire annoncée de Ségolène Royal. Le monde entier s'entasse tant bien que mal dans la salle des fêtes, ouverte par la secrétaire de la campagne qui ravitaille ce petit monde avec des fournées de pains au chocolat et de jambon-beurre. L'entreprise artisanale à l'assaut de l'Élysée. Une primaire qui a entraîné ce tour à travers le monde : Suède, Italie, Allemagne, Réunion, Chili, sans jamais perdre personne en route, ce qui tient du miracle.

La primaire de 2011 est moins drôle mais mieux rodée.

Allons donc repérer les lieux. Le point d'arrivée de la voiture. C'est bien. Clair. Et pas de presse alentour... Un petit tour dans la loge... Plutôt bien placée, au fond. Tranquille. Il y a du Coca ? Oui. Et de l'eau minérale à température. Descendre sur le plateau. Impressionnant, ce plateau. Les techniciens procèdent aux derniers réglages. Remontons sur le parvis. Elle ne va pas tarder. Un texto : « On arrive. » Elle arrive. Sourire. « Bonjour, tout est en place ? – Oui. »

Et s'engouffre dans les couloirs et dans sa loge, des feuilles et un stylo bleu à la main.

Il arrive, lui le favori des sondages. Nous nous saluons amicalement. Elle est à ses côtés. Et ne nous regarde pas. Sa loge est au début du couloir, la nôtre retranchée, à l'abri au fond... Que c'est long d'attendre. Passer une tête : « Vous n'avez besoin de rien ? – Non merci. C'est quand l'entrée plateau ? – Bientôt. – Venez me chercher. – Oui, d'accord. »

Ressortir de la loge. Et tomber sur elle. Dans le couloir. Installée dans l'axe sur le passage. Pas décidée à en bouger semble-t-il.

Le régisseur son arrive. Tape à la porte : « Les micros, madame Royal. – Oui, entrez... » Et elle, elle ne bouge toujours pas du passage. Plutôt élégante, sûre d'elle et de lui. Certaine de la victoire, cela se sent. Un brin arrogante... « Bouge-toi », elle n'entend pas mon injonction silencieuse.

La porte de notre loge s'ouvre. « On y va, madame Royal. »

Elle marche tête baissée, révise ses notes. Ne voit pas l'obstacle au bout du couloir. Bénissons la nature d'avoir fait d'Alexandre un grand homme de 1,90 mètre et l'envergure qui va avec. Malin. Il se met à ses côtés. Étend les bras comme on joue au ballon prisonnier... et passe l'obstacle. Elle n'y a vu que du feu... Elle rejoint ses concurrents-camarades.

Troublée par l'épreuve, l'instant et cet homme qu'elle ne veut ni ne peut défier. Pas absente mais si sage, trop sage.

Corsetée par l'obsession de la phrase de trop, celle qui permettrait de titrer : « Scène de ménage Hollande/Royal » pour ce premier débat.

Elle ne le veut pas. Ne le supporte pas. Lui non plus, d'ailleurs. Un frein si puissant qui l'éteint. Il est en route pour le sacre et assurément l'Élysée, en toute logique. Peut-elle fracasser le débat ? Non. Tout le monde attend cela d'elle. Elle ne le donnera pas. Elle ne les jettera pas en pâture, elle et lui. Persuadée que sa sagesse et son expérience feront le reste, s'imposeront comme une évidence. Elle est la candidate précédente. Elle a le poids, la compétence, la maîtrise. Ce sera évident. Forcément. Pas besoin de forcer le trait.

Elle s'est trompée.

*

* *

Naufrage

« La victoire a cent pères, mais la défaite est orpheline. »
John Fitzgerald KENNEDY

Paris, 9 octobre 2011.

Il est 20 h 23. Je me souviens avec précision de cette heure, de ces minutes.

Nous avons marché, lentement, de la rue de Solferino à la Maison des polytechniciens. Têtes baissées. Enfermées en nous-mêmes. Dominique Bertinotti, directrice de campagne engagée, loyale… abattue ce soir-là.

Et moi. La conseillère spéciale. Rien de conseillère, rien de spécial. Les soirs de naufrage, plus rien ne compte. Ni les efforts, ni les nuits trop courtes, ni les journées trop longues, l'euphorie des meetings, la gentillesse et la dévotion des militants ; les engueulades pour des broutilles, les angoisses des déplacements, des discours, le simple plaisir d'être ensemble, après, pour boire un verre et se dire : « Allez, demain on recommence. » Un fleuve en furie qui s'est brisé sur ces 7 %. Murées dans le dérisoire et l'insignifiant.

Juste des phrases qu'on repasse dans sa tête.

Comment lui dire ?

Comment lui annoncer cet échec, ce naufrage ? 7 %.

Plus qu'une gifle, une fin. Même si le mot fin n'existe jamais en politique.

Ce soir-là, j'ai repensé à tout cela, en marchant vers la Maison des polytechniciens. La cruauté de la politique. La cruauté des camarades déchiquetant, jour après jour, cette candidate à la présidentielle dont ils ne voulaient pas. Celle des sarkozystes, s'acharnant sur cette femme trop libre, trop « autre », la traitant de folle, d'incompétente. Cinq ans qui se referment sur ces 7 % que nous devons lui annoncer.

Impossible de fuir. De partir à toutes jambes. Affronter. Prendre modèle sur elle. Comment dit-elle, déjà ? Ah oui : « Les obstacles, de front, etc., etc. » Une phrase de Mitterrand.

Elle ne le sait pas mais elle l'a senti. Arrivée tôt à Solferino, elle en est repartie aussi vite. Ainsi va Ségolène Royal. Intuitive, animale. Ce soir, c'est l'instinct de survie qui parle.

« Qui lui dit ? Toi ou moi ? me demande Dominique.

— Nous deux », ai-je répondu. Lâcheté, tristesse pour elle, pour nous, pour les espoirs brisés et les commentaires qui vont suivre. Je les lis déjà, je les entends déjà. Ils seront en fait plus doux et tendres que je ne l'avais imaginé, tant ce score choque, blesse et renvoie peut-être aussi une infime partie des commentateurs à une forme de mauvaise conscience. Taper trop lourd. Taper facile. Taper idiot.

Bon. La porte. Et la télé allumée sur grand écran. Elle sait, inutile de préciser. Elle voit nos regards, nos mines.

« Alors, ça n'est pas bon ?

— Non, quatrième. 6 à 7 %. »

Pas un mouvement. Pas une expression. Hormis les yeux, qui me fixent : « Comment est-ce possible ? »

Pas de réponse. Inutile de répondre. Tétaniseés dans cet immense salon, aux plafonds hauts, dorures et moquette. Peine pour nous mais surtout peine pour elle. Elle que nous côtoyons tous depuis tant d'années.

Jamais un genou à terre, jamais un renoncement. Ce soir, nous entrons dans l'inconnu car jamais une défaite ne fut si lourde, si chargée émotionnellement. Le visage de celui qui vire en tête au premier tour s'affiche.

« C'est François », murmure-t-elle sans que nous puissions discerner autre chose qu'un constat.

La porte s'ouvre. Thomas arrive. L'aîné, le fils aimant. Dans ce duo Royal-Hollande, il est depuis 2006 le trait d'union. Respectueux, profondément, de ses parents, protecteur avec sa mère. Rigolard avec son père. Clémence est déjà là, avec Flora. Ses filles. La petite est en larmes. Clémence, l'aînée, reste maîtrisée, comme sa mère.

Ils l'entourent et nous nous en voulons d'être là. Équipe de voyeurs. Impossible pour nous de nous laisser aller à la détresse. La nôtre, cette équipe d'amis à la vie à la mort.

Elle a demandé du papier. Pour rédiger sa déclaration. Courte, sobre. Nous sommes figés. Elle écrit. Avec ce feutre bleu, toujours le même. Elle écrit. Guillaume Garot arrive, puis Delphine Batho et Jean-Louis Bianco. Najat Vallaud-Belkacem, avec sa belle nature, garde le sourire et prépare sa déclaration.

Arrive le moment de relire. Elle commence et s'effondre en larmes. Un long sanglot. Impossible à stopper. Les digues qui rompent après tant d'années d'adversité, d'insultes, de déceptions. Les larmes… Enfin… qu'elle ne retient plus.

Retarder la déclaration. Faire patienter les amis, les militants, les journalistes qui sont massés dans la pièce d'à côté.

Elle pleure. Et nous restons plantés là comme des idiots.

Elle soliloque : « Je fais de la politique depuis tant d'années, c'est quoi le sens de tout ça ? C'est quoi ? »… Des larmes et un mantra : « Il faut que je me ressaisisse, je dois me ressaisir. »

Se ressaisir. Tout Ségolène Royal est dans ce verbe. Se ressaisir. Ne pas se laisser dériver dans un chagrin total.

Sur les écrans apparaissent maintenant les images du siège de campagne de François Hollande. Il est là, le vainqueur de ce premier tour, incertain pour le second.

Elle le regarde : « Montez le son, s'il vous plaît », et l'écoute attentivement.

Mon portable sonne… Le conseiller spécial de Martine Aubry, François Lamy, appelle. Martine veut parler à Ségolène.

« C'est pas le moment, François, lui dis-je.

— Bien sûr, me répond-il. Plus tard, mais dis-lui surtout que Martine pense à elle très fort, qu'elle voulait lui dire son amitié. »

François Hollande apparaît enfin... Mine grave, visiblement déçu par ce résultat qu'il espérait plus élevé. Il est vrai que, quelques heures avant le premier tour, François Rebsamen prédisait à ceux qui voulaient l'entendre une possible victoire dès le premier tour.

Hollande déçu ? Pour ceux qui le connaissent bien, oui. Pour les autres, il n'en laisse rien voir.

Elle l'écoute, le regarde. Entourée de leurs enfants. Carapace fusionnelle. Elle a déjà repris quelques couleurs. Peut-être sait-elle déjà qu'elle appellera à voter pour lui dans quelques jours, parce qu'il ne peut en être autrement. Son choix est peut-être déjà fait, dans cette heure qui suit sa défaite cinglante. Delphine Batho plaide pour qu'elle l'annonce immédiatement.

« Non », répond Ségolène qui ne tranche jamais sous le coup de l'émotion. Et même si, en son for intérieur, elle a déjà choisi, instinctivement, elle ne peut s'y engager publiquement dans cette soirée qui acte son naufrage et le triomphe de son ex-compagnon.

Amis, complices, compagne et compagnon, père et mère de quatre enfants sains et équilibrés, mais... concurrents politiques.

Ségolène regarde François qui pense déjà au ralliement de Ségolène.

Accord imparfait-parfait.

*

* *

Paris, 10 octobre 2011

« Réunion à 9 h au bureau. Soyez là. »

Un SMS lapidaire. Reçu à 6 h 30 du matin. Signé Ségolène Royal. La nuit a dû être courte. Si tant est qu'elle ait pu dormir. Aucun de nous d'ailleurs n'a trouvé réellement le sommeil. Ces nuits qui suivent les échecs. Rembobiner le film, et tout ce qu'on aurait dû faire. Les croisements où l'on fait les mauvais choix. Les erreurs. Dans ces moments-là, tout devient plus noir, et disparaît tout ce qui a réussi. Les mines sont chiffonnées autour de la table. Les élus. Alexandre et moi. Elle est face à nous. Visage marmoréen. Elle fait un tour de table, comme à son habitude pour une réunion normale. Chacun donne son avis. Certains pensent qu'il faut soutenir Martine Aubry. « Une autre histoire s'écrirait. Celle de l'accession des femmes au pouvoir », et d'imaginer Martine et Ségolène en campagne ensemble. Unique dans l'histoire de France. Réconciliations des ennemies de Reims. Un élan certain, une dynamique évidente. Des équipes qui s'entendent bien entre elles.

Mais la majorité souhaite l'accord avec François. Pour des raisons autant personnelles que politiques. Guillaume Garot le dit avec sa délicatesse habituelle dans son rapport aux autres : « Ségolène, c'est aussi ton lien si fort avec François, ce serait une image puissante, si rassurante, cette réconciliation. » Elle écoute, n'exprime rien, mais engrange les mots des uns, des autres. Fait rarissime, le cabinet peut s'exprimer au même rang que les élus. Elle a été élevée dans le protocole élyséen, qui place les élus au-dessus de tout et consigne le cabinet, en public, à un travail d'enregistrement et de décryptage. Après, c'est une autre histoire. Une différence majeure avec Nicolas Sarkozy qui lui ne s'appuie que sur son cabinet et ses conseillers pour construire ses conquêtes.

Alexandre penche naturellement pour François Hollande. Moi pour Martine Aubry. Je fais le pari que cette campagne peut être l'occasion d'un changement total de civilisation, avec l'accession d'une femme à l'Élysée. De ce duo improbable mais qui est aussi capable de se retrouver, dans quelques instants d'amitiés fugaces au-delà de la rivalité politique et personnelle. Une forme de sororité des femmes en politique qui souffrent, essuient des insultes qu'on ne se permettrait jamais avec un homme. Ségolène Royal plus cruellement encore que Martine Aubry, traitée d'hystérique, on se souvient même de Frédéric Lefebvre lui conseillant des soins psychiatriques… Quant à Martine Aubry, accusée tour à tour d'être alcoolique, islamiste, faible et indécise, elle sait aussi ce que souffrir veut dire lorsqu'on est femme et qu'on exerce un pouvoir dans le monde des hommes.

Mais peut-on parvenir à une finale de présidentielle, être trois fois ministre, députée, présidente de région brillamment réélue en étant incompétente et hystérique ? La réponse est non. Pas plus qu'on ne peut avoir géré les affaires sociales, le parti socialiste et la mairie de Lille en étant indécise. Ce procès en sorcellerie, elles l'ont vécu et le vivront encore.

Il y avait matière à le transformer en conquête victorieuse des femmes. Pour protéger, prendre soin avec courage.

Telle est ma plaidoirie, appuyée par une vérité, énoncée quelques années plus tôt lors d'un séjour en Israël. Un diplomate israélien proche de Shimon Peres m'avait dit : « On construit toujours les paix les plus durables avec ses adversaires. Pas avec ses faux amis. »

Faux amis. Car malgré le lien qui unit François et Ségolène, au-delà de leur séparation, au-delà de leur nouveau couple respectif, il y a les faux amis.

Et en ce lundi 10 octobre, c'est plutôt à eux que je pense. Tous ces petits riens qui disent une dégradation profonde de la relation. Les faux amis. Peut-on faire confiance à ces faux amis ? La pente naturelle nous dit de faire confiance. « Ségolène sera bien avec nous », m'assure l'un des proches du candidat, par téléphone, avant d'entrer en réunion. Je n'y crois pas.

Et ça n'est pas François Hollande qui est en cause, c'est une partie de son entourage, et sa sphère privée. Normal. Lorsqu'on arrive, on veut tout effacer même ce qui ne peut ni ne doit l'être. Je sens cette pression invisible, non dite car personne n'ose rompre l'omerta. Par pudeur, par crainte de représailles.

Faux amis et pourtant, dès la fin de cette réunion, tout semble déjà scellé. Ce sera François Hollande, et Ségolène Royal se prépare déjà à poser un acte politique fort comme elle sait le faire : une déclaration qui entraîne et dépasse largement les 7 % qu'elle représente.

Mais il faut parler, discuter, avec Martine, avec François. Les larmes sont séchées. La veille, très tard, lorsqu'elle a quitté la Maison des polytechniciens, elle a craqué. Impossible de retenir ses pleurs, cette fois devant les dernières caméras qui attendaient. Quelques mots. Un visage défait. Une Ségolène Royal que personne ne connaissait jusqu'à présent. Dans les rédactions, ces images ont provoqué une incroyable empathie. La grande Royal est à terre. Les textos affluent. Des élus, des éditorialistes. Tard dans la nuit. Mots gentils, pas connivents. Qui ressemblent presque à des condoléances pour certains, mais sans arrière-pensées. Ces larmes bouleversent les téléspectateurs car elles ne sont pas fabriquées, elles sont sincères. Ce sont les larmes qu'elle n'a jamais versées, le soir de la défaite en 2007, sur la terrasse de Solferino, le soir où un parti, son parti, lui a volé sa victoire au congrès. Tout a été balayé par ces 7 %. Elle pleure. Les citoyens la regardent pleurer et ressentent une infinie compassion pour cette guerrière abîmée.

Ce matin-là, elle est à nouveau debout. Fatiguée mais lucide.

« Appelez-moi Martine et François, je dois les voir », nous dit-elle.

Le ton est tendre. Doux. Aubry répond immédiatement. Sincèrement émue : « Notre Ségolène, elle a même fait pleurer ma mère hier soir, me dit-elle. Allez, il faut qu'on parle, et qu'elle se remette en selle. On va faire une superbe campagne ensemble. »

Martine Aubry sait faire dans ces circonstances. Malgré son caractère, elle est toujours là dans les moments difficiles. Bien sûr, elle veut décrocher le ralliement de Ségolène Royal. Bien sûr, elle n'est pas son amie. Mais elle sait dire, avec une chaleur et une fougue, que tout ça, « c'est parfaitement dégueulasse et injuste ». Je raccroche en me disant que les dégueulasseries datent de bien longtemps. Mais je me dis aussi que, dans les défaites violentes, chacun a le droit d'exprimer sincèrement ses sentiments et que nous avons aussi le droit d'y croire un peu.

Puis vient le tour de François Hollande. Il est touché. Heureux de son résultat mais malheureux pour Ségolène. La glace a fondu. Une image me revient à cet instant à l'esprit. Une conversation surprise pendant la présidentielle dans un couloir où elle est installée, dans un recoin, pour parler en secret.

« François, peux-tu venir ? Ce serait important », disait Ségolène. Je n'entendis pas la réponse… Mais j'entendis la conclusion. « D'accord. Je comprends. » Gêne. Malaise. Je n'en ai jamais fait état car il semblait impossible à l'époque de comprendre la réalité de ce village Potemkine que nous offrait l'équipe de Royal, en tout cas les rares personnes dans le secret. Se cacher de sa propre équipe pour ne troubler personne. Surtout pas de fuites dans la presse. Surtout conserver les apparences. Une torture. Un enfer personnel dont nous n'avons rien su. Aujourd'hui, à l'autre bout du fil, c'est un autre François qui parle. À l'évidence très touché. La voix tremble un peu. Il est bien plus attaché à Ségolène qu'il ne veut l'admettre en public et en privé.

Il ne supporte pas cette humiliation pour elle. Il me le dit. Je le crois. Il veut la voir. Loin des regards. Rendez-vous est fixé à 17 heures. Son équipe ne sera pas prévenue. Celle de Ségolène Royal non plus hormis sa fidèle assistante Emmanuelle. La famille. L'éternelle Fée Clochette, veillante, bienveillante. La pièce indispensable. Petite femme jolie, discrète, sur laquelle tout semble glisser : les colères homériques comme les louanges. « Manu » reçoit tout de façon égale : avec un immense rire un peu moqueur, fait de bon sens, d'une éducation terrienne et de l'ironie très parisienne qui semble innée chez elle. Un petit bouchon qui a survécu à tous les grains, les tempêtes, les conseillers sirupeux, tordus, menteurs, démesurément ambitieux, tous convaincus d'être l'oreille, la voix, la conscience même de la reine. Elle est toujours là quand tant d'autres sont passés.

16 h 50. Je descends dans la rue pour l'attendre en bas et le faire monter discrètement. Depuis combien de temps ce couple ne s'est-il pas parlé en tête à tête ? Depuis des années. Instant solennel qu'ils ne veulent pas voir pollué par qui que ce soit, y compris leur entourage le plus proche.

À 17 heures pétantes, il est là, en bas de l'immeuble du quartier Montparnasse. Il débouche du coin de la rue. Personne ne le reconnaît vraiment. Il n'a rien dit à sa compagne. Ni à son équipe, il est là en solo.

« J'ai marché un peu, j'étais suivi par des photographes. » Il fait diversion, sourit, ne sait pas vraiment quoi dire. En pénétrant dans cet *open space* moderne et dépouillé, il me glisse : « C'est joli, comme nid. » Sourire un peu las, gêné. On l'oublie trop souvent mais le futur président est un homme pudique, qui déteste les effusions, les fuie, les masque, les détourne. La porte se referme sur leur discussion. À huis clos, loin des regards et des autres… Ces « autres » qui se sont tant mêlés de leur vie publique et privée pendant des années. Les fausses confidences distillées à l'oreille de l'un, les accusations et les rumeurs à l'oreille de l'autre. Drôle de ballet malsain qui empêcha toute réconciliation, toute discussion, tout dialogue.

Inutile de nommer les souffleurs de braise. Ils se reconnaîtront. Conseillers, élus… pendant des années, tout ce petit monde s'est relayé pour diviser, placer sous contrôle l'un et l'autre, et ils se sont laissé faire. Laissé influencer. Ce qui est étrange de la part de personnalités si fortes, si déterminées, si lucides. Leur faiblesse.

Je me souviens, en 2006, avoir surpris l'un de ceux qui organisaient la campagne des primaires de Ségolène Royal passer en revue tous ses textos, sur l'un de ses téléphones mis en charge alors qu'elle était en réunion dans la pièce d'à côté.

Étrange destin des femmes et des hommes publics. À la fois furieusement méfiants, verrouillés, secrets et totalement naïfs, voire imprudents. Cette scène me choqua. Elle disait tout des étranges liens qui unissent les politiques et leurs équipes. Proximité totale, parfois fusion, liens de dévotion, mais mur de verre entre eux et nous. Qui tombe rarement sauf les soirs de victoire ou de défaite. Aujourd'hui, chacun est face à l'autre. François Hollande sait que le soutien de Ségolène Royal est capital. Il a compris qu'Arnaud Montebourg et ses 17 % ne peuvent pas appeler à un vote clair, tant son électorat est hétéroclite.

Manuel Valls est déjà passé la veille avec armes et bagages chez lui. Un ralliement prévu de longue date. Reste Ségolène et sa force de combattante. Elle est la fille de Mitterrand. Elle connaît les rapports de force, les dynamiques. Elle sait être grande et magnanime. Malgré ce tempérament indomptable, elle a le sens du devoir très ancré, par éducation, par loyauté au père de ses enfants. Au fond, il joue sur du velours. Il la connaît mieux que personne, il sait qu'elle n'a ni le cynisme ni le caractère impitoyable des grands prédateurs masculins qui peuplent le pouvoir. C'est une femme, et ses ressorts intimes sont différents.

Ils parlent, plus d'une heure. De son avenir. Elle ne s'en voit aucun. Hormis peut-être celui qu'avait imaginé pour elle l'équipe de DSK lorsque le patron du FMI était encore en course. L'Assemblée nationale ? Pourquoi pas. Trop tôt pour y penser vraiment.

Ce jour-là, François Hollande ne lui promet rien en échange de son soutien, ça n'est pas le sujet. La conversation est plus profonde, plus intime. Ils ne se sont pas sérieusement parlé depuis quatre ans. Ils évoquent les possibilités de victoire, la campagne, la dureté de l'adversaire, encore lui, Nicolas Sarkozy.

Et, contrairement aux affirmations totalement farfelues, elle ne vend pas son ralliement contre un poste. Elle veut décider en son âme et conscience.

Deux heures avant, Martine Aubry est passée. Plus détendue que François Hollande. La première secrétaire est certes en retard, mais elle est très allante, persuadée que le soutien de Ségolène peut lui permettre d'emporter la manche même sur le fil. Ses mots sont très chaleureux, elle imagine une campagne festive et a déjà demandé à ses équipes d'organiser un déplacement d'entre-deux-tours chez Najat à Lyon avec Ségolène.

Là encore, elle laisse parler. Scrute ce qu'on ne dit pas. Attentivement. L'idée de cette campagne féminine ne lui déplaît pas mais un spectre hante cette journée.

Au-delà de la suite de sa vie politique, elle veut gagner, battre Nicolas Sarkozy. Et le spectre s'appelle congrès de Reims. Victoire ric-rac donc contestable. Elle l'a vécue. Elle ne s'en est jamais remise et considère que ses 7 % sont la fin logique du processus de Reims, ce processus d'empêchement qui l'a coupée des élus, des réseaux du parti, de tous ces fils qui tissent une victoire dans une primaire.

Elle a lourdement échoué mais elle sait que le vainqueur de la primaire a besoin d'un score très large, d'une victoire sans appel. Elle connaît le parti, et sa capacité à devenir fou, collectivement, si les scores sont trop étriqués.

De tout cela, elle parle, simplement, à la terrasse du petit café au pied de l'immeuble. Nous sommes tous sortis pour la laisser dialoguer tranquillement avec François Hollande. Elle nous rejoint, s'assoit, commande une limonade, salue quelques passants et nous dit : « La politique, ça obéit à des règles. Renforcer l'élan du premier tour. » Elle n'en dit pas plus. Mais son choix semble être fait. Ce sera François. Encore lui. Toujours lui.

*
* *

Mercredi 12 octobre 2011

Il a la voix plus claire. Elle vient de raccrocher. De lui dire qu'elle le soutient et qu'elle va l'annoncer dans un communiqué. Il téléphone. Remercie. Soulagé. Dans son équipe, deux camps se sont affrontés. Ceux qui voulaient faire sans Ségolène et ceux qui ont crié au fou. Parmi eux, Julien Dray. Il les connaît si bien.

Rapports complexes entre ces trois personnages, faits d'amitié, de contraintes, de rapports de force aussi. Ils sont amis mais font de la politique.

Après la défaite présidentielle, Julien Dray sort de la galaxie, essuie une tempête judiciaire qui finira dans un verre d'eau. Les tensions s'apaisent et, même s'il est *persona non grata* au QG et dans l'entourage proche du candidat, car sa nouvelle compagne le déteste publiquement, il reste consulté en permanence mais discrètement car François Hollande n'ignore rien des qualités de Juju.

Et il pousse à l'accord avec Ségolène. Il connaît François. Quel que soit son changement de vie, il sait qu'il ne peut pas faire une campagne totalement sereine sans Ségolène à proximité. Ni avec ni sans. Il est assez minoritaire mais plaide pour qu'il demande lui-même ce soutien.

« On peut tous le demander en ton nom, François. Mais tu sais bien que si c'est toi qui demandes, ce sera plus efficace. »

Il hésite dimanche soir et lundi matin. Amour-propre. Peur d'avoir l'air idiot, peur d'essuyer un refus. Peur et pudeur. Il sait qu'il a vaincu lors de ce premier tour car il a combattu la mère de ses enfants, sans pitié, en lui bloquant toutes les issues, notamment la prise du parti qui aurait fait d'elle la candidate légitime à sa propre succession. Il sait aussi que les discussions avec Ségolène sont toujours sans concessions. Si l'amour les a unis, aujourd'hui ce sont un homme et une femme politique d'envergure qui discutent d'un accord et d'un projet politique.

Julien Dray insiste, lundi matin… « Appelle-la »… Il faudra que notre équipe fasse le pas. Chacun attendait que l'autre… Leurs relations…

Ce jour-là, le communiqué est limpide. Elle soutient François Hollande pour lui donner plus de force et plus d'élan dans sa victoire de second tour et la bataille qui s'annonce face à Nicolas Sarkozy.

De la belle ouvrage. L'information fait la une de tous les journaux. Martine Aubry, prévenue quelques minutes avant l'envoi du communiqué, est abasourdie.

Elle pensait que Ségolène Royal ne ferait pas ce cadeau à son ex-compagnon. Elle s'est trompée.

Quelques jours plus tard, j'aurais l'occasion de lui dire : « Martine, aurais-tu pris une décision contre le père de votre enfant ?

— Non », me répond-elle. Encore une différence entre les hommes et les femmes en politique.

Le lendemain, elle est sur le plateau du 20 heures de France 2. Nous sommes trois à l'accompagner. Effrayés par son état lorsqu'elle arrive en loge. Absente. Nous sommes à peine quatre jours après sa défaite. Le coup ne passe pas, le deuil n'a pas eu le temps de commencer. Elle se tient.

David Pujadas annonce les titres. Elle apparaît à l'écran, l'air ravagé. Entre deux reportages et avant son intervention, Emmanuelle Huet va la voir en plateau et lui murmure, très gentiment : « Vous avez l'air un peu triste. » Rien de plus. Elle remercie. Se ressaisit et livre une intervention télévisée qui restera dans les annales. Un soutien sans faille et une réponse sortie du cœur.

À la question : « N'est-ce pas compliqué car c'est votre ex-compagnon ? », la réponse fuse : « Écoutez, avec une ex-candidate à la présidentielle, un candidat à la présidentielle et quatre beaux enfants, ça n'est pas mal comme résultat pour une famille. »

*

* *

Laisser passer

« On est toujours libre aux dépens de quelqu'un. »
Caligula, Albert CAMUS

Solferino, 16 octobre 2011.

Ce monde qui nous regarde. Nous observe. Nous scrute. Se rend-elle bien compte du mal qu'elle se fait ? Qu'elle nous fait ? Qu'elle lui fait.

Il est arrivé. Tard. Avec elle dans son sillage. Et ses nouveaux amis, ceux de sa nouvelle vie.

Une heure avant, Ségolène Royal a emprunté le grand escalier de Solferino qui mène au premier étage. L'étage du premier secrétaire. Pour le moment, c'est encore Harlem Désir. Le temps que Martine Aubry soit battue et récupère son bien.

D'ailleurs, elle est arrivée, elle aussi, entourée d'une nuée de ses amis, ceux d'aujourd'hui. Reprendre possession de son bureau. Vite. Poser immédiatement un acte de pouvoir pour effacer l'amertume de la défaite. Retrouver ses marques dans ce vaste bureau lumineux, cosy, qu'elle a couvert de ses objets. Murs repeints. Tableaux d'art contemporain, des photos que Karl Lagerfeld lui a offertes. Sa touche. Son chez-elle. Qu'elle a prêté et qu'il faut rendre. Harlem n'a pas discuté une minute. Elle s'est engouffrée. Il a laissé entrer la tornade. Et s'installe, comme un simple invité, dans les canapés moelleux. Avant de dire : « Je vous laisse, mesdames », et de sortir sur la pointe des pieds.

Mesdames Martine et Ségolène. Installées confortablement au milieu des coussins. Attendre ensemble l'arrivée du vainqueur. Qui se fait désirer…

On en voit, de ces choses, du bas de l'escalier. Tiens. Ségolène redescend. Certainement lassée de ces minutes de trop grande intimité avec celle qui aurait pu devenir présidente si elle l'avait soutenue. Et elle qui aurait pu aussi. Si elle avait gagné le congrès en 2008. Deux présidentes virtuelles qui n'ont finalement pas grand-chose à se dire ce soir. Elle redescend. Consulte son portable.

Ah, ça y est. Ça bouge… Ça enfle, ça gronde même dans l'entrée. Ça flashe. Des cris, une bousculade. « Mais ne restez pas là, bon sang ! » On s'écarte. Il arrive. Radieux avec elle qui marche quelques mètres derrière.

Les éléphants alignés en rang d'oignons, à l'extérieur, dans la petite cour d'entrée envahie par les militants, les sympathisants, les gens de la rue. Monte le couplet unique d'une chanson un soir de victoire : « François, François, François, François. » Ça ne s'arrête pas de scander. Ils se tournent vers elles, les deux présidentes virtuelles, et leur lancent : « Allez, on y va. » Et ils y vont… Hourra. Il est quand même un peu maladroit, ce candidat tout neuf. A bien du mal à circuler sur cette terrasse : « Vas-y, François, va les saluer, ils veulent te voir. Va, va », ainsi chuchote Ségolène à l'oreille de François. Phrase saisie par la finesse des micros perchés. Elle le pousse, l'encourage. Il la pousse, l'encourage aussi. Ils se poussent, se serrent les mains, s'applaudissent tous. Arnaud Montebourg a rejoint le groupe avec Manuel Valls. Ils sont beaux, ces concurrents-amis de la primaire. Même de dos. Massés derrière la baie vitrée, nous les voyons aller et venir.

Mais un visage ne sourit pas : celui de sa nouvelle compagne. Elle devrait y être, sur cette terrasse. Car cette victoire, c'est aussi la sienne, pense-t-elle, oui, la sienne. Contre les journalistes qui moquaient le petit bedonnant courant après son rêve. Contre ce parti qui voulait se donner à DSK. Contre elle. Celle d'avant. Qui resplendit ce soir malgré sa défaite. Dans ce coin de derrière la vitre, les télés déversent leur flot de commentaires à chaud. Elle l'entend, cette phrase, « Vas-y, François, va les saluer », cet encouragement si familier, familial même, entre eux. Elle entend, et elle ne le supporte pas. Elle se plante sur le chemin, au milieu du sas. Elle devra la croiser. Va la croiser. Elle est plantée, les bras croisés. Les jambes légèrement écartées. Fichées dans le sol. Elle attend la sortie de cette terrasse. Le croisement. Encore se croiser. Forcer le trajet, donc le destin.

On l'observe. On la regarde. Nous nous approchons et lui soufflons : « Pas ce soir, Valérie, s'il te plaît.

— Si, justement. Il va bien falloir qu'elle s'habitue. Qu'elle accepte.

— Non, pas ce soir, Valérie. Comprends-le. On nous regarde. »

Elle résiste, se fait tirer par la manche. Par une amie qui voit quelques journalistes approcher, l'amie qui tombe à pic. Pas de scandale. Pas d'esclandre. Non, pas ce soir. Elle bat en retraite.

Sur la terrasse, ils continuent, envoient des baisers, des signes de mains, des V de la victoire. Ils n'ont rien vu, rien entendu. Ivres de sa victoire, légitime, indiscutable. Soucieux d'offrir un spectacle si ce n'est amical, du moins de franche camaraderie.

Les sourires succèdent aux sourires. Sourires un peu mécaniques. Sourire marketing. Dents blanches. Mise impeccable. L'espoir d'une victoire en mai prochain galvanise la troupe, gomme les déceptions, efface l'ardoise des petites piques échangées pendant quelques semaines.

Il triomphe sur un principe de réalité qui semble avoir enfin investi les esprits socialistes, si ardents à la bagarre, les escarmouches voire l'estocade.

Cette fois, silence dans les rangs. On ne refera pas les mêmes erreurs. Non, promis, juré, craché !

Voilà ce qu'ils semblent tous dire, ces cinq glorieux combattants d'une primaire qui n'était pas jouée par avance mais qu'ils ont tous abordée avec une relative sagesse. Au risque de l'ennui, de la platitude et d'un certain confort idéologique. Mais on ne peut pas tout avoir : le sel du débat et la solidité de l'union. Et si Arnaud Montebourg a pimenté cette campagne avec sa démondialisation et ses happenings dans la rue, rien n'a vraiment jailli de ces semaines de débats. Aucune idée neuve. Aucune audace. Aucun concept révolutionnaire. Et pourtant, ils se sont déplacés, les sympathisants. Plus de 2 millions et demi de votants, un triomphe. Un record pour acheter de l'eau tiède. Une campagne ennuyeuse, dans un édredon, un éteignoir, même. Sans ferveur. « Mais la ferveur, c'est dangereux », aimait-il à répéter en 2006… Dangereux mais exaltant. L'exaltation ne fait pas la victoire. Le parti socialiste parie cette fois-ci que la normalité fera l'élection. La tempérance. La raison. Le consensus.

Ce soir, ils sont tous raisonnables, sauf la compagne, laissée-pour-compte le temps d'une liesse, derrière la vitre. Sa fureur redevenue silencieuse ne perce pas les murs de verre. Sur la terrasse, elle lui murmure encore. « Mais va, va, François »... Une mère n'aurait pas dit mieux à son enfant.

*
* *

Samedi 22 octobre 2011

La halle Freyssinet est bondée. Des milliers de militants venus couronner le nouveau champion socialiste « François Hollande », des drapeaux, des cornes de brume, la petite quincaillerie et le joyeux tintamarre habituel.

Ces grand-messes politiques rendent heureux. Ce jour-là, un seul est heureux, François, qui s'apprête à recevoir l'ovation du public. La mise en scène est assez simple : tous les candidats aux primaires entrent ensemble avec néanmoins les quatre premiers dont Jean-Michel Baylet légèrement devant et, suivant à quelques mètres, François Hollande et Martine Aubry. Il attend en coulisses. Humeur heureuse. Il mime devant la caméra qui le suit pour un documentaire de campagne *inside* l'échauffement d'un coureur de 100 mètres, en faisant des petites foulées.

« Elles sont où, les filles ? », demande le candidat – comprendre Ségolène Royal et Martine Aubry. Les « filles » avaient froid et se sont réfugiées dans la voiture de la maire de Lille, chauffage poussé à fond. Il rigole. « Elles reviennent, j'espère ? » Justement, les filles arrivent. L'œil qui frise. « On papotait. » Légère crispation. Normal, car qui sait où l'alliance des filles peut mener ?... Allons, marchons au-delà de cet immense rideau noir.

Ils nous attendent. Il fait froid. On en a un peu assez, là, François, de sautiller. On a froid, « les filles ont froid ». Le rideau s'ouvre. La présidentielle peut commencer.

*

* *

Elle

Marcher droit. Comme quand nous étions enfant. 1, 2, 3, soleil. Ne pas se retourner.

*

* *

Lui

Ils m'acclament. Que c'est bon. Ils nous acclament tous. Ils l'acclament aussi. Je suis content. Ils ne voulaient pas la punir. Elle est là. Devant moi, et ils l'acclament aussi, je suis très heureux.

ACTE IV
(2012)

Présidentielle, deuxième !

Aux oubliettes de l'histoire

> « Renier, dénier, cracher, c'est pour les aigris,
> les fortiches, les types qui veulent croire
> qu'ils se sont faits tout seuls et personne avant eux.
> Les cons quoi. »
> *L'Homme à l'envers*, Fred VARGAS

Le Bourget, 22 janvier 2014.

Non, elle a beau chercher, se repasser les images du film… Elle n'y est pas. Pas une image d'elle. Pas un mot, pas une phrase. Rayée de la carte socialiste. Comme si ça n'avait jamais existé. Comme si tout était du vent. 2002-2012. Elle voudrait crier, se lever, partir. Mais elle ne peut pas. Coincés qu'ils sont tous au premier rang. Papillons épinglés, scrutés, filmés en plan de coupe. Condamnée à sourire. À faire comme si. L'art de faire comme si. L'art majeur. Faire comme si on n'entendait pas les vacheries à la tribune, les questions qui fâchent, les interpellations sur les marchés. Faire comme si ça n'existait pas. Dans cette petite armée politique, de droite, de gauche, du centre et d'ailleurs, une armée somme toute assez maigrelette au regard de la masse citoyenne, dans cette petite armée de ceux qui font comme si, elle pourrait être commandant de brigade. Fouiller dans son sac, s'absorber dans la lecture urgente, forcément, de quelques mails ou textos. Faire comme si elle n'avait pas vu son élimination visuelle. Ni entendu la phrase rapide qu'il a prononcée pour l'évoquer, évoquer la campagne précédente. Des applaudissements ont retenti à cet instant, mais rapidement interrompus car il est passé à autre chose. Elle, noyée dans la masse des causes et des effets qui l'ont emmené, lui, jusqu'ici. Jusqu'à ce podium, cette tribune immense où il entonne un chant vainqueur.

Elle se tourne vers nous. Lance quelques regards désespérés. Interrogateurs. Comme si nous savions quelque chose, comme si nous avions supervisé cette vidéo dans laquelle il a jugé utile de ne pas la faire figurer. Qui peut bien avoir tenu le ciseau ? Celui qui tient le ciseau n'en est pas forcément très fier mais que faire ? Comment résister à des consignes, qui arrivent par des circuits divers et variés et qui ont valeur de sentence ? Elle ne veut pas. Comprenez-vous ? Elle ne veut plus rien d'avant. Avant c'est avant. Rien n'a existé, ou presque. Rien. Elle l'a ramené à la lumière. Comprenez-vous ? C'est elle et personne d'autre. Pas d'image.

Ségolène, elle regarde ses chaussures, cirées à force d'être mirées. Essaie d'échapper aux plans de coupe du réalisateur. Et se tourne vers nous, installés sur les côtés. Un petit haussement des épaules, les mains paumes ouvertes et les yeux écarquillés. Façon de lui répondre : « Je ne sais pas ce qui s'est passé, je ne sais pas quoi vous dire. »

Mais qu'il est long, ce meeting ! Il n'en finit pas. Très bon discours. Rien de normal, enfin, on se surprend même à applaudir ce candidat qui n'est pas le nôtre, le mien. Mais qui l'est devenu. Ordre absolu de Madame : « Loyauté, soutien total. Hein ? Pas de blague, d'accord ? »

Oui, Madame. Pas de blague, pourtant ça n'est pas l'envie qui nous manque d'en faire et d'en dire, des blagues. On se motus, on se bouche cousue, on se contraint, ah oui, formidable campagne ! Non, non, ne jugez pas comme ça. Il est pacificateur. Oui, normal, et alors ?! Ça va nous changer. Puisqu'on vous le dit !

Et on se défoule sur Sarkozy. Qui s'ennuie à l'évidence. Cette campagne l'ennuie. Son adversaire l'ennuie. Ah, ça n'est pas la Royal. Il en viendrait presque à la regretter. Avec elle on boxe, de front, de face et de côté. Là, il faut tenter d'attraper du vent, taper dans un édredon, poursuivre l'armée des ombres. Il est rudement efficace, quand même, ce type normal. Dans l'esquive. Il le moquait, cette savonnette qui vous glisse toujours entre les doigts. Il ne se moque plus et il s'ennuie. Au point d'avoir démarré un peu trop tard. Quinze jours trop tard.

Le décorum est bel et bien là, encore plus beau qu'en 2007… Et cette musique de gladiateur pour entrer en scène ! Ah, elle filerait presque les jetons, cette musique. Ça fait un peu dictateur, non ? Non, non, on plaisante. Ne vous énervez pas comme ça. Mais pas loin quand même. Et cette affiche. Ils l'ont ratée même si l'idée de la force n'est pas mal, non, qu'en penses-tu, Carla ? L'homme fort qui marche sur les roulements de tambours, cligne de l'œil à l'extrême droite, tape sur les syndicalistes… En apparence, tout y est. Sauf le petit supplément. L'envie. Il ne semble plus en avoir autant envie que cela. Rien ne prend, rien de marque. Sauf les excès. Et encore, momentanément. L'ennui de Nicolas Sarkozy contre la normalité de François Hollande.

Pas si normal que cela, en ce 22 janvier. Excellent orateur. Habité. Passionné par son discours, il veut marquer le point.

Mais elle n'écoute plus. Ou si peu. Elle n'existe plus dans cette vidéo. Donc elle n'existe plus.

Tiens, Martine Aubry a l'œil noir aussi. En grande discussion avec son voisin, le Hollandais Jean-Pierre Bel. Qui semble recevoir une de ces phrases uppercuts dont elle a le secret. Elle se tourne vers Ségolène, lui montre Bel. Et opine du chef dans un sourire entendu. Elle lui fait la leçon, au futur président du Sénat. Sur l'absence de Ségolène. Et sur la sienne aussi. « C'est pas des manières. Vous vous comportez comme des c… » Directe, très directe. Comme toujours. Elle ne peut pas le secouer, ce François, à sa tribune, qui harangue comme elle l'a rarement vu haranguer. Tant mieux, grand bien lui fasse ! Elle ne l'a jamais aimé. Une inimitié réciproque. Un jour, dans un élan de confidence et de presque amitié, elle lui a demandé, à Elle : « Mais comment as-tu pu faire avec un mou pareil pendant tant d'années ? »

La réponse n'est jamais venue car on ne peut quand même pas pactiser ainsi sur le dos du père de ses enfants. Mais elles aiment bien quand même, quand les circonstances l'exigent, s'en payer une petite tranche, de ces « machos insupportables » qui évidemment ne leur arrivent pas à la cheville. Elles n'ont pas tout à fait tort, mais pas raison non plus. Car les machos en question au fond les ont bien eues, ont cassé quelques ressorts vitaux. Et si la pensée reste cohérente, le goût du défi encore présent, les idées plus ou moins claires, il existe, dans une niche invisible et profondément enfouie, comme un imperceptible découragement, une petite fêlure, mais qui a déréglé la mécanique. Elles auraient pu présider la France, l'une et l'autre, pour des raisons bien distinctes. Mais elles sont là, ce 22 janvier 2012, applaudissant un homme qu'elle méprise pour l'une, qui la déçoit pour l'autre.

Fin de la grand-messe. Elle sort rapidement. Nous sortons tous. Filer vers les voitures, sans passer par les loges pour féliciter le héros du jour et sa très belle performance. Ne pas tomber sur sa compagne qui ne le quitte pas d'une semelle, procède elle-même au filtre à l'entrée de la loge : « Toi, tu rentres, toi tu ne rentres pas. Non, j'ai dit non. Il ne veut voir personne. »

Elle exige, elle obtient. Qu'il voie les enfants en sa présence, et uniquement en sa présence. Forcer les sentiments. Les enfants louvoient. Refusent. Prétextent. Font parfois l'effort car il faut bien, cette présidentielle, c'est aussi celle de papa. Qu'ils aiment. Papa de toujours même s'ils ne changent rien à leurs habitudes d'enfants simples, sans vanité ni arrogance. Au contraire, une réelle timidité, toujours aussi touchante. Quand maman les appelle pour les présenter, ils sont toujours un peu réservés. Disent bonjour madame ou monsieur. Ils sont étonnants, ces enfants, finalement très libres dans ce milieu carcéral politique.

Filer vers les voitures sans croiser aucun journaliste. Des militants sont massés à la sortie des loges : « Ségolène, ah, Ségolène », on applaudit. Elle sourit, les salue, donne quelques poignées de main. Le cœur gros insoupçonnable. S'engouffre dans la vieille Laguna qui date de la présidentielle 2007, et si nous allions prendre un chocolat bien chaud dans les salons du Westin ? Triste chocolat ! Elle ne comprend pas. Nous non plus d'ailleurs. Tant de stupidité comportementale. Et quelle mise en danger de cette campagne. Ah oui ! Il suffirait qu'elle convoque la presse, explique, fasse un scandale. Elle serait belle, cette campagne ! D'ennuyeuse elle passerait à fracassante.

Faire voler en éclats le vernis posé en couches épaisses sur lequel on peut lire des paroles bien connues : « Tout va très bien madame la marquise », tout va très bien mais elle va très mal. Idées noires. Propos lapidaires. Un texto qui tombe : « Les enfants font un dîner chez Clémence. Ils m'invitent. C'est gentil. » Les enfants, encore eux, qui savent mieux que quiconque mesurer les efforts de leur mère, la difficulté de leur père. Qui voudrait bien mais qui ne peut pas. Ne pas bouger. Avancer dans sa campagne. Faire comme si. Lui aussi.

Elle ne peut en rester là. Y pense une grande partie de la nuit. Au petit matin, elle est invitée sur une télé matinale. Regrette cette vidéo. N'en dit pas plus. Mais le message est passé. Manuel Valls se fait admonester. Il n'y est pas pour grand-chose mais qu'importe. Serrer les dents. La victoire a un prix et souvent il se jauge à la force des mâchoires serrées.

Quelques images sont ajoutées. À la va-comme-je-te-pousse. Premier écueil passé. Pas glorieux-glorieux.

*

* *

Kairos

> « La lutte elle-même vers les sommets
> suffit à remplir un cœur d'homme.
> Il faut imaginer Sisyphe heureux. »
> *Le Mythe de Sisyphe*, Albert Camus

Un jour de janvier 2012.

Je rame. Je souffre. Je procrastine. Tiens, voyons un peu sur YouTube si je trouve ce morceau de The Shoes. « Time to Dance ». Mais quelle horreur, cette vidéo ! Un tueur en série glacial. Trop violent. Martha Argerich, peut-être ? Ah, quelle merveille. Elle joue le concerto n° 1 de Tchaïkovski. Qui l'interprète mieux qu'elle ? Van Cliburn, forcément. Direction Kirill Kondrashin, ce disque qui ne me quitte jamais. Les retours de pensionnat le week-end. Les premiers reportages. À l'époque du Walkman. Les premiers meetings à l'époque de l'iPod. Mais quand même, quelle lionne, cette Martha !

Bon, ce discours. Je ne sais pas par quel bout le prendre. Quelle plaie ! Et nous partons demain. Je n'ai même pas le titre. Trouvez le titre, et vous trouvez le discours.

Ils attendent. Pour le mettre en pages et le glisser dans le dossier. Tempo parfait. Ne pas dérégler la mécanique horlogère. Se pousser au pied du mur, aux dernières limites et bondir. Jaillir, écrire. J'en ai tellement écrit, des discours. Il est facile, celui-là. Je le tiens dans ma tête. Il suffit juste de retranscrire sur papier. Et elle corrigera. Elle corrige toujours tout et c'est heureux. Les brouillons se succèdent sur son mail. « Bien reçu. » Et puis elle s'enferme, seule. Et elle réécrit tout. De temps à autre, à l'écoute, vous retrouvez des bouts de phrase, des lambeaux d'adjectif, des restes de tournure. Mais elle a tout cassé, tout reconstruit. À sa façon, avec ses mots à elle. Et c'est mieux. Être ses plumes, c'est aussi accepter de recevoir une leçon de modestie par semaine. Elle s'en amuse. Parfois fait plaisir. Laisse des phrases entières, voire un paragraphe. Et vous fait un clin d'œil ou esquisse un sourire quand elle le prononce : « Tu vois, je prends tes mots », semble-t-elle vous dire. On voit, on voit. Et nous en ressentons une forme de fierté un peu infantile. Ce que c'est que d'être une plume. Des cendriers remplis à ras bord. Des exigences qui tombent sur les mails. « Non, ça n'est pas ça, l'angle, c'est trop plan-plan, élevez le niveau »... Bon, alors on creuse. On fume, on réfléchit. Et une autre phrase, un autre angle jaillit. Et l'on repart, à l'assaut des mots, des idées, des lignes. Et des arêtes : « Non, on dirait un mode d'emploi, une notice technique. On fait de la politique. C'est pas mal mais creusez », et l'on recreuse. Et l'on cherche l'or du discours. Sans formules creuses ou trop clinquantes pour éviter ce qu'elle déteste : « les mots valises ». « Personne ne comprend rien à cette citation. Il faut autre chose ! » Pas la peine de faire Wikipédia citations. Elle sait. Elle sent l'imposture. Réfléchir à ce qu'on a lu avant. En rapport. Se rafraîchir la mémoire.

Enfin le mail libérateur tombe : « Voilà, c'est parfait. Bravo. Merci. »

Des allers-retours épuisants, exigeants mais si formateurs. Et dans la version finale, ses mots à elle, qui claquent, embarquent. Provoquent. Unissent ou clivent. Mais ses mots. Sa substance. Ses erreurs assumées. Elle assume, tout. Même cet étrange discours de congrès à

Reims, le 15 novembre 2008. Elle a laissé ses plumes traditionnelles dans le salon de l'hôtel. S'est enfermée avec Ariane Mnouchkine, son amie, et écrit jusqu'a la dernière minute. Elle a gagné le premier vote des motions, elle est en tête, n'a aucun risque à prendre. Et pourtant elle en prend. Dit ce qu'elle pense profondément, déclenchant tour à tour les applaudissements et les huées. « Il nous faut prendre soin de notre parti et, pour cela, il va falloir nous guérir, nous soigner. » Huées d'une partie de la salle, des « va te faire soigner » fusent sur les gradins de droite.

Mais elle poursuit, fidèle à son texte et au message qu'elle veut faire passer, coûte que coûte, quitte à tout perdre en quarante minutes.

« Lorsque nous nous retrouverons tous au travail, entre nous, l'estime reviendra et nous aurons tant besoin des uns des autres que nous finirons bien par nous aimer un tout petit peu. » S'aimer, se respecter. Un vocabulaire étrange dans une enceinte de congrès. Les tonnerres d'applaudissements tentent de couvrir les tonnerres de sifflets… Tout elle dans cette scène. Je dis ce que j'ai à dire. Ça plaît et ça ne plaît pas. Qu'importe. Je dis donc je suis. Il n'y a pas de boulettes dans cette démarche. Il y a la liberté intérieure d'une femme qui refuse de pratiquer la langue de bois, les artifices de langage et les faux-semblants qui tuent la fonction politique, pense-t-elle. Liberté de ton, d'attitude, de comportement. Sa fête de la Fraternité, en septembre 2008 au Zénith, démontrera aussi son théorème : je dis donc je suis. Mêlant Woody Allen, les *subprimes*, Cyrano de Bergerac et une tunique baba chic dans un joyeux tintamarre populaire. Elle signe une performance politico-artistique jamais renouvelée depuis. *Sui generis*.

Je repense à tout cela. Ces centaines de pages écrites, dont elle a gardé l'infime, et ses phrases flèches, à elle, qui frappent et résonnent encore. « Pardon », à Dakar, qui a couru dans tout le continent africain. « Je l'ai là, au fond du cœur », à Villepinte, qui a provoqué un irrésistible élan de tout un peuple de gauche, une vague qui s'est brisée sur la défense de fer sarkozyste.

Bon, reprenons... D'abord une petite cigarette.

Poser sa pensée. J'aime tant écrire. Le discours, le sel de la vie des politiques.

Lui n'a jamais laissé le soin à personne d'écrire.

Il écrit bien, juste, droit. Drôle. Ah, ça ne déborde jamais du cadre. Tout est rationnel mais brillant. Argumenté. Phrases courtes. Peu de formules toutes faites mais un rythme. Et un art oratoire des plus efficaces.

Il écrit avec ces petites pattes de mouche. À la main. Souvent, avant la clôture de l'université d'été de La Rochelle, il quitte la fournaise politico-médiatique du centre-ville, ces terrasses où s'attablent les ennemis d'hier, les alliés de demain, les journalistes en mal de confidences, et il s'enferme dans un petit hôtel du bord de mer, le seul où l'on peut descendre de la terrasse sur les rochers : Les Brises. Loin de tout. Sans souffrance. Juste la joie d'aligner des phrases pour convaincre et passer l'obstacle sans se mettre en danger. Solide. Rassurant. Les effets comiques qu'il est le seul à maîtriser à ce degré d'art mettront la chair. Rarement il sort de son texte. De son corset personnel. Il parle peu de lui mais beaucoup du parti. Certains y verront un exercice ennuyeux. J'y ai toujours repéré l'art suprême de tenir les positions par beau temps ou grand vent. Ses discours ont toujours été un bateau solide pour traverser dix ans de parti socialiste. Il fut aussi correcteur. Parfois, certains jours, tombaient, par fax, dans sa permanence de Tulle en Corrèze, les discours que la jeune ministre de l'Environnement, puis de la Famille et de l'Enseignement scolaire, devait prononcer. Il regardait. Renvoyait avec quelques indications à la marge.

Souvent pendant la présidentielle de sa compagne, il corrigea.

« Ça y est, il a tout raboté », pestait l'équipe de plume. Raboter. Élaguer les arêtes pour ne pas la mettre en danger.

Pourtant, il a dû lui aussi prendre des risques. Ah, que voulez-vous ! Une présidentielle, ça n'est pas l'élection d'un président de conseil général !

Son rêve français tomba à plat. Soufflé par quelques conseillers de la campagne, fou de celle de Barack Obama et de ces discours du président américain qui naviguaient des pères fondateurs au discours post-racial sans jamais tomber hors sujet. Il s'y essaya. Sans le succès escompté. Ça n'était pas lui. Ça n'était pas son souffle. Sa croyance ni son aspiration. Non, il fallait autre chose. Quelque chose qui vienne du cœur. Des tripes. Qui frappe les esprits et entraîne le peuple dans la danse. Derrière lui, poussant, accompagnant. Tirant. Devançant. Une foule qui avance. Le mouvement. Lui et eux. Fusion. Cette fusion qui fait les campagnes victorieuses.

Et ses mots à lui l'ont rencontré, ce peuple de France, l'autre jour, au Bourget. « Mon véritable adversaire, il n'a pas de nom, pas de visage, pas de parti [...], et pourtant il gouverne [...], c'est le monde la finance. »

Désarçonnés, sidérés, enflammés : les 20 000 militants acclament ce candidat qui, pour la première fois, les touche vraiment. Les emporte, les enlève, les entraîne sur un chemin dont chacun sait, ce jour, qu'il sera victorieux. Inévitablement. Gagner une campagne sur une phrase : « Mon adversaire, c'est le monde de la finance. » Est-ce une supercherie ? Un attrape-nigaud ? Non, c'est ce *kairos*, ce jaillissement d'un instant nouveau. Cette conviction qui jaillit et rencontre toutes les convictions, les agrègent en un instant et font désormais route ensemble. La force des mots. Souvent imprévisible. Je l'ai bien observé, à ce moment précis. Aux premières loges. Pas très loin d'elle. Un peu en retrait. Près du régisseur. Il n'était plus lui, le simple et normal candidat pour lequel il fallait de toute façon voter parce qu'on n'avait pas d'autre choix. Il était devenu un guerrier qu'il ne se savait certainement pas être. Et sa puissance, sa voix, la force de ses mots rebondissaient sur les visages un peu éteints du premier rang, puis du second, puis de tous les rangs. Comme une étoile allumant toutes les autres étoiles. Une seule fois dans sa vie, il est sorti de lui-même. C'était le bon jour. À la bonne heure, au bon moment. Au bon endroit.

Mais pour un discours de légende, combien de milliers de pages, biffées, déchirées et recommencées ? Efface et recommence. Ah, ça ne va pas. Ça ne sonne pas. Ça sonne faux. À côté. Plat. Inodore, incolore, sans saveur.

« Je n'aime pas ce que je vous ai écrit, lui ai-je dit un jour. – Ah bon, alors comment voulez-vous que je l'aime ? Ça n'est pas grave. Recommencez. » Bienveillance bienvenue car je suis vexée par moi-même. Allez, réécris, petite plume qui ne prononcera jamais ce que tu écris. C'est confortable, hein ? Ça n'est pas toi qui prends le risque. Tu te risques par truchement. Inutile de fanfaronner quand le meeting sera réussi. Sous-entendu à peine voilé : « Le discours, c'est moi. » Non, ça n'est pas toi. C'est elle. C'est lui. Ce sont eux. Tu es un passeur de mots. Un fabricant de phrases et de syntaxe. Un pêcheur de perles. Tu es le silence, la page et les lettres qui dansent, coulent ou se révoltent au gré de tes pensées. Tu es le silence. Ils sont la voix. Regarde les acteurs déclamer un petit bout de tes mots. Un jour, peut-être, auras-tu le courage de monter sur scène et de les déclamer à ton tour, les mots que d'autres auront écrits pour toi. En attendant, reste modeste.

*
* *

Et vogue la campagne. Orchestrée, mise en scène par Manuel Valls. Sol y sombra.

*
* *

Rennes, 4 avril 2012

> « N'écoutant que son courage, qui ne lui disait rien,
> il se garda d'intervenir. »
> Jules RENARD

Mais quel boucan ! Oh, les Tri Yann, vous pouvez jouer moins fort ? Le biniou, ça n'est pas l'idéal pour discuter en coulisses. « Excuse-moi, tu disais quoi, Stéphane ? Ils se croisent, c'est bon ? »

La grande carcasse s'est adossée au mur en placo. Il allume une cigarette. Moi aussi : « Ouais, c'est bon, mais c'était pas gagné, mais c'est bon, là. » D'accord. Tope là. Deux maquignons qui viennent de régler, du moins le croient-ils, la photo. Cette belle photo qui doit fixer l'unité définitivement retrouvée : François et Ségolène ensemble dans un meeting. À quand remonte leur dernier meeting en commun, déjà ? Ah oui, je m'en souviens : Limoges. Le 29 mars 2007… Ça fait longtemps. Un autre âge. L'échange avait été rapide. Le seul moment commun de la campagne. Un petit bécot sur la scène, comme ça en passant. Oui, ça fait longtemps. Allons refumer sur le parking, cette fois… Stéphane Le Foll fume lui aussi beaucoup. Il ne fait ni beau ni pas beau. Conversation lapidaire sur le parking. Nous nous sommes tout dit. Ça y est, Tri Yann s'est arrêté ! Tonnerre de biniou et d'applaudissements, rentrer et passer de l'autre côté du grand hall pour l'attendre. Quelques personnes piétinent déjà ! « Elle arrive quand, Ségolène ? » Elle arrive, elle arrive Ségolène. Elle s'est installée dans un petit hôtel. Pour revoir une dernière fois son discours. En paix. À un mois du premier tour, tout va plutôt bien. Enfin, disons plutôt que ça ne va pas si mal. La campagne est correcte, propre, sans éclat mais sans faute lourde. Une campagne sur des rails. Chacun chante sa chanson. Les socialistes et la justice sociale, l'égalité, la jeunesse. La droite et ses extrêmes. Nicolas Sarkozy stridule et la caravane Hollande passe… « Elle arrive, Ségolène ? Avec François ? » Non pas ensemble, mais ils arrivent, je vous assure !

Ségolène, quel drôle de prénom. C'est vrai, on s'y est habitué. Mais ce nom, Ségolène Royal… On le croirait sorti d'un roman, non ? Un nom inventé pour l'occasion d'une chanson de geste. Ils ont tous des noms tout de même très étranges, très différents. À bien y réfléchir, non ? François Hollande... Pas banal non plus. Et Nicolas Sarkozy... Chic aussi... Et Laurent Fabius, ça aussi, il faut aller les chercher, quand même. Des noms qui claquent comme des étendards. Mais pourquoi je pense à ça, moi ? Fatigue, fatigue d'une campagne. On accroche sa pensée à des détails aussi idiots.

« Oui, oui, elle arrive, Ségolène, ne vous inquiétez pas. »

D'ailleurs, au fait, elle arrive quand ? Allez j'appelle Guillaume... Garot... L'élégant, le courtois Guillaume. Il ne sait pas encore qu'il sera ministre dans quelques mois. Il n'y pense même pas, ne l'envisage même pas. Et surtout pas à cette heure-ci. Si vous saviez, chers vous qui lisez, à quel point nous galérâmes ce jour-là, lui et moi, pour une simple photo. Alors ministre, vous n'y pensez pas. Et lui non plus, d'ailleurs.

« Oui... Elle termine et on part... » Je ne comprends rien, un chuchotement : « Tu dis quoi ? »... « Je te dis "il épèle..." elle termine et on part. Je ne peux pas te parler plus ni plus fort. Elle est juste à côté. Besos. »

Sa façon à lui de dire bisous. En espagnol, va-t'en savoir pourquoi. Silence à l'hôtel, elle révise ses mots. Dans ces moments-là, le moindre bruit est une agression. Besoin de concentration extrême, tous pareils. Marrant. Nous avons tous donné quelques bribes, quelques briques pour ce discours qui lui tient tant à cœur. À l'heure actuelle, elle doit être en train de tout réécrire. À sa façon. Elle est dedans.

Bon tout ça ne me dit pas l'heure d'arrivée.

« Ah, je te cherchais. Je te montre sa loge et son parcours ? » Il y a toujours des visages amis dans cette caravane exaltée qu'est une campagne présidentielle.

Axel en est un. Fournisseur de badges, organisateur de nos arrivées, de nos départs, des non-croisements, des croisements aussi… Oui, j'arrive. Partons patrouiller un peu dans le dédale. Ça vous paraît étrange mais si vous saviez comme tout cela est compliqué à régler. Une vie politique, ce sont des réglages de coulisses. Tout ce que vous ne voyez pas mais qui exige de la précision horlogère et de la diplomatie de terrain… Qui va croiser qui et où ? Qui s'assoit à côté de qui ? À quel moment prend-il la parole ? À quel moment monte-t-elle sur scène ? On attend où, au fait ? Loge individuelle ou loge collective ? Pour elle, toujours individuelle. Normal. Son statut. Mais elle aime aussi se mélanger. « Laissez donc, je vais aller avec tout le monde. C'est mieux. » D'accord. Ils ont tous leur terrain de repli. Au cas où. Dans la circonstance, les croisements sont très compliqués évidemment car tout ne peut pas se croiser comme ça, avec négligence. Monsieur et Madame… Et Elle. Les équipes savent et sans se le dire, sans mettre des points sur les i et les barres sur les t, organisent ensemble les parcours : « Alors là, tu vois, elle rentre par là… Elle prend cette petite allée et on arrive à sa loge. » Très bien, ça me paraît très bien. Droit, direct et sans embûche. Bon, arrivée réglée. Photo réglée.

Ressortons. « Elle arrive quand, Ségolène ? », me demandent les gens encore plus nombreux qui attendent aussi le candidat. « Elle arrive, elle arrive »… Tiens, d'ailleurs, il faut qu'elle arrive avant lui. Préséance du candidat. Il arrive en dernier. Normal, il a gagné.

« Tu sais, François ne va pas tarder.

— Oui, d'accord. »

« Allô, Guillaume, accélérez un peu !

— T'inquiète, on est en route. »

Très bien. Tout va bien alors.

Tout va mieux. En cette fin d'après-midi, tout va mieux sous ce ciel breton un peu barbouillé.

Car tout n'allait pas si bien en début d'après-midi.

Dans le TGV qui l'amène à Rennes avec le candidat, sa compagne et plusieurs élus, Manuel Valls improvise un *off* dans le wagon-bar. Les questions fusent sur Ségolène Royal. Plutôt bienveillantes. Et sur la photo du jour : les deux ensemble sur scène. Est-ce la présence de Valérie Trierweiler à quelques mètres, qui prend un café avec son épouse à lui, la violoniste Anne Gravoin ? En tout cas, Manuel Valls prend la mouche, s'énerve de ces questions trop personnelles, et, avec la suavité qui le caractérise parfois, envoie paître un journaliste en répliquant : « Moi, je fais de la politique, pas du romanesque ! »

Tente de minorer la présence de Royal : « Il y aura aussi Jean-Yves Le Drian, et le groupe Tri Yann. »

Chacun se regarde, interloqué : « Mais que se passe-t-il, monsieur Valls ? Vous êtes agacé ? »

Il enchaîne : « Pas du tout, je fais de la politique, pas vous ! » Des réponses qui claquent. Mais il s'en contre-fiche. Il assume son tempérament. Et son sens de l'ordre. Ce qu'il a décidé doit être. Et pas autrement. Il aime les cadres. Cadré. Cadrant. Il s'est toujours comporté ainsi. Déjà à Matignon, lorsqu'il était conseiller de presse. Depuis, le jeune conseiller un peu pète-sec s'est mué en élu d'expérience.

Entre les deux présidentielles, il est devenu député-maire d'Évry, a choisi le non à la Constitution. A soutenu Ségolène Royal à la présidentielle, et au congrès de Reims. Puis s'est lancé à son propre compte dans la primaire socialiste. 6 %, rallié à François Hollande dès le soir du tour, il est devenu son incontesté et incontestable directeur de la communication.

Avec quelques convictions profondes : la République, le pragmatisme, l'ordre et la sécurité. Et, dans cette présidentielle, il en a une. François Hollande peut et va gagner. Oh, bien sûr, pas par adhésion mais par rejet de Nicolas Sarkozy.

Pourtant, Dieu sait s'ils se sont méprisés et opposés au sein du PS. François Hollande a toujours considéré Manuel Valls comme un arriviste, uniquement préoccupé de communication. Un faiseur. Quant à Manuel Valls, il a toujours combattu François Hollande sur son travers le plus criant : le manque d'audace et de créativité. L'ensablement du parti, des idées, des initiatives.

Lui, il cherche de nouvelles voies, lit beaucoup. Assume de n'être ni énarque, ni polytechnicien. Avancer. Agir. Se propulser. Bouger. Être élu. Aimé dans sa ville d'Évry, respecté aussi par les classes populaires. Un maire à l'écoute, chaleureux et juste, une image qui tranche avec son autoritarisme au quotidien et sa difficulté à accepter la contradiction. Méditerranéen. *Sol y sombra.* Mais avec un professionnalisme dont Hollande a besoin dans cette campagne. Cadré.

L'accord est donc scellé entre deux hommes qui ne parlent pas le même langage, se méfient l'un de l'autre mais vont apprendre à se connaître et à s'apprécier.

Car une personne pousse à ce « *gentlemen agreement* » : Valérie Trierweiler. Elle connaît Manuel Valls depuis 1997. Depuis l'arrivée de Lionel Jospin à Matignon. Qu'elle couvre en tant que journaliste à *Paris Match*. Un accord forcément naturel entre le jeune conseiller en communication ambitieux et pressé et la représentante de l'hebdomadaire le plus lu de France. Ils s'apprécient beaucoup. Discutent beaucoup. Créent des liens de franche camaraderie, puis d'amitié. Manuel Valls, qui choisit de quitter Matignon en 2001 pour prendre la mairie d'Évry, ne sera donc pas comptable du naufrage de la présidentielle de 2002. François Hollande, qui en a gardé un souvenir épouvantable, se souvient aussi de l'équipe de communication et du candidat Jospin, qui, chaque jour, regrettaient « Manuel ».

Le naufrage de 2002 et l'amitié de sa compagne ont raison des dernières résistances d'un candidat qui accepte pour la première fois de s'en remettre entièrement à une seule personne : Manuel Valls, omniprésent. Attentif à tout. Et à tous. Verrouilleur en chef aussi. Combien de fois Pierre Moscovici n'a-t-il pas eu le temps de monter dans la voiture du candidat qui allait repartir ? Lui s'était déjà engouffré à côté de François Hollande. Le directeur de campagne évincé chaque jour un peu plus par le directeur de la communication.

Et que dire des compagnons des heures sombres, les « 3 % », comme ils aiment se nommer, Stéphane Le Foll, Faouzi Lamdaoui, Kader Arif, Bruno Le Roux ? Maintenus à la lisière de cette campagne. À la lisière des loges. Du bureau. Des décisions. Manuel Valls maîtrise tout, gère tout, tranche sur tout. Validé aux yeux de tous par François Hollande qui laisse faire. Et par sa compagne, qu'il a pris sous son aile. La femme du chef. Voilà comment chacun la voit, lui sourit, lui est agréable mais n'en pense pas moins. Manuel Valls organise donc aussi la communication de Madame, l'installant partout, la mettant dans le champ de tout. Organiser la paix des ménages pour avoir la paix en campagne.

Le quatuor est donc du déplacement breton. Avec une consigne : minimiser la venue de Ségolène Royal.

Le mot tabou. Le mystère. L'objet de cette jalousie qui prend possession de Valérie Trierweiler à intervalles réguliers et électrise toutes les situations, même les plus banales.

Il ne veut sous aucun prétexte de cette photo. Car sa compagne n'en veut pas. Depuis la veille, elle menace de faire scandale. Exige que le duo ne se croise pas sur scène. François Hollande, comme à son habitude, répond sans répondre et laisse le soin à son conseiller en communication de régler cette question.

Alors, dans le TGV, il contre-attaque. Non seulement ça n'est pas romanesque mais « il n'y aura peut-être même pas de photo ». Stupeur des journalistes qui sont venus pour cela. Célébrer les retrouvailles. Intrigués, ils appellent Ségolène, directement. On se parle beaucoup, dans nos métiers.

Surtout ne pas bouger, ne pas surréagir et régler tout cela, en coulisses, loin du regard des observateurs qui sentent bien que ça ne tourne pas mais n'imaginent même pas à quel point.

Arrivée à Rennes. Et nous nous retrouvons donc sur ce parking, au commencement de notre histoire où la conseillère et quelques amis attendent une voiture gris métallisé. Tiens, qui arrive, justement.

« Tout va bien ? demande-t-elle à la descente.

— Oui, tout va bien. C'est réglé. » Comprendre : « La question de la photo est réglée. » Marcher d'un pas rapide tout en expliquant le déroulement de la soirée. « Ah bonjour, merci d'être là. » Ils l'ont vue, ceux qui piétinent depuis une heure : « Ah, Ségo ! On a voté pour toi ! On vote pour François ! – C'est bien, c'est bien, votez et faites voter. On va gagner ! Allez, faut y aller ! » Elle n'a jamais perdu ses réflexes.

Il faut y aller. On va gagner. Faites voter… l'agent électoral parfait. En 2007, alors qu'elle vient de perdre la présidentielle, elle se lance dans une tournée ébouriffante de soutien aux législatives… Elle arrive en Lorraine. Aurélie Filippetti est en difficulté pour le second tour. Elle l'aime beaucoup, cette jeune femme intellectuelle, issue d'un monde ouvrier qui l'a nourrie et qu'elle ne renie pas. Bien au contraire. Un petit gymnase dans cette circonscription ouvrière, elle monte à la tribune, saisit le bras de la candidate et crie en riant : « Voici ma petite sœur de Lorraine ! » Tout va se jouer à quelques voix. Au premier rang, des dizaines d'enfants sont massés. Pour voir Ségolène. Elle s'adresse à eux : « Les enfants ? – Oui, répondent-ils en chœur. – Les enfants, dimanche il faut dire à papa et à maman d'aller voter, d'accord ? – Oui. – Je compte sur vous, d'accord ? – Oui… »

Agent électoral. Sur ce parking aujourd'hui encore. Voter et faire voter.

« Donc, je parle quand exactement ?

— Aurélie vous annonce et vous montez sur scène. Vous faites votre discours. Vous redescendez. On envoie le film. François arrive, vous l'accueillez. Photo, et vous redescendez.

— Parfait, parfait. » Double parfait, c'est bon signe.

*
* *

Certes certes, les amis, c'est parfait. Mais il suffirait de faire quelques mètres. De coller son oreille à une autre porte pour entendre une autre musique. Le candidat vient d'arriver. Sa compagne avec lui. Ils discutent. Ou plutôt elle monologue. Regardons de plus près ce candidat plongé dans son discours. Il ne répond pas. Elle lui prend une feuille et la jette. Tourne dans la pièce. « Mais réponds. » Il ne répond pas. Elle ne veut pas de cette photo. Cette photo ne sera pas. C'est clair ?

*
* *

Meeting (suite)

Revenons dans les loges. On en sort. Longer le grand rideau de l'arrière-scène et passer une tête… Que cette salle est magnifique ! Que c'est beau, une campagne ! Drapeaux breton, français, cornes de brume. Le carré du devant, celui du mouvement des jeunes socialistes avec leurs oriflammes arc-en-ciel, ça sent la victoire. Ne pas le dire trop vite mais bon… Y penser quand même.

« Ah, ça va être à votre tour, madame. »

S'engager sur le petit escalier…

Postons-nous tout de même au pied dudit escalier, sait-on jamais. La confiance règne, à n'en pas douter.

Elle monte. Bras levés. Ovation. Ça tape du pied sur les gradins, « Ségolène, Ségolène ». Elle commence son discours. Très bien. Tout est en ordre de marche…

Mais c'est bizarre, cet ordre qui vient de tomber de la régie. Le technicien répète pour voir s'il a bien compris.

« Royal doit descendre de scène et elle ne remonte pas. »

Nous demandons au régisseur d'où vient cet ordre… Un peu gêné : « C'est l'ordre de la com. J'obéis.

— Il n'en est pas question. Ségolène descend et remonte. »

Le régisseur me regarde, interloqué, comprend confusément que l'heure est grave. Il remet son micro-casque et rappelle : « L'équipe Royal demande quelqu'un. Elle indique que madame Royal descend et remonte sur scène pour accueillir monsieur Hollande. »

Nouveau silence. Le régisseur enlève son casque et me dit : « Monsieur Valls arrive. »

J'envoie immédiatement un texto à Stéphane Le Foll : « Peux-tu nous rejoindre au pied de l'estrade ? Y a plus de photo. Viens ! Ça ne va pas le faire ! »

Quelques minutes plus tard, il arrive et il n'est pas faux de dire que sa carrure de rugbyman rassure. Manuel Valls est arrivé quelques secondes avant lui. Commence alors, au pied de la tribune, une bagarre de chiffonniers. Je lui demande des explications, et sa réponse fuse : « Tu n'es pas ici chez toi. Je ne te parle pas, tu n'es pas une élue.

— Oh que si, tu vas me parler, et t'expliquer. Immédiatement. »

Face à face. De l'autre côté de la scène, Dominique Bouissou, l'attachée de presse de la campagne, sent souffler le vent mauvais. Par réflexe, elle barre un peu la vision des quelques journalistes qui campent pour attendre de son côté à elle le fameux croisement des deux. Ils perçoivent des mouvements, des grands gestes, mais les lumières qui éclairent le pupitre sont si aveuglantes qu'elles plongent tout le reste dans la pénombre.

« Je ne règle pas ça avec toi.

— Je m'en balance, de tes “élue ou pas élue”. Il n'y a pas de négociation possible. »

Dialogue de sourds, de sourds en colère.

« Calmez-vous, tempère Stéphane Le Foll. Il y aura la photo. Je viens de voir avec François. La photo se fera. »

Il ne dit rien. Tourne les talons et s'en va.

« Ah, je m'en souviendrai, de Rennes », murmure Stéphane Le Foll, abattu. Ce qu'il ne dit pas, c'est qu'il sort de la loge du candidat. Qu'il a laissé aux prises avec sa compagne. Qui ne lâche rien. Ne veut rien savoir. N'accepte pas. Jette quelques feuilles par terre.

Et avec tout ça, rien entendu du discours de Ségolène Royal qui vient de se terminer. Elle redescend quelques minutes. S'approche de moi : « Tout va bien ? » Je réponds oui, d'une voix un peu blanche. « Vous êtes sûre ? poursuit-elle. J'ai cru entendre une discussion. Des bruits. – Non, non, je discutais avec le régisseur. » Ce qui n'est pas faux. Mais ce qui n'est que partiellement vrai. On s'arrange parfois avec la vérité. Elle sait qu'il s'est passé quelque chose. Et que nous ne lui disons pas tout. Mais le moment est tellement difficile pour elle qu'elle feint de croire notre version, servie par moi et par Guillaume Garot. « Je t'assure, Ségolène. Tout va bien. »

Nous voilà donc tous les trois, au pied de la même estrade, attendant l'arrivée du candidat. En loge, il n'est pas prêt, officiellement, il chauffe ses cordes vocales… Officieusement, il parlemente une dernière fois avec sa compagne qui ne veut rien entendre.

Musique. Entrée. Une entrée en zigzag. Comme s'il hésitait à monter sur scène. La sécurité change deux fois de côté. La foule est dense, il avance lentement, mais ces changements sont inhabituels. Perchés sur les côtés de la tribune, nous suivons sa progression… Il vire brusquement, change de direction pour arriver sur scène à l'opposé de l'endroit où se trouve Ségolène Royal pour l'accueillir. Nous alertons, elle ne veut plus bouger. Humiliée d'avoir à subir cet affront qui ne dit pas son nom. Prête à rebrousser chemin, à repartir en loge. Il faudra encore parlementer quelques minutes pour qu'elle accepte de s'engager sur cette maudite scène, de la traverser et d'accueillir François Hollande du bon côté. Sous les vivats, les hourras des militants. Quelques secondes avant que le candidat ne lui indique le chemin pour repartir. Un geste maladroit. Qui sera retenu contre lui. Mais l'essentiel est fait. Clic-clac la photo est dans la boîte. Ils sont complices, souriants, heureux.

Ce qui aurait pu tourner à l'incident de campagne devient une belle valeur ajoutée pour François et Ségolène. Mais chez ces gens-là, madame, monsieur, on ne lâche rien. *In cauda venenum.*

Ségolène sort de scène, va s'asseoir à sa place au premier rang, entre Laurent Fabius et Marylise Lebranchu.

Mission accomplie. Allons fumer un peu. Mais à peine sortie, un texto d'alerte : « Remontez vite. Ça grabuge. »

Et nous voilà remontant au pas de course. Trop tard. Elle est piégée. Coincée dans sa tribune avec une Valérie Trierweiler qui se plante devant elle pour lui serrer la main. Plusieurs photographes ont été convoqués par SMS quelques minutes avant pour venir se poster face à la tribune officielle et « prendre un truc inoubliable », dit le texto, sans savoir ce qu'est le truc inoubliable en question. Clic-clac, la photo. Une photo pour chasser l'autre photo. Calcul pathétique car la seule qui sera publiée dans le monde entier sera celle de François Hollande et Ségolène Royal. Choisie pour la couverture de ce livre. Elle est belle, cette photo, non ?

*
* *

Elle

Rennes, 4 avril 2012, 22 h 30.

Je devrais me dire que je m'en fiche. Que j'ai fait mon devoir. Que l'essentiel, c'est le résultat. Que le meeting s'est bien passé. Je devrais. Je devrais... Mais je ne peux pas. C'est plus fort que moi. Je n'y arrive pas.

Et mon équipe qui s'est bien fichue de moi ! Comme si je n'avais pas entendu les discussions. Les cris. Comme si j'étais sourde, aveugle. Je n'ai pas bien fini mon discours. Je ne pouvais pas. Trop d'émotions dans la tête. Trop de souvenirs. Tellement envie de le voir gagner. Malgré tout. Malgré la trahison. Malgré elle.

Ah ça, oui ! Mon équipe s'est bien fichue de moi.

Quémander pour une photo ! Se battre pour une photo ! S'abaisser !

Et puis quoi, encore ?!

Il en a bien plus besoin que moi, de cette photo. Qu'est-ce que ça peut bien me faire, à moi, cette photo ? C'est moi qui fais un cadeau. Pas lui. Et si je n'avais pas voulu, il aurait fait quoi ? Il aurait expliqué comment que je ne vienne pas ?! Ils auraient été malins, tiens !

Pffff. Tout est lourd. Ce trajet en TGV. Ce questionnement incessant des journalistes. De mes conseillers. Non, je ne sais pas encore ce que je dirai ! Je dois relire mon discours. Tout réécrire. Ce discours, ça n'est pas moi. Non, ça n'est pas moi. Ça n'est pas mon cœur. Que peuvent-ils savoir, tous, de mon cœur ?! Et de mon désir de donner ce que je peux donner à cette campagne ? Au nom du pays. Au nom de lui. Pour les enfants aussi. Je fais aussi cela pour eux. Pour qu'ils soient fiers de leur père et de leur mère. Ils ne sont pas venus. Ils ne voulaient pas. Pauvres enfants, pris entre deux feux. Leur père. Leur mère. L'autre. J'essaie de les préserver. De les protéger. De protéger ce qu'il reste de noyau. Notre noyau. Eux, leur père et moi.

J'ai fait un effort surhumain pour venir. Être là. Et quoi ? je me retrouve, dans le rôle de la pauvre fille qui supplie pour une photo ?! Mais ça va pas, non ? Et puis quoi encore ? Je n'aurais jamais dû les écouter. Cette équipe ne comprend rien ! J'aurais dû suivre mon instinct. Descendre de cette tribune et repartir. Au lieu de cela, je me suis retrouvée piégée par elle. Obligée de sourire.

Est-ce qu'ils savaient, mes conseillers ? Pourquoi personne ne m'a alertée ? Comment cela peut-il arriver ?

Je suis dans ma voiture. J'ai demandé au chauffeur de sortir. Ils m'attendent tous au restaurant. J'ai envoyé un texto à Manuel Valls. « Ne t'avise pas de recommencer. » Pas de réponse. Je m'en moque. Si je voulais, je la ferais dérailler, cette campagne.

J'ai envie de pleurer. D'humiliation. Ce soir, je n'ai pas été respectée. Je n'ai pas respecté mon instinct qui me disait de partir. Oui, mais qu'aurait écrit la presse ?

Je ne veux pas lui faire ce qu'ils m'ont fait. Je ne veux pas. Je ne peux pas.

Et ils m'attendent au restaurant. Et je n'ai pas envie de les voir. Le chauffeur a compris. Ma conseillère aussi, qui est montée, reste à côté de moi sans rien dire. Et me donne des mouchoirs. C'est moche, de pleurer. C'est laid, je déteste ça. Je déteste pleurnicher sur moi et sur les autres. Je déteste cette soirée. Cette photo. Ces gens.

Mon équipe qui ne m'a pas protégée. Qui s'est abaissée à discuter.

Je ne le reconnais pas. Je ne le connais plus. Cet homme.

Bon. Ils sont combien, dans ce restaurant, à m'attendre pour dîner ? Trop. Dix. Mon équipe. Quelques élus. Ne rien leur dire. Faire comme si.

Mais je suis trop dure avec eux. Je sais qu'ils sont malheureux. Qu'ils sont tristes. Qu'ils ont fait au mieux. Pour moi.

Mais je ne supporte plus cette tristesse générale. Tiens, il faudrait un joyeux luron. Qui m'amuse un peu. Je ne veux pas les voir pleurer avec moi. Mais je ne supporte pas non plus tous ces rires. Je ne supporte plus rien.

Reste-t-il un mouchoir ? Oui. Bien. Je sors de la voiture. Je respire. Ah, un texto de lui ? Ah non. Un texto des enfants. « Maman, c'était très bien. Très fort. »

Si les enfants sont contents, je suis contente.

Allons dîner.

*
* *

Lui

Rennes, 4 avril, 19 h 45.

Je la regarde mais je ne la vois pas. Je ne l'entends plus. Dans ces moments-là, je ferme tout : mon cœur, mes oreilles, mes yeux. Une crise, une de plus. De ces crises de rage qui la secouent. Je ne la rassure pas. Je ne veux pas la rassurer. Je la maintiens. À la lisière de moi-même. Personne ne rentre en moi. Personne ne s'introduit par effraction. Personne ne me possède, ne me possédera jamais. Pas question de lui dire comme ça. Je la laisse crier. Hurler. Jeter des feuilles au visage.

Je les laisse régler cela. Entre eux. Je suis candidat à la présidentielle. Mais ne le comprend-elle donc pas, à la fin ?

*
* *

Ah, ça ira, ça ira, ça ira

Bastille, 6 mai 2012.

Il a gagné. Ils ont gagné. Elle a un peu gagné aussi. « C'est aussi la victoire de notre belle Ségolène. » Yannick Noah la serre dans ses bras, la félicite. On chante sur scène, tout le monde s'aime en coulisses, les fameux soirs où tout le monde s'aime, vous savez ? Je vous en ai déjà parlé, de ces moments de grâce. En voilà un. Arnaud Montebourg la saisit par le bras et l'entraîne au-devant de la grande scène. Il la voit. Elle le rejoint. Ils s'embrassent et lèvent les bras, ensemble…

« Et moi, tu ne m'embrasses pas ? Sur la bouche ? » Valérie demande, exige et n'obtient pas.

Ah non, ça ne va pas recommencer, ces histoires ?!

*

* *

Et vous pensez, vous, que l'histoire se termine là ? Et bien vous vous trompez. Car les derniers ressorts de la tragédie se remontent en silence. Les dieux farceurs se rient des événements et des mauvaises pensées. Elle doit maintenant gagner une campagne législative, plutôt mal engagée. Il lui propose d'abandonner. Il lui propose tout. Elle ne veut pas. Gagner La Rochelle, présider l'Assemblée. Telle est la voie royale qu'elle s'est tracée. Mais les dieux ne l'entendent pas ainsi.

*

* *

Elle

12 juin 2014, La Rochelle, 12 h 10.

Ils attendent tous. Que j'aie fini de manger. Ils sont alignés, souriants, au coin de la rue. La terrasse a été prise d'assaut par nos équipes et les touristes.

Il fait si beau à La Rochelle. Cette lumière douce, tendre, qui se réfléchit sur la pierre blanche de la vieille ville. La douceur de l'Océan. Cette mer vitale, ces bateaux. J'aime les bateaux. J'aime cette ville, un peu bourgeoise, pudique et rebelle.

Ils attendent. Ils m'attendent. Ils sont aussi gênés que moi. Ils n'y croient pas, eux non plus, à ce tweet. Ils pensent tous que c'est une erreur. Une blague. Un piratage de compte. Mais pas elle, elle ne peut pas avoir fait cela. Quand ils me l'ont montré, je n'ai pas voulu voir. Je crois bien que j'ai envoyé paître mes conseillers.

Mais Martine, elle, je l'ai crue. Elle s'est approchée de moi, m'a dit : « Ségolène, c'est pas marrant mais il faut réagir tout de suite. Si tu veux, je le fais. »

Oui. Fais-le, Martine. Je ne sais pas ce qui arrive. Tout m'échappe. Cette campagne. Elles sont venues, les filles, aujourd'hui, pour me soutenir. Sympas. Martine. Cécile Duflot, aussi. Elle a du talent, cette petite. Directe, elle dit ce qu'elle pense. Elle est aussi un peu soufflée, je crois.

Oui, Martine, dis-leur ce que tu veux. Ah, le premier rideau de micros marche vers nous…

« Ça doit être un piratage. C'est certain, bon, nous on va manger, à tout à l'heure. » Ça y est, premier barrage passé. On gagne du temps. Je ne sais pas. Est-ce qu'ils sont déjà au courant, eux, tous ceux qui mangent à la terrasse ? Peut-être pas. Ils sont en vacances, après tout.

Oui, bien sûr, Martine, mets-toi en face de moi. Et toi, Cécile, à côté. Viens, Guillaume, à ma gauche. Il est drôle, ce Guillaume Bachelay. Gentil, aussi. Tout le monde est très gentil. Je l'ai perdue, cette campagne. Ça y est. C'est terminé. Pourtant, c'était bien ce matin. Elles sont venues de Paris, et nous avons déposé ensemble ma liste et elles ont été très chouettes. Sur la légitimité de ma candidature. Ici aussi. Illégitime. Je n'ai pas assez donné à cette ville ? Je n'ai pas assez pris soin de cette ville, de ses habitants ? Je suis d'où, moi ? Je suis parachutée de Normandie ? Non, je suis la présidente de leur région. Quel piège. Quel nid de guêpes. Illégitime, je t'en ficherais.

Ah oui, bien sûr, commandons. Je vais prendre un bar grillé. Il a essayé de me joindre. Je ne peux pas encore lui répondre. Il y a trop de monde. Je suis trop pleine de… De quoi, d'ailleurs ? De colère, de chagrin ? J'ai perdu. Je le sais. Je le sens. Ce fracas encore. Mais je lui ai fait quoi, exactement ? Elle m'a déjà tout pris. Ma vie, mon couple. Elle veut quoi, encore ?

Mais qu'il est drôle, Guillaume Bachelay. Et Cécile aussi, et Martine. J'aime beaucoup cette équipe de Martine. Ils blaguent. Ah, que c'est bon de rire ! En plein soleil, à une terrasse au bord de l'eau. Ils attendent, et une petite silhouette se détache. Elle marche vers la table derrière nous. Celle de nos équipes. Elle chuchote à l'oreille de mes conseillers. Que se passe-t-il ? Personne ne me dit rien. Ah, ils parlent à Martine.

Oui, Martine, dis-moi je t'écoute. Ah ? Tu es sûre ? C'est confirmé ?… Pourquoi ? Cette fois c'est certain, je n'y arriverai pas. Je ne m'en relèverai pas. Je ne peux pas toujours tout encaisser, tout subir et repartir. Cette fois, c'est la fin.

Ce poisson est délicieux. Je veux partir. Rentrer à l'appartement et être seule. Appeler les enfants. Les rassurer et me rassurer. Thomas a déjà eu son père. Il m'a laissé un texto. Il a appelé ses copains. En hurlant : « Plus jamais je ne veux la voir. » C'est rare. Thomas ne hurle jamais. Rentrer vite. Passer le deuxième rideau de micros et rentrer. Me retrouver seule. J'aime la solitude. Réellement. « Allez, levons-nous de cette terrasse… Viens, Ségolène. » Elle assure, Martine. Moi, je n'ai rien à dire. Martine parle aux journalistes, fait diversion. Cécile aussi. Je monte dans l'Espace. Avec elle. Elle me donne une petite tape sur la main. Allez, Ségolène. Ça va aller. Ça va aller…

Peut-être.

*

* *

Lui

Palais de l'Élysée, 12 juin 2012.

Pourquoi a-t-elle fait cela ? Pourquoi ? Pourquoi me défie-t-elle ainsi ? Pourquoi. Ils sont muets. Ne disent rien. Et cet air accablé qu'ils ont. Tous autour de mon bureau. Debout. Je les regarde. J'avais bien besoin de cela. Elle ne se maîtrise plus. N'y arrive plus.

Et les enfants ? Que vont-ils penser, les enfants ? Et Ségolène ? Pauvre Ségolène… J'ai essayé de l'appeler. Elle me rappellera. Et sinon je réessaierai. Il faut toujours réessayer avec elle. Persévérer. Je connais bien la chose. Quand elle est blessée, elle se referme, se mure. Les textos tombent dans un puits sans fond. Mais elle les lit, je le sais. Je suis comme elle. Elle les lit. Y pense et attend. Vas-y, persévère. Encore un. Et encore un autre. Au quatrième, elle redonne signe de vie. Pauvre Ségolène. Désarticulée. Je vais l'appeler ce soir. Mais d'abord gérer la crise. Garder mon sang-froid. Elle me provoque. Oh, je sais bien ce qu'elle a dans la tête. À la recherche d'une passion qu'elle croit perdue alors que je suis simplement submergé par la fonction. Président de la République. C'est immense.

C'est constant. Pas de répit. La vie dont je rêvais, moi. Mais peut-être pas elle.

Monte le son de la télé, s'il te plaît. Aïe ! Ça envahit tout l'espace, ce tweet. Je ne l'ai pas encore vue. Elle pleure, m'a dit son ami. Elle pleure. Bien la peine de pleurer, maintenant. Le mal est fait. Couvert de ridicule. Elle me couvre de honte. Et les enfants. Les enfants. Ne pas laisser leur mère seule. Bon sang, mais je lui ai dit que ce serait dur, La Rochelle. Je le connais, Olivier. Humilié, dit-il, par moi. Trahi par moi. Je lui ai demandé de renoncer, il ne l'a pas fait. Me défie. Lui aussi. Et ils me défient ensemble, cette fois-ci.

Ah, ça y est, Ségolène rappelle. Sortez.

*

* *

Éloge de l'effort inutile

> « Le succès, c'est d'aller d'échec en échec
> sans perdre son enthousiasme. »
> Winston Churchill

La Rochelle, 14 juin 2012, 13 h 30.

Ah, on en tape et on en tape, de ces maudites portes. Fermées. Remarquez bien, les gens travaillent en journée. Parfois une porte s'ouvre.

« Bonjour monsieur. On vient vous voir pour le vote de dimanche. Le second tour. Pour madame Royal. »

Parfois, invitation à entrer… Parfois : « Allez vous faire voir », parfois : « Moi je vote Falorni. Un gars bien… »

Merci monsieur.

Bon Dieu qu'il fait chaud. Et si on allait boire un verre ? Bien frais… Allez, on termine la cage d'escalier et on y va. « Bonjour madame. Il faut voter dimanche. – Ah non, certainement pas pour elle ! Si j'y vais, c'est Falorni. »

« Ah oui, j'irai pour elle. Elle est formidable. Et courageuse. Ah ça, ils l'ont pas gâtée. Allez j'y vais, promis. Avec mes grands enfants et mon mari. Madame Ségolène, elle est extra. »

Ah, le sourire nous revient. Descente en riant.

Ils sont où, les copains ? Ils n'ont pas fini leur barre d'immeuble. Pas grave. Attablons-nous. Un Coca. Glace et citron, merci. Et le silence. Comment rattraper le retard en quelques jours ? Même en tapant à toutes les portes de tous les immeubles de ces quartiers populaires qui n'ont pas voté au premier tour… Ça ne les concerne pas, ou plus. Ils l'aiment bien, madame Ségolène, mais tout ça, c'est trop compliqué. Ça fait trop de bruit. Toujours ces gens qui se battent. Ça nous casse la tête. Ils peuvent pas la laisser tranquille, un peu ? Et elle peut pas rester tranquille ? Qu'est-ce qu'elle est venue faire ici ? À se faire embêter. Ah là là. Pas de chance.

Les mêmes mots qui reviennent. La même empathie indifférente. Cette fois, elle n'y arrivera pas.

Et de deux. Après la primaire, La Rochelle. « La loi des séries, qui volent toujours en escadrille », aurait lancé Jacques Chirac. Bah oui. Mais ça n'est pas une raison pour se décourager.

Elle ne se décourage pas. A accéléré la cadence. Deux fois plus de terrain. Passer dans le recoin où on avait oublié d'aller. À la recherche du temps perdu. Peut-être qu'il peut se rattraper. Mais tout le monde s'en fiche, de sa campagne. Ils arrivent par dizaines, les journalistes, pour la voir, parler du tweet. Comprendre ce qui s'est passé. Scruter son visage. Elle garde le maintien. Plaisante, évite un peu la victimisation et dort mal. Couchée tard. Levée très tôt. Entre les deux, des mails et des textos. De la gentillesse, aussi. Beaucoup de mots gentils. « Merci, merci de vos efforts. Merci pour le porte-à-porte. Allez, haut les cœurs ! » Une collection de « haut les cœurs » qui nous donne du courage pour lever ces cœurs pleins de brouillard malgré le soleil éclatant. Encore un jour plein de campagne.

On sort la carte. Tout ce qui a été fait est entouré en bleu. Tout ce qui reste à faire est entouré en rouge. Il y a tellement de rouge sur cette carte !

Tiens, Martine Aubry appelle. Elle appelle le matin et le soir, pour prendre des nouvelles. Ça n'est pas simplement la patronne du PS qui appelle. C'est Martine. Qui encourage : « Comment va Ségolène ? Je n'arrive pas à la joindre. Dis-lui qu'on est tous là, avec elle. Que puis-je faire pour aider ? Ça va, vous mangez tous bien ? Vous dormez un peu ? Il faut dormir, hein ? Il faut qu'elle dorme aussi. Allez, courage. Jusqu'au bout, hein ? » Oui jusqu'au bout. Boire la coupe jusqu'à la lie. Je sais, tu sais. Elle sait, nous savons, vous savez, ils savent.

Le dernier sondage est mauvais. Elle sait ce qu'elle risque depuis des mois déjà. Tout le monde l'a alertée. Elle a voulu poursuivre. Repartir au combat dans cette ville où elle se sent bien et dont on peut tirer encore le meilleur. Qui oserait lui reprocher de faire un choix personnel ? Après tant d'années et de don aussi à la cause socialiste. Nous lui avons proposé Châtellerault. Ou

Rochefort. Sur le papier, moins facile que La Rochelle sans dissidence. La Rochelle dans un fauteuil sans lui, Olivier Falorni, une créature qui s'est révoltée contre son créateur. François Hollande. Je n'obéirai plus. J'ai tout donné. « Tu m'as trahi, passé par pertes et profits pour elle. Je ne t'obéis plus. Plus jamais, je vole de mes propres ailes, et advienne que pourra. » Voilà ce qu'il rumine, dit et fait dire. Une passion contrariée en quelque sorte. Il a tapé sale mais juste, dans les angles de ses failles à elle : le parachutage supposé. Son tempérament légendaire. Il a tapé et ça a marché. Mauvaise foi, mépris des règles du parti dont il a pourtant été l'un des plus tâcherons, maintien au second tour. Mépris de cette femme qui l'insupporte. Et grâce à elle, il devient célèbre. Il sort de l'ombre, ce petit Falorni un peu falot. On ne parle que de lui. On ne voit que lui. Elle sera son ascenseur, son tremplin, son propulseur. Il parle de lui, de son enfance, de ses valeurs. Partout, à la télé, dans les journaux. Il existe. Continuer. Le placement est juteux. Il aurait tort de se gêner. Il l'entraîne dans son piège. Elle le sait mais que faire à part continuer, aller jusqu'au bout ? Jusqu'à la lie.

Il fait vraiment trop chaud. Un autre Coca s'il vous plaît. Merci beaucoup.

Ah, ça y est, les copains ont fini. Elle a fière allure, la troupe. Pas de costumes-cravates ou de bottines lustrées du cabinet Royal, très à cheval sur l'apparence et l'éducation. Non. En jeans délavés, baskets, tee-shirts et le cœur joyeux. De l'aider, cette patronne, même si c'est un peu tard. Le jean va bien à Alexandre. Le tee-shirt à Ali. Les baskets roses impeccablement à Emmanuelle. Nos ongles bien peints parce qu'il ne faut pas exagérer. Nous sommes des royalistes.

Tiens, *Paris Match* arrive. « Bonjour, je cherche Ségolène. »

Elle n'est pas loin, certainement.

« Je l'ai croisée ce matin. Elle est quand même resplendissante et combative. »

Oui. Certes. Personne ne possède mieux l'art du camouflage qu'elle. Son amour-propre fait le reste.

« Et vous aussi, d'ailleurs. C'est quand même incroyable, votre solidarité. »

Oui. Certes. Les échecs, ça forme et ça déforme aussi. À quand remonte le dernier succès ? Ah oui, les régionales en 2010. Plus qu'un succès, un triomphe. 61 % au second tour. Deuxième mandat. Plébiscitée. Meilleure réélection derrière Martin Malvy. Elle ne le sait pas à cette époque mais la consigne de Solferino est simple : ne pas laisser Ségolène Royal faire le plus gros score… Alors on mobilise outre mesure, outre capacité, en Midi-Pyrénées, pour faire monter le compteur le plus haut possible.

Elle ne voit rien. Immergée dans sa campagne à laquelle elle a fini par prendre un réel plaisir. La tempête Xynthia est passée par là. Elle sait agir dans la crise. Se rend immédiatement sur le terrain, délocalise les bureaux de la région sur les lieux du drame. Passe ses soirées, ses matinées avec les rescapés installés dans des gymnases, à patauger dans la boue avec des bottes en caoutchouc et un ciré rouge. Tailleur et caoutchouc. Fait acheminer des petites maisons provisoires. Elle sait agir, commander en temps de crise. Enfoncée dans le drame humain qu'elle fait sien. S'emparer du désordre extérieur pour se remettre en ordre à l'intérieur.

Du défi, du défi, encore du défi, que diantre ! « Bougez-vous. Ça ne va pas assez vite ! Mettez-vous à leur place ! Allez, bougez ! Comment ça ? Ça n'est pas encore fait ? Vous cessez de faire ces choses inutiles et vous vous y mettez. Tout de suite. »

Un général au front. Personne ne moufte. Elle a raison. Et ça turbine à plein régime. Ça écrit. Tous azimuts. Les plumes moulinent, l'équipe monte des déplacements. Les kilomètres s'avalent comme des petits pains au chocolat tout chauds. Les cernes se creusent mais qu'importe, ça sent la victoire. Alors on accélère dans l'épuisement.

Aujourd'hui, ça sent la défaite, et il faut quand même accélérer. Tous ces cercles rouges à colorier en bleu. Aïe ! Mal de dos. Mal de tête. Le pas lourd, on y retourne. Texto de Cécile Duflot : « Courage, les filles ! » Un texto à point nommé. Courage, les filles et les garçons. La défaite en boitillant.

*

* *

Pas faim, merci

La Rochelle, 17 juin 2012, 21 heures.

Ils chantent. Ils dansent, ils boivent à l'autre bout de la ville. Ils peuvent. Près de 59 % au second tour. K.-O. debout.

« Bonsoir, madame, nous avons réservé pour madame Royal. » À peine aimable, la patronne… « Ah oui, c'est à l'étage. » Une dizaine de tables dressées. La table d'honneur et les autres. On se cherche une place. Pas faim mais il faut quand même bien manger.

Et lui, s'il pouvait arrêter, avec ses blagues. Ses pouet-pouet et ses tralala itou. Nous l'aimons bien, mais là, ce n'est pas le moment. Ça sonne faux, pas drôle, poussif, forcé. Fausse allégresse. Donc tais-toi, l'ami. Comme si quelqu'un allait croire qu'on a envie de rire. Même lui n'y croit pas. Il se tait, d'ailleurs, sans qu'on lui demande. Pas envie d'être sympathique, ce soir. De se forcer à être aimable avec cette équipe locale. Surtout quand on est tenus à l'écart. Tous à l'écart par prudence. Pas de cabinet, cette fois. Une équipe légère. Qui a fait de son mieux. Ne pas tomber dans le piège de « c'est la faute à..., c'est la faute de... ». C'est la faute de nous tous. Et des autres.

Alors, tu parles, tu penses, si tu crois qu'on a envie de rire ce soir et de faire des jeux de mots idiots ! Pouet-pouet. Allez, envoyez les langues de belle-mère !

Assis, en cercle, les cartes qui passent.

« Vous avez choisi, mesdames, messieurs ?

— Non. Je ne veux rien, merci. » Pas faim.

Une petite coupe de champagne quand même parce qu'il ne faut pas exagérer. Un coup d'œil rapide à sa table... Maxime Bono, malheureux comme les pierres. Le maire et député sortant qui a mis tout son poids... sans succès. À ses côtés. Flora, sa fille, Thomas, son fils, qui est venu. Avec ses copains. Pour soutenir et encourager. Les jeunes qui s'ennuient au fond de la salle. Elle n'a regardé personne. A géré comme une automate sa sortie. Dans les jardins du Muséum d'histoire naturelle. Précipitant le temps, annonçant elle-même avant les 20 heures qu'elle est battue. Ah, elle peut bien citer Victor Hugo, les trahisons... Elle est battue, archi-battue, et tout bascule. Plus d'avenir momentanément. Plus de perchoir de l'Assemblée. Plus rien. Inutile de lui dire que c'est un mauvais moment à passer. C'est un très long moment qui s'ouvre, et nul ne sait quand il se refermera.

« Cessez de faire la tête. Souriez. »

Ah, l'injonction. Souriez ! Comme si nous étions capables, nous, de sourire ! Non. Non. Je ne sourirai pas. Personne d'ailleurs ne comprendrait. Sourire ? Et puis quoi, encore ! Non, bouder, être triste et le montrer. Assumer. Elle fait ce qu'elle veut. C'est elle la star. Nous, nous sommes les figurants aux figures renfrognées.

Tous à la baille, cul par-dessus tête. Trop tôt pour se demander ce que nous allons devenir. Trop tôt pour analyser et tirer profit de cette déculottée. Et ça gratte, ça crache de la dépêche. Ça filme, ça commente. Plutôt doux, les commentaires. Remarquez, inutile d'en rajouter. Le score parle de lui-même. Seule la victoire est belle. Mais la défaite cuisante au terme d'une bataille qui a saturé l'espace médiatique, ça n'est pas mal non plus. Une tragédie moderne. Il y a de quoi en tortiller, des papiers. Ils ont raison.

« Non je n'ai pas choisi, monsieur… Si, finalement, donnez-moi donc une salade César. »

Pauvres petits pantins que nous sommes.

Bon, il faut aller se coucher. Elle se lève, traverse la salle, les yeux fixes…

« Bonne nuit, les petits amis. » Tiens, exactement la même expression que lui. Les petits amis. Jumeaux.

« Bonne nuit, madame », répondons-nous dans un mouvement de chaises collectif.

Allons nous coucher, mais d'abord peut-être boire un petit verre ? Oui, c'est ça.

Ces verres, on les connaît. Les verres de l'après-défaite. Je déteste ce restaurant, cette ville et ses bars.

Bon, rentrons… marcher en silence. Tout le monde dans le même hôtel. Un hôtel joli chaleureux. Coqs en pâte.

« Désolé, je suis désolé pour vous, nous dit le patron qui visiblement nous attend. J'ai voté pour elle. Puis-je vous offrir quelque chose ?

— Une verveine fera l'affaire. Très bien, la verveine. La boisson des retraités ! »

La blague fait enfin rire de bon cœur. La retraite, à nos âges et au sien ! Mais vous n'y pensez pas !

La blague qui détend. Les journalistes appellent. Les élus. Comment ça va ? Comment vous allez tous ? Comment va-t-elle ? Reprenons le fil de la vie et répondons. Autour de la verveine qui refroidit. Les mots réflexes reviennent : « C'est une défaite. Mais pas la fin. Elle va se poser et réfléchir à l'avenir. Oui, tu sais, elle est solide. Elle est forte. Elle en a vu d'autres… »

Pas certaine de ma dernière phrase… Elle en a vu d'autres… Oui mais l'empilement des « elle en a vu d'autres » commence à tanguer sérieusement. Comme une tour de Pise ou une pile d'assiettes qui menacerait de s'effondrer.

Minuit. Un texto : « Merci pour tout. Amitiés, Ségolène. »

Chacun reçoit son petit texto. Comme un trésor précieux. Un texto presque maternel. Elle fait ses SMS, quelque part, dans cet appartement devenu soudainement inutile. Et nous, dans nos chambres d'hôtel, nous plongeons dans un sommeil lourd de fatigue, de lassitude et de chagrin.

*
* *

La joie dans la douleur

Paris, 22 juin 2012.

Et cette fichue porte qui ne s'ouvre pas. Personne ne répond à l'interphone. Ils sont passés où, tous ? Un bureau fermé à clé. Et je n'ai pas pris mes clés. Tout part à vau-l'eau, décidément.

Bon sang de bon sang ! Je vais être en retard. J'ai rendez-vous avec Elle. Pour parler de la suite. S'organiser. Que fait-on ? Où va-t-on ? Que veut-elle ? Que voulons-nous ?

Bon, remarque, si la porte est fermée, c'est qu'elle est en retard elle aussi. Mais une heure, ça fait beaucoup. Et personne ne répond.

« On arrive. » Ah, enfin un signe de vie ! On arrive, on arrive, oui, mais quand ?

Bon, je vais les attendre en bas. Dans notre petit café habituel. Ce que ça m'agace, ce manque de respect ! Une heure de retard. Comme s'il ne s'était rien passé dimanche ? Je me traîne un de ces cafards. Ça ne passe pas. J'ai beau essayer. Rien à faire. Le blues du blues du schwartz.

« Tu peux peut-être monter ? C'est ouvert maintenant ! »

Ouvert ? Mais ils se fichent vraiment de moi ! Ouvert ? Mais je n'ai vu monter personne depuis mon poste d'observation, ma terrasse de café. C'est quoi, ce cirque ?

« VOUS VOUS FOUTEZ VRAIMENT DE MOI ! Y EN A MARRE ! » En majuscules, la réponse !

La colère. Mon pire ennemi. Elle monte comme la marée au Mont-Saint-Michel. Triple galop. Je l'endigue, je l'endigue, je la retiens, je me réfrène. Et les digues finissent toujours par lâcher. À plus ou moins longue échéance. Je progresse millimètre par millimètre sur cet adversaire intime, cette faiblesse qui m'a tant coûté. Mais m'a permis de survivre à tout. La colère argentine de mon grand-père. Ma colère pour des riens et des pas grand-chose. Je ne veux pas mourir en colère. Encore une colère, une petite dernière pour la journée. Ah, on va voir ce qu'on va voir. Se moquer de moi ainsi…

« Monte, au lieu de râler. »

Tu parles d'une réponse. Inutile de réagir. Sur l'échelle des perroquets, je suis souvent la plus forte. Ils rendent tous les armes car mes colères sont effrayantes. Dévastatrices, meurtrières. Elle seule arrive à les freiner, et encore.

Je monte. L'œil noir. Tiens, la porte est entrebâillée… Je la pousse. Pas un bruit dans le couloir étroit qui mène à l'*open space*. Mais c'est bizarre, je sens une présence. J'avance… et… Ils sont tous là. Venus de Poitiers, de Paris. Et elle est là, avec un bouquet de fleurs magnifiques, et ils chantent : « Joyeux anniversaire », et mes yeux se mouillent.

Dans ce désastre électoral, elle a pensé à cet anniversaire et l'a organisé depuis le début de la matinée. Tout le cabinet réquisitionne car « on doit lui faire une belle fête, à notre guerrière sans casque »… Un piège de l'amitié. « Merci pour tout. Bon anniversaire, ma chère. Allez, on mange. »

Cette femme m'étonnera toujours.

*
* *

Il faut toujours payer le prix de la souffrance. Il achète et se rachète en nommant l'un des siens à Elle au gouvernement : Guillaume Garot devient ministre délégué. Dans le giron de Stéphane Le Foll. Ô surprise, ô joie, les dieux ne sont pas si cruels.

Va, petite plume, goûter au gouvernement, et tiens les positions. Comme les sherpas tiennent la corde sur les pentes venteuses des Himalayas. Tirez, tirez. Pour la remonter.

*
* *

Boulogne, juillet 2012

Il est arrivé seul, accompagné d'un officier de sécurité qui est resté sur le trottoir.

Il a sonné à l'interphone où ne sont inscrites que les initiales. Les siennes à Elle et celles des enfants. Elle ouvre.

Ils l'attendent avec impatience, ce père devenu président de la République et qui vient, tout simplement, fêter l'anniversaire, traditionnellement groupé, de leurs deux filles.

Retrouvailles simples, et attendues.

Notre héros file lui aussi à l'anglaise, a semé sa compagne, son cabinet, les journalistes qui le suivent. Le voilà à nouveau au milieu du salon. La dernière fois, c'était pour annoncer avec Elle leur séparation aux enfants en juin 2007.

Quelle histoire !

Aujourd'hui, c'est jour de fête à la maison. Loin des regards indiscrets.

*
* *

Parenthèse enchantée, me direz-vous ? Et vous aurez raison car un anniversaire familial ne guérit pas tout. Les cent quarante caractères de ce tweet irrationnel ont replongé notre héroïne dans le rôle qu'elle déteste le plus : un vaudeville qui ferait oublier ses états de service politique. Entraînée inexorablement par le fond, elle procède comme elle a toujours procédé : s'éloigner pour revenir.

*
* *

Disparue

« Il est absolument évident
qu'il n'y a dans la vie nulle situation plus propice
à la philosophie que celle où tu te trouves maintenant. »
MARC AURÈLE

La Rochelle, août 2012.

Mais s'il pouvait s'arrêter au moins un peu de pleuvoir. Oh, bien sûr, pas toute la journée, mais au moins quelques heures. Toute cette eau qui tombe sur de l'eau, la mer. Verdâtre, grise, inquiétante, ça nous tape sur le système. Le gris du ciel, le gris du cœur. Pas de nouvelles, bonnes nouvelles.

Une photo, envoyée du cap de Bonne-Espérance. « Petit zébu croisé sur la route » pour seule légende.

Elle est loin. Elle a bien raison de se tenir loin. Ce La Rochelle et sa sempiternelle université d'été. Le même disque en 33 tours rayé. Enfin, pas tout à fait car c'est un La Rochelle de gouvernement, autant dire encore plus pénible que les La Rochelle d'opposition.

Des années et des années à converger vers cette ville-théâtre. À entendre les mêmes papiers : La Rochelle, les terrasses de La Rochelle. « Ovation debout pour Machin ou Chose en plénière. » « Les socialistes affichent l'unité à La Rochelle. » « Les socialistes se déchirent à La Rochelle. » « Le festival de Cannes des socialistes », ou encore : « À La Rochelle, l'aile gauche veut faire entendre sa voix. » Et puis : « Ils ne se sont pas disputés », « Photo de famille à La Rochelle ». Des kilomètres de papiers, de mots pour ce rendez-vous de la dernière semaine du mois d'août.

Généralement, le terrain a été préparé. À tour de rôle, quelqu'un canarde forcément dès le 2 ou 3 août, dans la chaleur de l'été. Une déclaration qui vous sèche sur votre lieu de vacances. Un petit clapotis qui vient secouer votre barque estivale, trois fois rien mais ça donne le la. Toujours les mêmes hôtels… Réservés d'une année sur l'autre sinon tintin, le même chez André et ses fameux fruits de mer, sa salle du sloop, lieu traditionnel du non moins traditionnel dîner du premier secrétaire. Montagne de langoustines, table gigantesque où se serrent les invités : journalistes. Plus près du centre, plus près de Dieu. Les médias importants pour la gauche vivent au centre. Les autres mangent aux ailes, ou en bout. On devise, on devise. Ah, le sloop en a entendu, de ces bêtises ! Si les filets de pêche et les faux citrons aux murs pouvaient parler ! Ils raconteraient les La Rochelle de deuil, lorsque Lionel Jospin, perdu en mer, revint faire une petite apparition, en 2003, un petit coucou pour rassurer ses camarades contrits. « Il suffisait de passer le mont de l'île de Ré », dira-t-il en guise de bonjour. Ils raconteraient les grandes discussions tactiques : « Et pourquoi Fabius est seul ? Et pourquoi il ne lui reste plus aucune chance de faire gagner le non à la Constitution ? » On jugera de la justesse des prédictions de ce La Rochelle 2004, qui s'acheva en La Rochelle 2005 avec un non à 55 %… On retiendrait aussi la présence, parfois, et toujours silencieuse, d'elle, sagement assise pas très loin de lui. Écoutant religieusement les démonstrations doctes de ce premier secrétaire volubile et extrêmement brillant, quoi qu'en disent et en pensent ses adversaires.

Et les réunions de courant ! Ah, les réunions de courant ! De sous-courant. La diplomatie parallèle : « Tu sais, j'ai dit ça en plénière, mais ce que je pense pour de vrai je vais te le dire. » À l'ombre de la terrasse d'un glacier. Un peu éloigné mais pas trop tout de même. Être vu en faisant semblant de ne pas voir. Telle est la ruse suprême du socialiste à La Rochelle.

Au loin, la mythique île de Ré, fief du seigneur Jospin, disparu en pleine mer mais revenu quand même. On s'y aventure en tapinois. « J'ai vu Lionel hier soir. J'ai dîné avec Lionel hier soir. » Air mystérieux… Je te prends par l'épaule et on s'éloigne. C'est secret. Lionel à vélo. Lionel qui écrit. Une sorte de Monte-Cristo dans son château d'If mais qui aurait raté toutes ses vengeances. Lionel qui ressort à intervalles réguliers lorsque quelqu'un, qui que ce soit d'ailleurs, met en cause la politique qu'il a menée pendant son quinquennat au siècle dernier. Touche pas à mon grisbi. À part ça, Lionel écoute, observe, conseille. Encourage. L'ombre portée de Lionel Jospin sur ce La Rochelle dont les habitants goûtent le passage socialiste qui remplit les tiroirs-caisses mais ne sont pas mécontents lorsqu'ils repartent. Jusqu'à l'année d'après et encore après. Ainsi de suite, et jusqu'à quand, dites-moi ?

Ils sont toujours descendus au même hôtel, le Saint-Jean-d'Âcre. Dernier étage. La chambre avec une grande terrasse. Vue splendide sur le port. Les bruits de la rue qui montent juste ce qu'il faut. Les cornes des bateaux. Les piaillements des mouettes.

Et cette lumière douce.

Cette année, la chambre a été louée à d'autres. Elle est loin, en Afrique du Sud. L'hiver austral là-bas. La pluie torrentielle ici.

Un petit zébu, il est très mignon ce zébu. Pour nous, ici, un bateau. Où nous avons réuni quelques amis. Les troupes sont maigres, et les cheveux mouillés. Les retardataires arrivent, s'excusent, les habits trempés. Des mots tendres pour elle, qui ne les entend pas mais qu'importe. Il fallait être là. Ils sont tous ministres. Elle est simple présidente de région. Tous ministres. Avant de s'écrouler, elle a sauvé ses pièces et ses pions.

« Vous devez tenir les positions et participer au travail gouvernemental. Loyauté. D'accord ?

— Oui. » Clair. Tenir les positions, toujours la fille du lieutenant colonel Royal, tenir les postions, investir les cabinets gouvernementaux, soutenir les ministres royalistes. Ils sont peu nombreux. À des postes peu déterminants, mais une position, c'est une position, et donc on la tient.

Elle, elle a lâché prise. Un été en Toscane avec ses filles chez ses amis d'Italie, le refuge habituel. Florence, Pise, la petite plage de Piombino. Toujours là, depuis tant d'années. Ses amis italiens, dirigeant le parti démocrate toscan. Andrea, son épouse, les enfants, les copains. Elle aime l'Italie, pourrait y vivre, dit-elle souvent. Elle aime cette légèreté, cette simplicité et la joie qui prévaut. La joie même dans les situations les plus dures. Ils sont faits du bois de la joie, ses amis italiens. L'emmènent faire du bateau, dîner sur l'île d'Elbe. Prennent soin d'elle sans arrière-pensée, simplement la pensée de l'amitié. Et ces restes de gloire présidentielle : en Italie, elle est toujours Ségolène, ou Ségolène et François. Son lieu secret. Florence, Rome. Ses chemins de traverse où personne ne la tracasse et ne récrimine. Ne discutaille pendant des heures ni de son statut, ni de son expérience, ni de son tempérament. La douceur italienne adoucit le caractère. Et elle qui, au fil des années, tente de rattraper ce temps perdu sur l'art, elle se gorge à Florence de ces chefs-d'œuvre. À ciel ouvert. Se forge d'opéra. De musique. Couleuvre un peu sur la plage avec ses filles. Tout y concourt, tout y appelle. En Italie elle se laisse faire. Été douloureux 2012 car, si la tristesse est plus douce au soleil, elle ne disparaît pas totalement. Mais quelque chose a changé. Le tweet destructeur et la défaite magistrale les ont paradoxalement rapprochés. Ils se parlent à nouveau, un peu plus, un peu mieux. Il la connaît. Connaît son désarroi, lui qui est parvenu au but qu'il s'était fixé. Il jouit chaque jour de sa victoire, malgré les difficultés. Cette joie qui dilate à nouveau son cœur. Il tend la main, elle prend la main. Cette fois, elle ne peut pas y arriver seule, il sera là. Il est là. Imperceptiblement. Alors elle peut se laisser aller dans cette Toscane tendre. Lui passe des vacances infernales. Un immense malentendu entre lui et les Français. Il n'a jamais aimé les vacances. Pourquoi en serait-il autrement ? Bien sûr, qu'il travaille, passe des coups de fil, fait venir discrètement quelques amis, dont Frédéric Cuvillier pour préparer la rentrée. Ses ministres le savent. Ils les appellent. Les guident. En plein été, alors que l'entreprise Doux s'effondre, Guillaume Garot et Stéphane Le Foll reçoivent des instructions directes. De lui, du Premier ministre. Il n'est pas le seul. Ils sont au travail mais ça ne se voit pas. Seule la plage de Brégançon se voit. Les balades avec Valérie. Le short un peu ridicule, la photo officiellement volée de la nouvelle première dame dans l'eau… l'effet est désastreux. Le malentendu, encore et toujours. Et puis le ressentiment, la traînée de poudre de ce maudit tweet… Qui continue à brûler. Les flammèches se ravivent à la moindre occasion. Il ne lui pardonne pas. Elle le sait, fait dire par ses amis que tout va bien. Certains font semblant de les croire. Mais rien ne va plus, plus rien du tout. Il passe un été épouvantable. Reconnecter peu à peu sa vie à celle de son amie de toujours, car c'est bien ce qu'ils sont en train de redevenir : des amis. Avec Ségolène qui arpente la Toscane et ses côtes maritimes à la recherche d'un apaisement personnel qui tarde à venir.

Partir, toujours. Le meilleur remède. Ce sera donc l'Afrique du Sud, le congrès de l'internationale socialiste. C'est en visitant Robben Island et la prison de Mandela qu'elle a l'idée de son livre sur le courage. Depuis juin, elle a reçu des centaines de mails. Les gens expriment leur affection sur sa page Facebook, des inconnus, des gens de toutes sortes, de toutes catégories, des mots tendres, forts, encore groggy, elle ne les a pas regardés pendant des semaines, et puis elle prend le temps enfin de les lire. Elle écrira, c'est décidé.

L'absente est omniprésente à La Rochelle, pour la première fois, ses adversaires d'hier se radoucissent… Ministres, députés, les femmes qui l'ont si souvent critiquée viennent parler, dire ce qu'elles ressentent. « Transmets-lui mon amitié. J'ai laissé un texto mais dis-lui. » Oui, oui, bien sûr. Et tout est transmis. Reçu. En retour, un petit zébu sur la route du cap de Bonne-Espérance. Le bien nommé.

ACTE V

Le retour

Nourritures terrestres

> « J'vous ai apporté des bonbons.
> Parce que les fleurs, c'est périssable. »
> Jacques Brel

Rungis, 27 décembre 2012.

Tôt. Beaucoup trop tôt. Le chauffeur patiente à l'angle de la rue. 4 heures du matin. Il a envoyé un petit texto : nous sommes là. La paire, le duo. Les anges gardiens. Chauffeur, officiers de sécurité. Nounous souriantes et armées. Xavier, Nicolas. On se sent bien quand ils sont là. Ils pensent à tout, se chargent de tout, des bagages, des cartes d'embarquement, des horaires. Ils sont respectueux, joyeux. Discrets. Jamais de questions qui fâchent, jamais de propos blessants. Facilitateurs de vie compliquée, surchargée, où les jours succèdent aux nuits avec quelques heures de pause.

Ce matin, 4 heures, c'est rude. Ils viennent chercher le ministre. Un immeuble simple et coquet sur un grand boulevard du 10e arrondissement. Bobo mais pas trop. Il a tout décoré avec soin. Appartement familial, où passent les parents, les sœurs, les frères et les amis. Sourire égal à la sortie. En route. Pour Rungis. Le Président visite le plus grand marché de produits agricoles du monde. 230 hectares. Passage obligé en cette période de fêtes. En tout petit équipage. Quelques journalistes. Deux ministres. Et des images, des images, des images.

4 h 30. Tout le monde sur le pont. Rungis, une ville réveillée. On crie, on klaxonne, on découpe, on taille, on écaille. Il arrive. Pétulant. L'œil frais. Demande des nouvelles du parcours. Après la tête de veau, le pavillon des fleurs. Assister à la découpe de la tête de veau... À 6 heures du matin. La manger à 7 heures. Cette manie. Ou de l'entrecôte à 7 h 30 au Salon de l'agriculture. Ah, le rituel de l'entrecôte ! Divine, certes mais... cette manie des politiques, de dévorer à pleines dents cette viande. Carnassiers. Comme si le goût de la barbaque à l'heure des cafés-croissants était forcément gage de bonne gouvernance. Un parcours initiatique de l'*Homo politicus,* et gare à celui qui minaude, rechigne au verre de rouge. Un peu trop fluet. Un peu trop lèvres pincées. Un peu trop maigre... Et ce matin, la compagnie mange, dévore, même. Grande rasade de rouge. Grands coups de fourchettes. Ils font plaisir à voir. Je repense à Jacques Chirac, carnassier, terrien, dévoreur de bonne chère et pas seulement, appelant la mère d'Alain Juppé pour lui dire : « Il faut qu'Alain mange. Il est trop maigre. » Derrière le conseil amical apparent, un conseil politique. La France aime les carnassiers. Et les carnassières. Elle aussi, elle adore ces instants « tête de veau » à la foire des Hérolles, joli petit village de la Vienne au milieu de nulle part qui se suffit à lui-même. Une foire qui remonte à 1484.

Chaque année, elle y retourne, y prend plaisir. S'attable, avale un bon verre de rouge et découpe avec appétit sa tête de veau. À grand renfort de « hum ». Pas joués, les « hum ». Carnassière. Plus élégante, pas gros rire gras. Mais rire flûté. Et on trinque et on dévore et on commente les récoltes, le cours du blé, de la volaille, les « on s'en sort plus, madame la présidente ». Elle les aime, ces petits agriculteurs. Pas comme les gros qui dépensent l'eau, épandent, polluent et gagnent « un fric fou sur le dos des petits », dit-elle. Les petits, les sans-grade, c'est son monde. Lui, au contraire, s'entend bien... avec tout le monde. Les petits et les gros qu'il contrarie *a minima*. « Il faut faire avec », l'une de ses phrases préférées. Faire avec et bien manger. Un petit café, et le cortège repart. Direction le pavillon des fleurs. Le groupe s'engage dans les allées.

« Oh, monsieur le président, s'exclame une jolie voix.

— Oh, tiens, bonjour. Que faites-vous ici ?

— Une de mes amies travaille ici. J'aime bien l'ambiance le matin. Je viens l'aider. Ravie de vous voir.

— Moi aussi. »

« Qui est-ce ? » se demande la suite. Son visage dit bien quelque chose mais quoi ?

« C'est Julie Gayet. Tu sais ? L'actrice. Elle a fait la campagne.

— Ah bon ? »

*

* *

Mais non, ça n'est pas facile d'être président. Ça n'est pas pour lui trouver des excuses mais quand même, il n'est pas aidé, il voudrait bien s'adresser à la raison, ne pas avoir à adopter la manière forte, autoritaire, il a toujours détesté ça. Soyez raisonnable. Elle, c'est un peu différent.

*
* *

De la vertu des coups de tête et autres coups de gueule

« Ne me parlez pas de règles, très cher.
Où que je sois, j'édicte ces foutues règles. »
Maria CALLAS

Matignon, janvier 2013.

Il est vrai que le grand navire gouvernemental avance au rythme d'un paquebot de croisière. Il en faut, du temps, pour manœuvrer. Peu de réactivité. Impression d'être en permanence menacé, submergé par une vague alors qu'on aurait pu l'éviter. La faute à qui ? À la dynamique intérieure. Ces décisions qu'il faut peser, soupeser, passer à la moulinette de la raison, du raisonnable, du consensus, de la tempérance. Tempérer. Météo tempérée. Avancer et garder le cap. Ah, la métaphore marine ! Le cap, tu parles. Quel cap ? Une sorte de gestion des affaires courantes. Sans personne pour expliquer, raconter, mettre un peu de chair, de vie, de souffle épique dans cette histoire à laquelle personne ne comprend rien ou presque. On pacte, charte, colloque. La force des mots. En l'occurrence, leur faiblesse. Bien frêles face à la vague : des licenciements, de la « manif pour tous », des déficits abyssaux. Allez, souquez ferme ! Écopez, ça prend l'eau, mais gardons le cap sur les rochers à moins qu'une vague scélérate ne vienne couper le navire en deux. *Crac.*

Ah, cette réunion qui se traîne ! Cette RIM. Comprendre : réunion interministérielle. Nous nous en gaussons copieusement, le soir, quand, pour nous détendre, la boucle des mails des conseillers s'enflamme. Festival de jeux de mots pour passer nos nerfs. « La rime riche », « la rime à rien », « la rim rira, rira bien le dernier », ou mieux : « la RIM se rebiffe » quand l'espoir se lève d'entrevoir enfin une audace. Oh, pas grand-chose… Une toute petite audace ? Allez quoi ? Non ? Bon d'accord. Je la remets dans ma musette.

Il en a conscience. Un jour de septembre 2012, il déjeune avec des élus en petit comité après l'inauguration de la foire de Châlons-en-Champagne. Et il se moque des technos, des énarques. « Parfois, je demande une note. J'attends. Je relance. Elle arrive. Légèrement réécrite… Ah, c'est la note qu'on m'a déjà fourguée il y a un mois. Mais écrite différemment », et les élus rigolent. Et lui aussi. Rien de méchant. Vachard juste ce qu'il faut de la part d'un techno « humanisé », comme il aime à se définir.

Comment fait-il ? Il prend son mal en patience.

Elle, elle contourne, appâte et parfois frappe, de face. Sans préavis. Une forme de coup de tête qui prend par surprise.

Je creuse, je creuse dans mes souvenirs. Ça me distraira de cette RIM ni riche ni rien, interminable, dont on connaît la conclusion avant même d'avoir terminé l'introduction.

Ah oui, ça y est, je me souviens !

Décembre 2009. Elle est plantée dans ce bureau ministériel de Bercy et elle a bien l'intention d'y rester. Tant qu'elle n'aura pas obtenu gain de cause. Des aides sonnantes et trébuchantes pour sa Mia. Ah, cette bagnole !

« Je vous préviens, j'ai tout mon temps, monsieur Estrosi, je peux même dormir sur la moquette, vous savez. »

Estomaqué, le ministre de l'Industrie. Silence. Dormir sur la moquette, elle en est capable. Repousser toutes les limites.

Une pirogue, au Sénégal en 2009. La balade en petit comité. Normalement, on se détend sur une barque, mais pas elle. « Non, non et non, il faut nous aider. Il faut l'aider, cette entreprise. Faites un effort. » À l'autre bout du fil, au sec dans un bureau parisien, le numéro 2 de Renault.

La même… En juin 2013, cette fois dans son train pour Poitiers, et Henri Proglio au téléphone entre deux avions. « Mais vous m'avez déjà dit ça. Il faut le faire, allez, il faut m'en acheter, de ces petites bagnoles. »

Sacrée petite bagnole. « *It looks like a toy, no ? So cute.* » La maire de Copenhague n'en revient pas. Attendrie par cette présidente de région qui, en marge de la conférence climat, vient lui faire un salut amical et lui vanter sa petite Mia.

Qui s'est installée, par la magie d'un super-conducteur, à l'entrée des salles de réunion du sommet international. On ne voit qu'elle sur ce parvis de Copenhague, sous les bannières Poitou-Charentes, éclairées par des spots fendant la neige drue et compacte qui se met à tomber. Sa Mia.

Le prince Albert y a droit aussi : « Regardez, Votre Altesse, elle est belle, n'est-ce pas ? Et si nous faisions le rallye de Monaco des bagnoles électriques ? »

Albert rit.

Pas de règles, sauf les siennes. Jamais elle ne renonce.

Juillet 2009. « Ah, bonjour, on peut parler ? » Elle va chercher une caisse en bois, s'assoit au milieu d'eux et des bonbonnes prêtes pour faire sauter l'usine et les écoute. Les New Fabris de Châtellerault. Désespoir des ouvriers trahis. Elle déteste les patrons voyous. En fait des adversaires personnels.

Salon de l'Agriculture, 2006. Ni une ni deux, elle fonce. Jean-Michel Lemétayer, le président de la FNSEA, croise sa route, pour son malheur. Pan ! un crochet du gauche puis du droit. « Mais mettez-vous donc en colère, monsieur Lemétayer. Dites bien au gouvernement que les petits agriculteurs attendent les aides !

— Mais madame Royal… »

Elle poursuit : « Et elles doivent être versées avant la fin du salon : sinon ça va très mal aller sur les territoires, on en a assez des annonces qui ne se traduisent pas ! »

La tornade est passée.

Et lui jouera des tours lors du débat avec Nicolas Sarkozy.

« Il y a des colères saines, parce qu'elles correspondent à la souffrance des gens. Il y a des colères que j'aurai, même quand je serai présidente.

— Calmez-vous, m'ame Royal.

— Non je ne me calme pas. »

Bon, raté.

Imperméable rouge en tête de manifestation. Ségo l'écarlate. Flora Tristan. Faire pression. Parfois un peu trop.

Il ne faut pas vexer non plus, quand même. Lui, il est vexé. Nicolas Dufourcq, le directeur général de la BPI. En ce mois de février 2013, il apprend en écoutant France Inter qu'elle est nommée vice-présidente de la BPI. Évidemment, « on » s'est bien gardé de le prévenir, encore un coup de Jean-Pierre Jouyet et François Hollande…

Tout ce petit monde se retrouve à la fin de la semaine à Dijon pour l'installation de la BPI. Elle arrive en retard. Elle a raté le train. « Que voulez-vous, je n'ai pas de gyrophare… »

Elle s'installe, chaleureusement accueillie par Arnaud Montebourg et Pierre Moscovici. Dans le petit laïus d'introduction, Nicolas Dufourcq est à peine aimable à son endroit. Elle se tourne alors vers Jean-Pierre Jouyet et lui glisse : « Mais qu'est-ce qu'il me veut, lui, là, l'inspecteur des finances, qu'est-ce que je lui ai fait ? »

Sa prise de parole suivante sera une réponse sèche sur la nécessité de faire de la BPI une banque qui obéit aux décisions politiques et pas technocratiques. Mangez vos chapeaux s'il vous plaît. Et en silence. Merci.

Ah, évidemment. Tout le monde ne peut pas faire cela, il faut un statut, une étoffe, qu'ils sont rares à posséder dans le gouvernement. Manuel Valls à l'évidence. Arnaud Montebourg forcément. Et Christiane Taubira et… ? Et puis c'est tout.

Allez, sagesse… Revenons donc à notre RIM, la révolution peut encore attendre.

*

* *

Mais que fait-elle de ses journées, vous demandez-vous ? Pendant que le Président préside. Elle régionne. Repart sur son terrain. Retrouve tous ceux dont elle s'est coupée pendant ces longs mois de campagnes multiples. Réparation, réparation.

*
* *

Elle

Un jour de 2013.

Je vais aller la voir. J'ai retrouvé le chemin de la maison. Que c'est bon de la voir. De lui parler. De la retrouver. Maman. Mamie Hélène. Bien droite et nuque raide. Comme moi. Elle n'a pas perdu son allure de bourgeoise. Maman solitaire et belle dans sa grande maison normande. Elle se suffit à elle-même. Vit au milieu de son jardin. La protéger, toujours, de cette vie de vacarme. Un jour, en 2006, des journalistes ont escaladé les murs qui entourent le jardin de la villa pour la prendre en photo. La déranger. Elle a eu peur. Même si elle n'a pas peur de grand-chose. Mais elle n'aime pas être dérangée, ma mère. Elle a assez donné comme ça. Huit enfants. Maintenant, je prends le temps. Extra, de prendre le temps. D'aller la voir, de lui parler. Oh, pas beaucoup. Elle est comme moi, ma mère, elle ne sait pas faire la conversation. Mais rester là. Prendre soin de sa santé qui se détériore. Je n'ai jamais pris le temps. Ma mère est increvable, solide comme le Pont-Neuf. Comme moi, mais elle vieillit. J'aime prendre ce temps. Avec mes sœurs aussi. Réparer tous les liens. Se réparer. Tranquillement. Changer.

On met combien de temps pour y aller, Jean ? Une heure et demie ? D'accord. Partons. Je passerai mes coups de fil dans la voiture.

*
* *

Et le gouvernement gouverne.

*
* *

L'enfant terrible

« L'avocat aime l'audience pour les bonheurs
qu'elle lui dispense, les épreuves qu'elle lui réserve,
et même l'angoisse qu'il ressent
quand la fortune judiciaire l'abandonne. »
L'Abolition, Robert BADINTER

Canton, décembre 2013.

Son aisance me stupéfie toujours. Son humour, son allure, il ne ressemble à rien ni personne. Seulement à lui. Drôle et horripilant. Quand il fait son numéro. Un grand numéro ce matin, sur le parvis de cet hôtel de Canton où est descendue toute la délégation qui accompagne le Premier ministre en Chine. Belle visite. Dense et réussie. C'est la fin. Retour à Paris. Pas lui. Mais où vas-tu donc, impétueux Arnaud ?

« J'y vais, à Hong-Kong, j'y vais, les gars. Et on va les faire cracher, les tycoons, moi je t'le dis ! »

Ainsi parle souvent Arnaud Montebourg, ou plutôt déclame Arnaud Montebourg. Bravache et attendrissant aussi. Un talent pour mettre le petit caillou dans la chaussure, gripper la machine. Comme si le monde entier était un gigantesque prétoire dans lequel il se déplace et, d'un geste ample, assène sa plaidoirie sous le regard des jurés, amusés, captivés ou agacés par cet enfant terrible. Un enfant qui joue ses phrases en point d'interrogation, se parle et se répond : « Tu ne sais pas ce qu'on va faire ? Eh bien moi je vais te le dire, ce qu'on va faire. » Une pompe de la IVe République, tout en boursouflures et en métaphores. En points d'exclamation et en périphrases. Ils ne peuvent pas s'empêcher d'en rire… Ou d'en pleurer, ces messieurs (et dames, plus rares) de Bercy. Un éléphanteau dans un magasin de porcelaine. Un sale gosse qui terrorise avec les mots. Un jour il les réunit tous, les inspecteurs des finances, les X, les spécialistes des comptes publics.

« Alors, les gars, c'est vrai que vous avez fait des études ? De longues, très longues études. Mais le problème, c'est que vous n'avez pas fait les bonnes ! »

Terroriser, il adore ça. Provoquer, mettre en difficulté. Faire rougir. Il ose tout. Il aime ça, la bagarre de mots. Il faut déclencher les orages, sortir sous la pluie et en découdre. Sinon, il s'ennuie.

« Quelqu'un pourrait-il passer voir le ministre dans son bureau ? » Message SOS du directeur de cabinet à ses conseillers car le ministre s'ennuie. Broie du noir. Ah, il voulait être président. Il a échoué mais il aime bien être ministre quand même. Sa troisième vie attendra. La première en avocat brillant, la deuxième en homme politique. La troisième ? « Acteur, artiste. Tu vois, j'aimerais bien. » Il en a le talent, la diction, mais peut-être que cela aussi finirait par l'ennuyer.

Et il est là, sur le parvis, avec ses grands gestes. Il ne prend pas la peine de saluer le Premier ministre qu'il accompagne. Ah ça non alors, il ne voulait pas l'accompagner !

« Il porte la poisse. Je ne veux pas être en photo à côté de lui. » Ils se détestent cordialement. Depuis Gandrange. Depuis qu'il a perdu son bras de fer et a été mis au piquet par ce Jean-Marc Ayrault qu'il combattait déjà au groupe socialiste. Bon, c'est le chef, je m'écrase. Je ne vais quand même pas démissionner tous les quatre matins… Mais…

« Allez, les gars, on vous laisse rentrer à Paris. Je continue à Hong-Kong… Pour faire cracher… » Oui on sait. La diplomatie attendra un peu encore.

Ça n'est pas son fort, la diplomatie. Enfin, telle qu'on la pratique et telle qu'il pense qu'il ne faut plus la pratiquer. Grâce au ciel, il n'est pas ministre des Affaires étrangères. Il redresse productivement le pays. Quel drôle d'appellation, ce ministère ! Tant de mots si compliqués pour évoquer l'industrie. Ministre du Redressement productif. La belle affaire, la belle idée. Elle lui va comme un gant. Batailleur, défiant les grands groupes.

« Je vous mets au défi de… », semble-t-il toujours vouloir dire. Avec des fortunes diverses. Mais qu'importe le résultat. Il pose des actes, des mots. Veut agir, se battre là où les autres paraissent avoir déjà renoncé. Une couleur clinquante dans ce gouvernement beige. Pour ne pas dire gris clair. Il croit. Il a des croyances. Erronées ou pas. Il croit. S'embourbe parfois lui-même dans ses doctrines, alors il fait la boule, boude sur son banc de l'Assemblée. Remet sur son nez ses petites lunettes rondes, se retranche sur son avenir jusqu'à ce qu'on vienne le rechercher.

« Ah bon ? Vous ne venez pas ? Une fois, deux fois, trois fois... Bon allez, je reviens. Salut les gars, c'est moi. »

Et il repart au gré de ses passions, de ses amours. Ce charme enfantin et ce drôle de nom, Montebourg... Grande est la tentation de le dévisser, de l'appeler Arnaud de Montebourg. Ça lui irait bien tant il tient du noble de province un peu déjanté, cultivé mais un brin erratique. Cultivant une nostalgie heureuse. Et un amour jaloux de la politique. Le seigneur de Frangy, c'est lui. L'homme qui sonne la rentrée avant la rentrée de La Rochelle. Une semaine avant. Cette fête de la rose champêtre. Une entrée à travers un petit chemin rocailleux. Une tribune dressée au milieu du champ, plein soleil. L'année de la primaire en 2011, sa compagne, Audrey Pulvar, s'est même mise aux fourneaux pour nourrir cette armée de militants venus écouter les orateurs du jour. Un invité différent chaque année. En 2006, année de la primaire, Ségolène y a provoqué une émeute. Deux photographes à l'infirmerie. Des militants et des journalistes piétinés. Et la peur de sa vie. Elle n'est pas bien grande, Ségolène. Pas bien épaisse. Écrasée par la foule, accrochée au grand Arnaud, chevalier servant : « Allez, Ségolène, n'aie pas peur, je suis là, je te tiens. » Elle, agrippée à ce grand type à la chemise blanche et au sourire éclatant.

Elle en fera son porte-parole, lui dit-elle ce jour-là, si elle gagne. Et elle gagne. Il porte bien cette parole, si librement d'ailleurs qu'il oublie que l'humour et les affaires conjugales font rarement bon ménage.

« Le principal défaut de Ségolène ? C'est son compagnon. » Il ne faisait que dire tout haut ce que toute l'équipe de campagne pensait tout bas. La mauvaise volonté du parti… Les réunions où elle envoyait son porte-parole et Natalie Rastoin, qui se concluaient par : « Dites du bien de la candidate, c'est tout ce qu'il faut faire d'abord. » Des têtes qui opinent et des langues qui restent coupées. Et si on ne dit plus trop de mal en fin de campagne de cette candidate, on n'en dit pas trop de bien non plus.

Montebourg le fanfaron fanfaronna, sur ce plateau de Canal+, provoquant, on le sait moins, un grand fou rire de la candidate, justement… Qui se ravisa devant le courroux du compagnon vexé. Allez, une punition pour l'enfant terrible Montebourg ! Privé de parole pendant trois semaines… « Désolée, Arnaud, je ne peux pas faire autrement, lui souffle-t-elle au téléphone. – Tu vois, je te l'ai bien dit, que c'est ton pire défaut. » Rires de nouveau… Et la campagne repart.

Ah, ça n'est pas qu'il s'ennuie, dans ce gouvernement-là. Mais ça ne va pas assez vite, c'est mou, fade, banal et sans audace. Il faut agir. Avec panache et geste sûr.

Pour les basses besognes, ça ne peut pas être lui. Aquilino Morelle s'en charge. Distillant jour après jour le fiel sur ce Premier ministre trop et pas assez. On est toujours trop et pas assez, remarquez, pour celui qui ne nous aime pas… Petite goutte par petite goutte, l'acide entame le fer pourtant solide comme un professeur d'allemand.

De ce côté-ci, c'est bon. Le plancher rongé va s'effondrer. Voyons voir avec qui faire alliance. Christiane ? Non, elle est trop sauvage, trop similaire. Trop même. Et au-dessus, au loin, ailleurs. Une insolente, de cette insolence vitale qu'elle revendique. Indomptable réellement. Elle ne fait pas semblant, elle. Elle ne vise que les nuages, les nuées, là où la chaleur des cœurs, des mots et des idéaux dansent ensemble une ronde joyeuse. À elle, l'idéal dont elle ne veut pas céder un millimètre. À elle, les mots qui courent, ouvrent les cœurs, les interpellent, les bousculent, les ravissent ou les révoltent. Les élèvent. Les plient. Les obligent. À elle, cette flamboyance de la Caraïbe à nulle autre pareille, ce cri de rage et d'amour pour l'idéal de la République. Elle est elle-même sans autre désir que celui-là, ne jamais rien rendre de sa liberté et de celle des autres. Elle le domine. Elle les domine. Elle va son chemin sans se préoccuper du regard des autres.

Alors, Manuel ? Il est bien, les gars, Manuel, non ?

*
* *

Visiteurs du soir

« Espoir. »

Palais de l'Élysée, décembre 2013.

Il ne les raccompagne jamais. Ils connaissent le chemin. Certains empruntent l'escalier d'honneur, d'autres la grille du Coq et traversent le jardin pour le rejoindre et se lancer dans des discussions sans fin sur la marche de la France. Loin des conseillers de son cabinet qui gèrent les affaires courantes. Les affaires courantes, ça n'est pas la stratégie, la vision, la bataille.

Ce soir, il n'en est rien sorti. Il est inquiet, la dette se réduit à la vitesse d'un escargot. Sa popularité chute inexorablement. Ses mots dans l'affaire Leonarda n'ont pas été compris, mal interprétés. Ce bazar au gouvernement. Cette déception aussi avec certains ministres : Vincent Peillon, Pierre Moscovici. Il ne veut pas le dire, ni haut ni fort car tout cela contribue à l'affaiblir un peu plus encore. Mais on n'a pas idée de rester ainsi les bras ballants. Il parle comme Elle. Bras ballants. Jumeaux. Qui déteint sur qui ? Il a failli se résoudre à Manuel. Il était presque sur le perron de Matignon. Et puis Jean-Marc Ayrault a contre-attaqué, avec sa réforme fiscale. Une belle contre-attaque. Il a du ressort. C'est bien. Manuel peut attendre encore un peu. Attendre ? Ou tout changer. Encore ce soir, discussion sans fin avec ses visiteurs. Ceux qui veulent attendre, y aller en douceur. Et ceux qui veulent secouer le cocotier avant qu'il ne soit trop tard. Chaque argument s'entend et se tient. Il choisit d'attendre. Ça va forcément se retourner. Mécaniquement. Il croit à sa bonne étoile. Il y a toujours cru. Elle ne l'a jamais abandonné. Il est sûr de ses choix, tranquille. Bien moins nerveux qu'eux. Comme s'ils essuyaient leur premier coup de tabac. Ce qu'ils sont pénibles à s'agiter ainsi, à s'énerver ! Il a besoin de sérénité. Il a besoin des fondamentaux pour réfléchir. Ceux qui savent, le connaissent et ne l'emmèneront pas dans le mur, « emmener dans le mur »… Tiens, encore une expression jumelle.

Il a dîné avec Jean-Pierre Mignard dont l'œil distancié dissèque bien le sens de son histoire. Il s'entretient souvent avec Jean-Pierre Jouyet, plus souvent qu'à son tour. Et Jacques Attali qui l'a fait naître en politique. L'a repéré, l'a détecté en quelque sorte. À toujours dit qu'entre Elle et Lui, c'était Lui le mieux armé. L'histoire ne l'a pas fait mentir même si elle a fait quelques détours. Et puis, il y a Elle. Concentrée sur sa région. Qui travaille beaucoup. Se tient éloignée des cercles parisiens. Elle est en paix, n'attend rien. Mais espère. Il l'a souvent au téléphone. Les fondamentaux. « Comment tu vois les choses ? » lui demande-t-il ? Elle les voit bien. « Tu as perdu trop de temps. Tu dois expliquer mieux aux Français le sens des efforts. – Oui, tu as raison. – Et puis, il y a trop d'impôts. » Trop d'impôts. Elle n'est pas la seule à le lui dire. Mais lui veut une gestion rigoureuse. Sortir du rouge, ne pas se lier les mains avec la finance, il ne voit que cette solution.

Ils se parlent, beaucoup, ces amis de toujours à l'abri du regard des visiteurs du soir. Cloisonnés. Et sortis du champ visuel de sa compagne. L'un d'eux s'amuse lorsqu'il reçoit des textos pour venir quand elle est hors les murs. Un jour, il répond au Président : « J'ai l'impression que tu me donnes rendez-vous comme à une vieille maîtresse. » Ça n'a pas fait rire.

Exit, officiellement ses conseillers de la vie d'avant. Les premiers témoins des premiers émois. Ceux à qui l'on demandait de couvrir, de choisir et de fermer les yeux. D'organiser. Ils en ont trop vu. Ils en savent trop. Ils prenaient de toute façon trop de place. Parfois, il les appelle, en cachette. L'air de rien, quand tout va mal et que les branches qui bordent sont bureau sont encore trop vertes pour s'y raccrocher. Les vieux troncs, les bonnes vieilles branches, voilà ce qu'il faut dans les moments de doute. Il appelle et chuchote. Ou fait appeler. Par l'un de ses tiroirs secrets du passé. Petit SMS : « Se voir ? » Pas plus. On n'est jamais trop prudent. Dans une vie publique, tout se scrute, se sait, se transmet. Et si d'aventure, il laissait traîner son portable… C'est un objet précieux, un portable de Président. Deux personnes qui parlent, dix oreilles qui écoutent, vingt langues qui rapportent.

Vertu des cloisons.

Il y a les ministres comme Stéphane Le Foll ou Jean-Yves Le Drian, les élus pour prendre le pouls de l'Assemblée et des territoires. Les communicants comme Robert Zarader et son double féminin Nathalie Rastoin. Brice Teinturier, qui analyse pour lui une opinion qui l'abandonne et se met à le rejeter. Ils ne se croisent jamais. Plutôt des cercles concentriques. Mais tout cela ne fait pas une solution. Il tâtonne, continue son sans-faute à l'international mais n'avance plus sur son sillon. Le soc s'est fendu sur une pierre trop dure. Et sa vie personnelle ne l'aide plus.

Il veille de plus en plus tard, dans son bureau. Rentre tard, repart tôt. Il réduit le temps de leur tête-à-tête. L'été dernier, il l'a passé à la Lanterne, pour éviter de nouvelles photos grotesques à Brégançon.

Il a appelé tous ses amis. « Tu passes ? » « Oui, venez, on va discuter un peu… » Ses amis se sont fait prier. Rechignent à pénétrer dans ce huis clos amoureux ou ce qu'il en reste.

Parfois, un conseiller passe une tête avant de quitter l'Élysée et de rentrer chez lui pour le week-end. « Je file. Je vais voir ma femme et mes enfants. Je serai là dimanche. – Tu en as de la chance », a-t-il lâché un soir, sans même relever la tête.

*

* *

La fin se prépare. La fin d'un gouvernement et de son Premier ministre. La fin d'une histoire aussi. Dans l'ombre des palais, sur les chaises des dîners en ville, dans les couloirs des restaurants fréquentés par ceux qui savent, la rumeur serpente et glisse de table en boudoir, de machine à café en fauteuil Louis-Philippe. La rumeur, méchante bestiole venimeuse qui pique aux chevilles et empoisonne le corps. La rumeur qui tue celui ou celle qui prête le flanc à sa langue fourchue.

*

* *

Vae victis

> « La jalousie est un monstre qui s'engendre lui-même et naît de ses propres entrailles. »
> *Othello*, William SHAKESPEARE

Comédie-Française, 1er janvier 2014, 19 h 30.

Le hall de la Comédie-Française est plein. Les visages sont un peu fripés par les traces du réveillon. Mais les cœurs sont légers. Aller au théâtre le 1er janvier, pour débuter l'année dans le rouge cramoisi des fauteuils de la salle Richelieu. Ambiance bon enfant, familiale. Quelques pas dans la rotonde, et quelques mots échangés à l'accueil pour demander où se trouvent nos places à la corbeille. Oui, certes, ce Hamlet interprété par Denis Podalydès s'est fait éreinter par la critique. Qu'importe ! La salle sera encore pleine ce soir pour le simple bonheur de voir l'acteur magique et entendre les textes de Shakespeare. L'hôtesse m'indique la direction. J'interromps visiblement une conversation avec l'un de ses collègues. Une bribe de phrase : « Y a du beau linge, ce soir », immédiatement restée en suspens quand je demande mon chemin. Je n'y prête pas attention. Mes amis arrivent. Embrassades. Bonne année. Avez-vous remarqué à quel point les gens ne se souhaitent plus la bonne année dans les rues de Paris ? Enfin, plus spontanément. En forçant un peu, ils répondent tout de même. Le teint pâle champagnisé, nous allons nous installer. Commencer l'année par le théâtre. Cette année sera donc théâtrale. Elle m'a envoyé ses vœux : « Bonne année. Il va y avoir des surprises. » Ah, tiens ! Prophétie ou information ? On ne sait jamais vraiment. Elle est au soleil, dans l'océan Indien avec sa tribu. Les enfants, les amoureux et amoureuses des enfants.

Ça commence. Chut. Éteignez vos portables.

Virevoltant, décalé, dérangeant mais jamais ennuyeux. Ah, on a certes connu plus grande mise en scène d'*Hamlet*, mais… Podalydès. Applaudissements. La salle était bonne, ce soir. Certains regardent pourtant vers le balcon. Je me retourne, je lève la tête. Et je la vois. Seule. Avec un officier de sécurité. Nos regards ne se croisent pas car elle a déjà esquissé un pas de recul, avant que les lumières ne se rallument complètement. Elle prend son sac et descend rapidement pour ne pas se retrouver coincée dans l'escalier par la foule. Être dévisagée. Remarquée. Ce soir, elle ne veut pas l'être à l'évidence. En ce 1er janvier 2014, Valérie Trierweiler commence l'année seule au théâtre. Étrange. Il n'est pas encore question de rupture officielle, de photos volées d'un homme casqué retrouvant sa nouvelle compagne dans un appartement du 7e arrondissement. Elles paraîtront dix jours plus tard. Aucun de nous n'est dans le secret des dieux.

Mais cette solitude du 1er janvier augure un avenir un peu sombre.

La solitude.

Déjà palpable lors d'un déplacement officiel au Brésil en décembre 2013. Elle l'a accompagné. Et ne semble déjà être plus que l'ombre d'elle-même. Suivant deux pas derrière, silencieuse. N'osant pas s'approcher pour la photo officielle, dans le carré réservé aux photographes. C'est la présidente brésilienne Dilma Rousseff qui accueille le chef de l'État et lui fait signe, à elle, de se joindre à eux. Elle hésite. Lui ne lance aucun regard, ne l'encourage pas. La Présidente insiste. Lui fait un geste impérieux. Elle entre enfin dans le carré de lumière.

Dans l'avion présidentiel, personne ne la verra. Elle qui s'installe parfois à la table de réunion, ce salon où il retrouve pour le dîner ou le petit déjeuner ses ministres et son équipe sur les vols long-courriers. Ils préparent ensemble les étapes internationales qui les attendent. Elle passe souvent une tête. Plaisante avec chacun. Pose sa marque sur son territoire. Son espace à lui est forcément un peu à elle. Mais cette fois, rien. Dix heures de vol sans la voir. Ça ne tourne plus rond. L'omniprésente s'est muée en omniabsente.

Il n'a pas l'air d'en souffrir. Toujours aussi jovial, bonhomme, facétieux, même. Il aime les facéties, fait des blagues avec ses ministres juniors : « Ça va, les djeun's ? » Il a retrouvé sa blague, son humour, après les avoir perdus dans le fracas de l'affaire Leonarda. Loin derrière lui. Cet homme passe toujours très vite la marche avant.

Malgré la situation politique qui s'enlise dans les sables mouvants, sans vraiment savoir dans quel sens bouger. Bouger, et je m'enfonce. Ne rien faire, et je m'enfonce. Faire la planche ? Malgré cette situation qui s'enlise, rien ne paraît l'atteindre. Sûr qu'il est de son fait, de son cap, de sa boussole. Rien ne peut l'atteindre, et certainement pas ses difficultés apparentes de vie commune. Il semble n'en avoir cure. Ailleurs déjà, mais ça, aucun des convives du petit déjeuner, dans ce Paris-Brasilia, ne le sait encore. Mais le pressent. Sans jamais aborder ce sujet parfaitement tabou. Taboutissime, même ! Interdiction d'entrer, personne ne s'y risquerait, naturellement.

Finalement un voyage agréable sans l'ombre portée de celle qui met au diapason la vie élyséenne. Et politique.

Femme convoitée. Femme adorée. Femme délaissée.

J'observe le cirque brésilien. Cette fois, pour la première fois depuis longtemps, elle m'a saluée. Elle ne nous aime pas, ceux d'avant. Tenter d'effacer la vie d'avant. Celle où elle n'était pas. Celle qui s'est vécue sans elle. Il ne saurait en être question car elle a tout misé sur lui. Elle s'est jetée à corps perdu dans cette bataille, ce combat aussi contre l'avant. Elle a gagné. Ah, ça non, il ne saurait donc être question d'un après. Elle a tout escaladé avec lui, lorsqu'il n'était plus qu'un homme rond à lunettes ringardes pesant 3 % dans les sondages. Déboussolé, persuadé pour la première fois de sa vie que sa bonne fortune l'abandonnait. Elle l'a materné, l'a placé sur un piédestal. Elle aussi. Lui a redonné confiance en lui. Jour après jour. Pour y croire à nouveau. Elle a gagné sa manche. Des années de mutuelle attraction. De séduction, pour rire avec cet homme qu'elle aime depuis longtemps et qu'elle suit aussi en tant que journaliste. Des œillades, une complicité de chaque instant. Des interviews exclusives dans son beau journal au papier glacé. Ils se sont cherchés, séduits, perdus de vue, retrouvés au gré de déplacements communs, de ce tourbillon permanent de la vie politique. Une histoire pimentée par le sel du secret, de l'interdit, du tabou, du jeu sensuel et séducteur. Elle l'a conquis. Elle l'a épaulé, soutenu. Leur jalousie, leur possessivité réciproque, amoureuse, s'est transformée peu à peu en un poids mort. Du plomb dans les semelles de vent. Comme si l'un des deux changeait en douceur les règles du jeu amoureux. Reposé, rassasié, repris, il peut recommencer sa conquête. Qui passe avant. Elle rechigne, se révolte puis accepte. S'impose. Exige. Exclut. Contraint. L'étouffe et s'étouffe. Une histoire très banale somme toute, très ordinaire, de passion du coin de la rue. Mais le coin de la rue s'appelle Élysée. Et du haut des meurtrières de son nouveau château, elle repousse les attaques du passé. Vingt-huit ans d'un passé privé-public. Comment effacer cela ? Les laisser aux pieds du rempart ? Impossible. Chaque incursion provoque une rage. Chaque évocation une crise. Chaque apparition une colère. Une femme en colère qui a besoin d'être en permanence rassurée par celui qui ne rassure pas. Jamais. Pourquoi le ferait-il ? Il n'en éprouve aucun besoin. Ne ressent jamais aucune angoisse métaphysique « de la pataphysique », moque-t-il. Si, peut-être le jour de la mort de sa maman, en 2009. Grand désarroi. Elle est là. L'autre n'a pas été invitée. Pas d'avant, donc, autour de la tombe, sauf les enfants. Elle en fait trop. Dans le deuil d'une femme qu'elle connaissait si peu. Mais elle est désormais la famille. La femme de... Elle se doit de. Lui souffre. Touché. Si rare. Il a des larmes, lui qui n'a jamais pleuré. Même pas de rage.

Elle, elle ose montrer sa possessivité.

Ce 1er jour de janvier, en compagnie de sa solitude, elle regagne sa voiture dans l'ombre. Une ombre qu'elle s'en veut probablement de ne pas avoir si souvent préférée à la torche aveuglante du pouvoir.

Je la plaindrais si je me laissais aller. Non, je m'y refuse mais j'y songe. La dévastatrice dévastée à son tour.

Pourtant, même si elle ne nous a pas épargnés, elle ne s'est pas épargnée non plus. Quelle pulsion si puissante la pousse-t-elle à se faire si mal juger ? En un instant et un seul tweet. Version paroxystique de ce comportement désaxé par l'amour-passion. Le goût de l'ascension, de l'extraction, de ce soleil qui brûle plus on s'en approche. Icare ? La vanité de croire que l'on peut redéfinir les règles d'une partie dans laquelle on n'a jamais joué. Car observer la politique n'est pas vivre la politique. Rester sur les gradins, lever le pouce ou le baisser n'a pas valeur de descente dans l'arène. Comment survivre dans cette arène ? Qui pense-t-on être pour imaginer survivre sur le sable sans jamais avoir tenu un glaive, affronté un rétiaire, mis à terre un mirmillon ? Pas du même monde. Pas du même rang. Pas de la même classe sociale, non plus. S'élever et chuter. Retourner sur les gradins, après tout, c'est une belle sortie. Certains sont sortis traînés par les pieds, laissant de longues traces de sang et de sueur dans l'indifférence des spectateurs. Car dans ce petit monde des jeux du cirque, aucun amour ne peut supplanter l'attraction fatale du sable des arènes. Les rêves de triomphe et de gloire. Malheur à ceux qui l'auraient oublié.

*
* *

Quel fracas, les amis, quel fracas, ces photos publiées le 10 janvier. Le Président et l'actrice. L'humiliation est planétaire.

*
* *

Encore une fin, une de plus

« Je suis venu te dire que je m'en vais. »
Serge GAINSBOURG

Élysée, le 10 janvier 2014.

Il sait tout depuis vingt-quatre heures déjà. Il a été prévenu. Ces photos vont sortir. Il sait mais ne peut rien empêcher. Ses conseillers s'agitent et appellent les rédactions pour tenter d'avoir confirmation. Quelle importance ? Bien sûr qu'elles vont sortir. Par quel miracle ne sortiraient-elles pas ? Et après tout, n'est-ce pas mieux ainsi ? Crever une fois pour toutes l'abcès. En finir avec cette comédie. Certes, il ne la voulait pas, cette humiliation planétaire. Ni pour elle ni pour lui. Un de ses amis a tenté de théoriser : « Tu vois, c'est le *french lover* qui aime toujours de belles femmes. Ça peut être positif. – Positif, tu penses ! » Il l'a interrompu d'un geste sec, de cet œil légèrement plissé, droit et métallique qui vous dit : « Arrête de raconter n'importe quoi. » Non, il ne voulait pas cette humiliation totale mais après tout, nous y sommes et il faut affronter. Faire la sourde oreille à tout ce qu'il va entendre dans les heures qui viennent. Sa condamnation morale, le rappel de tout ce qu'il a toujours dénoncé chez Nicolas Sarkozy : mélange vie privée-vie publique.

Il sait que la presse ne l'épargnera pas. Il en conçoit, depuis le début de son quinquennat, une amertume non feinte. Cette presse qu'il comprend, respecte, avec laquelle il aime à deviser, expliquer, et rire encore parfois, cette presse qu'il a le sentiment d'avoir toujours choyée avec intelligence et sans autoritarisme. « Je te punis/je te reparle/punition/récompense », cette presse l'abandonne aussi. Oh, non, il ne parle pas de la presse de droite qui ne l'a jamais épargné. Non, il parle de la presse dite de gauche, des éditorialistes, des patrons de ces hebdomadaires plutôt sociaux-démocrates, des reporters du quotidien. La dent dure, qui mort et ricane beaucoup. Il pensait les avoir domptés sans avoir à utiliser un fouet, mais il n'échappe pas, lui non plus, à l'exercice journalistique. Rendu encore plus impitoyable par la multiplication des supports, l'immédiateté de l'information et la compétition cruelle qui en découle.

Il sait qu'il sera jugé avec férocité. Mais après tout, voilà qui est fait, même mal fait, et ce qui est fait n'est plus à faire.

*
* *

Elle

Ne pas répondre. Surtout pas. J'ai dit à mon équipe, mon conseil politique de ne pas répondre. De ne faire aucun commentaire, même le plus infime. Que veulent-ils que je réponde ? Que je suis heureuse ? Non je ne le suis pas. Non, tout cela ne peut pas me satisfaire. Me rendre heureuse. Tant de déchirements, une vie de famille bousillée pour en arriver à ça ? Non, je ne peux pas être satisfaite.

Annuler les émissions radio et télé. Ne rien dire. Même pas une périphrase Qu'en pense Ségolène ? Répondez : « Rien. » Pas de commentaire. « Tiens, d'ailleurs, je me demande si… » Pas de commentaire. « Ça n'est pas encore un commentaire de trop ? » Le mieux est de ne pas répondre. Ne plus être entraînée par le fond. Tout ça est sale. J'espère qu'il ne va pas trop mal.

*
* *

Effondrement privé et politique. Son retour devient inéluctable. Une correction, ces municipales. Ils ne les ont pas loupés, ce président et son équipe. Remarquez, nous l'avons bien cherché. Donc, préparons-nous à passer par-dessus bord. Courage à ceux qui restent et à celle qui va monter sur le pont-passerelle.

*
* *

Manœuvres

Mars 2014.

Il a été envoyé en émissaire discret. Cela aurait pu être aussi Michel Sapin. Mais c'est à Jean-Yves Le Drian qu'il confie le rôle d'officier de liaison. Parler avec Elle.

Savoir ce qu'elle veut. Rentrer dans l'équipe et redresser la situation, elle le veut. Y est prête. Mais où ? Comment ? Quand ?

Il faut jauger. Sentir le bon moment et l'opinion. Tiens, justement l'opinion. Elle pratique le principe des vases communicants et remet lentement mais sûrement en selle l'ancienne compagne depuis le départ fracassant de la nouvelle, désormais ex. La fatigue, l'hospitalisation, la convalescence à la Lanterne, personne ne semble en avoir cure. Comme si l'opinion, cette vaste nébuleuse qui nous désigne, vous et moi, ne voulait plus entendre parler, au moins pour le moment, de cette femme qui a scrupuleusement mis tous les atouts de son côté pour se faire détester. Non, rien n'y a fait. Ni le communiqué d'hospitalisation, ni celui de sortie. Entre les deux, une fausse visite supposée de Ségolène au chevet de Valérie. Fausse alerte. Elle venait pour des examens de routine et elles ne se sont bien sûr jamais croisées.

Il y a bien eu tentative. Lorsque la situation lui échappe, elle tente d'entrer en contact avec la présidente de Poitou-Charentes, par des circuits détournés. Fin de non-recevoir. Évidemment. Comment pouvait-elle imaginer qu'il en fut autrement ? *Exit* Valérie. La cote de Ségolène remonte. Vases communicants. On vous le disait.

Alors que se disent Ségolène Royal et Jean-Yves Le Drian lors de ce déjeuner discret ? Elle voudrait bien un grand ministère de l'Intelligence, le rêve inachevé de Jack Lang qui regrouperait la culture, la jeunesse, l'éducation. Un ministère populaire et créatif. Pourquoi pas ? Mais il a une tout autre idée pour elle. Une idée évidente : écologie, transition énergétique, développement durable. Vaste chantier qu'elle connaît sur le bout des doigts. Ils parlent ensemble. Se remémorent aussi quelques bons souvenirs, du temps de ces club « Témoins » ou Jean-Yves Le Drian accueillait le couple Hollande/Royal. Du bon vieux temps de leur jeunesse. Elle est au seuil du gouvernement. Quand ? Nous verrons bien.

Le premier tour des municipales annonce un second tour pire encore. La veille, elle arrive à l'Élysée avec Flora. Pour déjeuner avec le président. C'est ainsi qu'elle le nomme, dans ses réunions, avec ses amis politiques. Le Président. Rarement François. Au temps de leur guerre intime, il n'était plus que deux initiales : « Que dit FH ? », ou « le candidat ». Aujourd'hui, il est François ou « le Président ». Secrètement fière de son chemin à lui, qui est aussi, en partie, le sien à Elle.

*

* *

Elle

2 avril 2014.

Bon, il faut y aller. C'est à quelle heure, cette passation, déjà ? Parfait, parfait. Je dois travailler un peu. Je leur ai dit de venir. Pour réfléchir ensemble. Ils sont toujours là quand je les appelle. Les miens. Ça n'a pas été simple mais j'ai arraché l'énergie à Montebourg, cette nuit. Quelle absurdité d'avoir imaginé l'énergie avec l'industrie ! Bien. Comment ça ? 100 journalistes dans la cour ? Très bien, très bien. Travailler un peu ce discours. Je connais par cœur l'environnement mais je veux dire aussi des mots gentils à Philippe Martin. Je l'aime bien, Philippe Martin. Il a toujours été respectueux avec moi. Il y en a quelques-uns, comme ça. Pas amical mais respectueux. C'est tout ce que je demande.

Ça va aller. Je suis si heureuse. Si heureuse. Ça n'est pas que je m'ennuie dans ma région, j'adore ma région. Mon territoire, ma glaise. Mais je tourne un peu en rond. Un défi. J'aime les défis. Tout est possible. Il faut foncer, marquer des buts. Rattraper le temps perdu. Ou est mon stylo bleu ?

Dis voir, il reste combien de temps, Emmanuelle ?

Une heure avant le départ ?

Très bien. Écrire et me préparer à entrer dans cette cour. Réhabilitation. C'est fait.

*

* *

Pertes et profits

« Le passé devient cohérent grâce [...]
à nos remaniements affectifs. »
Sauve-toi, la vie t'appelle,
Boris Cyrulnik

9 avril 2014.

J'ai refermé la porte de son bureau. J'ai toujours aimé ce bureau clair, vaste, au bois blond et blanc. Une sobriété presque suédoise. Rien à voir avec la lourdeur des tapisseries et autres faux Louis-Philippe... Ce mobilier national qui parfois tombe juste et parfois totalement à côté.

J'ai refermé cette porte et je l'ai laissé seul. Les yeux plantés sur son ordinateur. Et sur son téléphone qui ne sonne pas. Personne n'a appelé. Pas un coup de fil du château pour prévenir que tout est momentanément terminé. Pas un coup de fil de la cour d'en face. Cette cour que nous avons si souvent traversée, pleins de notre enthousiasme, de nos projets, de nos idées, de notre camaraderie. Le petit ministère délégué, Guillaume Garot dans le giron du grand Stéphane Le Foll. Tout à écrire, défricher, construire. Cette belle cour pavée, ce perron élégant et cet hôtel particulier. De ces hôtels qui peuplent Paris, achetés ou construits pour des élégantes dames, devenus les lieux du pouvoir politique. Combien de fois avons-nous quitté notre aile dans le grand bâtiment, traversé cette cour, saluant les chauffeurs qui fument entre deux déplacements, le jardinier qui soigne ses plantes, ses arbres, leur parle, les cajole ? L'un des plus beaux jardins de Paris. Les trois marches du perron enjambées au pas de course, le sourire immuable des hôtesses et le rituel : « Le ministre vous attend. »

Combien de cafés joyeux, de discussions parfois grinçantes mais souvent complices dans cet autre bureau, plus sombre, plus imposant, plus rustique, aussi ? Des cendriers car nous fumons. Des tasses de café à moitié vides et refroidies. Des papiers qui traînent sur la grande table et ces discussions qui reprennent. À la fois pertinentes, joyeuses. Nous aimons tant traverser la cour. Apporter notre contribution à ce grand navire ministériel. Mots chaleureux. Rigolades un peu franchouillardes et un ton plus grave pour parler des difficiles politiques et du non-sens de l'action. Ah, nous en avons fait, des analyses politiques, et la description de ce qui n'allait pas, de ce qu'il faudrait faire, mais dont nous savions tous confusément que ça ne se ferait jamais !

En fermant les yeux, en prenant un peu de recul et en regardant ce cabinet, et ces deux ministres, si complices depuis tant d'années, on aurait pu même croire que nous étions presque amis. Complices et soudés, comme nous l'étions dans toutes les bagarres : plans sociaux à tire-larigot, fronde des bonnets rouges, conquête à l'export. Tant et tant de sujets partagés et d'obstacles évités. Il régnait sur ce lieu un microclimat, jamais de couacs, jamais de boulettes. Tout au carré, au travail et à l'unisson.

Et puis, l'heure de vérité sonne toujours. L'heure du chacun-pour-soi. L'heure de sauver les meubles, d'agrandir son territoire, de mettre les amis à l'abri.

Autrement dit, l'heure d'un remaniement. Ces moments où les pendules s'affolent, les boussoles n'indiquent plus le nord, les esprits s'émulsionnent, les informations échevelées circulent en tout sens, comme des électrons fous, des particules cocaïnées qui se cognent au mur, rebondissent au plafond, s'écrasent dans vos oreilles et repartent en zigzaguant. Bref, un remaniement. Le téléphone sonne moins. Les appels qu'on reçoit ressemblent à des condoléances préventives. Les appels importants, ces appels qui peuvent changer le cours de choses, eux, ne viennent pas. Téléphone muet. Amnésie amicale.

Je l'ai laissé seul en cette fin d'après-midi ensoleillée car, pour notre moindre tristesse, il fait grand soleil sur Paris. Nous sommes partis déjeuner dans les jardins du musée Rodin. Il est reste seul, avec un plateau-repas frugal. J'ai toujours aimé sa frugalité. Signe de nature saine, pas avide. Pas jouisseuse. Il tranche avec les mangeurs de sangliers, les dévoreurs de cassoulet, les adeptes du bon coup de rouge et des blagues grassouillettes. Qui finissent forcément en histoires de fesses, en jeux de mots un peu miteux. Les soudards. Il est plutôt chevau-légers.

Heureusement, ils se téléphonent, s'appellent entre eux. Ne savent pas trop où ils atterriront s'ils atterrissent. Une armée de petits et de grands ministres, soufflés par la Bérézina des municipales. Ça n'est pas faute d'avoir prévenu depuis des mois, d'avoir écrit des notes, fait remonter ces fameux qualitatifs, ces études confidentielles où des citoyens sont invités à s'exprimer sur plusieurs questions. Ils sont désastreux pour le Président. Certains évoquent un désir d'en découdre avec lui s'ils l'avaient en face. Vouloir se battre avec lui, mais c'est terrible ! Que l'on veuille s'opposer physiquement à Nicolas Sarkozy, ou Jean-François Copé, clivants, boutefeux, pourquoi pas ? Mais avec lui ? Comment peut-on en être arrivé là ? Promesses non tenues, tout simplement. Ces enquêtes, il les a eues en main. Et il n'en a rien fait. Ne pas voir. Ne pas entendre. Ne pas écouter. L'effet de souffle a fauché son gouvernement et son Premier ministre. Un homme bien. Simple dans son fonctionnement, sain dans son approche et sa pratique du pouvoir. Oh, bien sûr, pas d'étincelles, pas d'envolées lyriques, pas de mise en scène permanente et épuisante. Pas de ce tournis que les Français réclament toujours avant de s'en fatiguer aussi vite. Savoir doser le tournis, le vertige, le mouvement. Lui, il a choisi la sobriété, la rationalité et la loyauté à l'égard d'un président dont il ne veut en aucun cas prendre la place. Peut-on être un bon Premier ministre lorsqu'on a pour seule ambition de redresser un pays ? C'est une question qui vaut la peine d'être posée. Lui a cru dans cette attitude dont il n'a jamais dévié pendant sa longue carrière. Servir et apprendre à rendre les coups qui pleuvent de la rive d'en face. Pas les coups du Président, car il rechigne à les porter lui-même. Mais il laisse faire. Ses conseillers, ses amis politiques. Une entreprise de démolition quotidienne qui sape l'autorité d'un homme déjà submergé par la tâche et la responsabilité de ce Matignon maudit. Aucun n'a échappé à cette malédiction. « Lessiveuse, enfer, cœur du réacteur »... Tous les mots ont été employés depuis tant d'années pour désigner cette plaque tournante des déboires, cette tour de contrôle en alerte 24 heures sur 24, 365 jours par an. Il en faut, de l'abnégation, du self-control et une passion dévorante de la France pour accepter d'endosser l'armure.

La sienne s'est fissurée au fil des non-décisions, des atermoiements, des couacs et des potions amères qu'il fallait faire ingurgiter aux Français. Qui ont le goût de l'effort à condition qu'on leur explique. Il a tenté. Avec maladresse. Peu aidé à la tâche par des ministres un peu verts, un peu vaniteux, hormis quelques vieux capés. Ces ministres qui au fond se disent : « S'il peut être Premier ministre, pourquoi pas moi ? » Non pas qu'ils veuillent tous le devenir, mais ce « pourquoi pas moi ? » signe une mise en cause permanente d'une autorité qu'on ne lui reconnaît pas.

Pourtant, il a cru jusqu'au bout qu'il sauverait sa position et sa méthode.

Le lendemain de la débâcle électorale, il travaille et dialogue avec Lui. Une discussion droit dans les yeux. Qu'est-ce qui n'a pas marché, et que faut-il faire pour que ça marche à nouveau ? Il présente son dispositif. Gouvernement resserré, certes, mais pas réduit aux acquêts. Et il plaide pour son arme qu'il croit absolue : sa loyauté.

Une denrée précieuse dans un monde barbare.

Il pense qu'il a convaincu. Il rentre à Matignon et reçoit quelques heures plus tard un coup de fil. De ces coups de fil qu'il passe avec ce drôle de ton métallique et ces phrases courtes pour ne surtout pas se perdre dans des explications inutiles. Il n'est plus. Réunit son équipe et prépare la sortie.

Tout va vite. Vitesse vertigineuse. Qui n'a qu'un seul but : envahir les écrans, les radios, les journaux de ce remaniement éclair, de cet effet sidérant pour tenter de faire oublier la correction électorale. Une ficelle vieille comme le monde. Regarder ailleurs. Montrer un nouvel objet de fascination. Créer un nouveau désir, injecter à l'opinion cette nouvelle histoire, comme si l'ancienne n'avait jamais existé. Passer le passé par pertes et profits.

Mais il est vrai qu'il a de l'énergie, ce nouveau Premier ministre. Pas si jeune mais juvénile dans ses traits, son comportement, ses gestes soignés. La veste portée sur l'épaule, façon étudiant, visage volontaire. Il ne triche pas et déclare depuis tant d'années son ambition comme on déclare sa flamme. Personne ne pourra lui reprocher de n'avoir pas dit. La « chista », cette étincelle catalane dont il parle si souvent avec ses amis de conquête, ses copains, ces étudiants fous de politique qui se sont donné rendez-vous dans vingt ans.

Nous sommes dans vingt ans. Il paraît audacieux. Et cache bien le vertige qui doit forcément le saisir dans la montée de cette avant-dernière marche. Avant le perron du palais de l'autre rive. Il ne se cache de rien, avance dans la transparence du siècle où l'histoire se vit, se vibre, se déroule et se dénoue dans l'immédiateté des chaînes d'information continue et des réseaux sociaux. Tout le monde journaliste. Tout le monde éditorialiste. Au lieu de le redouter ou de s'en plaindre, de traîner ou de râler, plonger dans ce flot et apprendre à nager. Et parier même que ce flot peut être salvateur pour une démocratie usée, racornie, et un système politique qui tourne sur lui-même, ne parle plus qu'à lui-même avec ses mots à lui, déconnecté. Lui est connecté. Et ça se voit.

Il va vite. Frappe fort. Il est l'événement de ce remaniement. Lui en impose un second : Elle. Qui revient d'où l'on ne revient pas. Cassée, brisée, héroïne d'une France qui l'a adorée, puis l'a rejetée et regarde à nouveau avec intérêt la funambule reprendre la marche sur son fil. Tombera ? Tombera pas ? Elle atterrit à nouveau, dans un plébiscite populaire qu'elle n'avait pas connu depuis tant d'années.

D'autres n'y sont pas. Jugés trop sévèrement par leur pair et par l'opinion.

J'en croise un quelques jours plus tard. Ou plutôt je le vois mais il ne me voit pas. Sa voiture est arrêtée à un feu rouge. Il est calé, à l'arrière. Les vitres fumées sont baissées car il fait beau. Il consulte son portable, regard fixe, vide, indifférent au monde extérieur. Sentiment d'avoir bien travaillé, lui aussi certainement. Blessure d'ego, mais personne n'est mort. Donc roule et fouette cocher, vers de nouvelles aventures.

Oui, il a l'air volontaire, ce nouveau Premier ministre. Et cette salamandre qui a survécu à tous les feux. La première équipe est faite. Peu d'agrandissement de territoires. Sauf le puissant ministre des Affaires étrangères. Qui n'a pipé mot pendant les grandes manœuvres, ne s'est pas non plus abîmé dans la campagne perdue des municipales. Il règne, impose dans l'ombre et conquiert dans le silence.

Mais à part ça, tout est étriqué, concassé. Ramassé. Gouvernement resserré, rentré au chausse-pied dans un mocassin trop petit. Nous sommes le 2 avril.

Il faut attendre encore sept jours pour la séance de rattrapage. Les secrétaires d'État. Le mot vilain. Il y aura donc les gros, qui siègent autour de Dieu et son apôtre principal, et les soutiers, les petits, chargés de faire tourner la machine.

Mais après tout, pourquoi pas ? Sept jours, c'est si long. Et toujours pas de coup de fil. Elle s'est battue jusqu'au bout pour sauver sa tête. Il est l'un des siens, elle se bat toujours pour les siens, malgré la mauvaise légende. Mais cette fois sans trop y croire. Trop seule pour défendre un jeune homme si bien élevé, qui jamais n'a fait de vagues, n'a contrarié, n'a contredit, et qui a perdu sa ville. Toujours au rendez-vous de la langue de bois pour défendre l'indéfendable, théoriser la faute, rehausser le manque de stratégie. Des fournées entières de journalistes pour expliquer à mots choisis à quel point ce président est remarquable, ce Premier ministre formidable, cette majorité en ordre de marche, ce ministre de tutelle si étonnant et efficient.

Tant et tant de phrases auxquelles il croit sincèrement. Comme il croit au soutien car il a bien travaillé.

Bien travaillé… La belle affaire ! Comme si cela suffisait. Souvent je lui ai expliqué qu'il faut savoir être mal élevé, se révolter, dire non et casser les codes. Mais il ne l'a jamais fait. Non pas par manque de courage mais parce qu'il n'y croit pas. Il croit à la récompense de l'effort.

Ah, ça y est… Le téléphone sonne enfin. C'est lui. Dans son bureau de l'autre côté de la cour… « Tu sais, je t'ai défendu, j'ai fait mon possible. » Sept jours en une phrase. Dans une heure, la composition du gouvernement complémentaire, une sorte de complément alimentaire, va sortir. Avec cette liste égrenée par l'encore secrétaire général qui ne le sera plus ce soir. Vitesse vertigineuse. Un coup de fil qui annonce la fin sans le dire. Pas grave. Personne n'est mort. Tout cela glisse sur ma certitude qu'ils se trompent et qu'un jour ils attendront aussi un coup de fil qui ne viendra pas. Et se souviendront peut-être des coups de fil qu'ils n'ont pas passés. La belle roue des causes et des effets et la volonté profonde et farouche de ne jamais leur ressembler dans ce cœur fermé qui oublie, et ensuite regrette.

La liste tombe enfin. Il n'y est pas. Restés seuls dans le bureau, je lui prends la main et je lui dis : « Nous avons bien travaillé. Tu as bien travaillé. »

Il se met à ses cartons un peu mâché.

D'autres font leurs cartons, ailleurs. Tout aussi déçus mais avec la conscience que tout n'est pas si grave. « On se sera bien amusés, tous ensemble. » Oui, bien amusés. La règle de vie et de survie.

Mais surtout Elle est rentrée. Elle a ressurgi. Nous avons tiré sur les cordes. Elle est remontée.

*
* *

Lui

Élysée, 14 mai 2014.

Oui, on m'a signalé *Paris Match*. Ils me l'ont collé en évidence sur mon bureau, comme un reproche silencieux, un air de dire : « Tu vois, on te l'avait bien dit. » On m'avait dit quoi, au juste ? On m'avait prévenu sur quoi, exactement ? Le tempérament de Ségolène ? Comme si je ne le connaissais pas. Et vraiment, ce papier. Pas de quoi fouetter un chat. Elle est comme ça. Elle dit ce qu'elle pense. Les machos, les procès en incompétence ? Oui, bien sûr, ça n'est pas forcément très heureux mais les Français lui pardonnent toujours. Ils le savent, que son tempérament, c'est son talent.

Elle est très en forme, Ségolène. Et je suis content.

Épilogue

« Quand l'extrême droite progresse
chez les gens ordinaires, c'est d'abord sur elle-même
que la gauche doit s'interroger. »
George Orwell

**Dimanche 25 mai 2014,
ministère de l'Écologie, 20 heures**

Elle bagarre sur ce plateau de télévision. Défend François et le gouvernement. Comme elle l'a toujours fait depuis trente ans. Vaillant petit soldat, quoi qu'on en dise. Mais reconnaît le choc.

13 % pour le parti socialiste, 25 % pour le Front national. Que dire à part reconnaître que l'on a échoué sur toute la ligne ? Elle ne le dit pas comme ça. Le pense-t-elle, d'ailleurs ? Je me le demande lorsqu'elle vient nous rejoindre dans les jardins de ce ministère qu'elle occupe depuis près de deux mois. Elle a pris possession des lieux, des dossiers. Elle a pris la mesure du défi. Ce soir, c'est le choc. Mais interdiction de critiquer. « On ne peut pas s'empoisonner. Il faut avancer et sortir de ce trou. »

Un trou, c'est bien cela. La défiance est devenue notre valeur la plus communément partagée. Une société de défiance et d'angoisse, où la peur du déclassement, la peur de l'autre, la peur du plus pauvre que soi, envahit tout notre espace mental. Une France qui se recroqueville. Fait ses comptes d'apothicaire. Ne parle que de déficit, d'économies. De chiffres. D'efforts. Les milliards jonglent sur les écrans télé. Des sommes irréelles pour la majorité de ces Français qui finissent le mois à peine est-il commencé. Un tournis, un vertige. Des pans entiers de la République qui se délitent et se détachent. Des territoires que nous perdons peu à peu. Parce que nous n'avons pas su parler, pas su expliquer. Une France qui ne sait pas parler au monde. S'élancer vers demain.

Elle écoute ma plaidoirie, cette passion qui nous anime tous et qui n'a pas faibli. Nous n'avons pas vieilli. Elle non plus. Juste un peu plus lasse, ce soir.

J'ai envie de lui dire, à elle, à lui, à eux, à quel point nous attendons d'eux qu'ils nous retrouvent un peu. Retrouver le cœur battant du peuple. Qui n'est ni de droite ni de gauche, mais qui est roi.

Ne plus louvoyer, finasser, se trouver des excuses et mentir par omission. Ne plus tricher. Jouer. Et nous livrer un peu plus encore aux vents mauvais qui s'engouffrent dans les consciences, font leur nid dans nos sentiments les plus négatifs. Soufflent sur nos vilaines braises et embrasent la démocratie. Et le cœur de ceux que nous avons oubliés au fil de notre opulence et de notre confort.

J'ai envie de lui dire, mais je ne lui dis pas. Inutile de soulever un problème si l'on n'a pas la solution. Je sais. J'ai bien retenu la leçon. J'ai retenu toutes les leçons.

Je ne le dirai pas car elle fait désormais partie de la machine, elle en est une pièce essentielle, et l'issue heureuse ou pathétique du quinquennat reposera en partie sur elle et quelques autres. Une poignée d'autres. Il l'a voulu ainsi. Elle l'a accepté ainsi.

Nous faisons quelques pas dans le jardin. Il fait doux. Un tremblement de terre politique qui ne semble pas pouvoir troubler la quiétude des bosquets en fleurs. Il l'a remerciée, tout à l'heure, pour la force de son intervention. Elle aime bien ces remerciements. Elle aime bien revenir d'une émission et retrouver l'ensemble de la troupe qui l'accueille en souriant. Rite immuable. Ce soir, pour une fois, la défaite n'était pas sa défaite personnelle mais elle sait le danger. « On ne peut pas aller plus bas. Il va falloir trouver les moyens de remonter. De retrouver les gens et le monde. » Remonter la pente. Encore une fois. La énième fois. Mais il faut imaginer Sisyphe heureux. Car, à nouveau, ils roulent leur rocher ensemble.

Remerciements

À tous ceux que j'ai croisés depuis tant d'années, dans les rédactions, au détour d'un meeting, dans les antichambres des ministères, les salles de préfecture, les halls d'ambassades et les vols long-courriers. La liste serait trop longue mais j'ai beaucoup appris d'eux.

À ma mère que j'adore. Et à mon petit frère Adrien.

À mes amis sans lesquels je ne saurais vivre.

À la petite troupe qui se reconnaîtra et au cabinet de l'Agroalimentaire, merci du fond du cœur.

À mon éditrice Muriel Beyer, la joyeuse, la persévérante Muriel, et à son équipe pétillante.

Enfin, à Elle et Lui, dont j'espère ne pas avoir trop déformé la pensée. Mais que voulez-vous, c'est le privilège de celle qui tient la plume.

Table

Composition et mise en pages
Nord Compo à Villeneuve-d'Ascq

Impression réalisée par

CPI

BRODARD & TAUPIN

La Flèche (Sarthe)
en juin 2014

Imprimé en France
N° d'impression ; 3005541
Dépôt légal : juillet 2014